Carola Meier-Seethaler

Von der göttlichen Löwin
zum Wahrzeichen männlicher Macht

Carola Meier-Seethaler

Von der göttlichen Löwin zum Wahrzeichen männlicher Macht

Ursprung und Wandel großer Symbole

Kreuz

Die Deutsche Bibliothek – CIP-Einheitsaufnahme

Von der göttlichen Löwin zum Wahrzeichen männlicher Macht :
Ursprung und Wandel grosser Symbole / Carola Meier-Seethaler. –
1. Aufl. – Zürich : Kreuz-Verl., 1993
ISBN 3-268-00142-4
NE: Meier-Seethaler, Carola

1 2 3 4 5   97 96 95 94 93

© Kreuz Verlag AG Zürich 1993
Umschlaggestaltung: Jürgen Reichert, Stuttgart
Umschlagbild: Assyrische Sphinx aus Nimrud, 8. Jahrh. v. Chr.
Nach ägyptischem Vorbild als männliches Wesen interpretiert.
Satz: Dorner GmbH, Aichwald
Druck und Bindung: Bosch-Druck, Landshut
ISBN 3 268 00142 4

Inhalt

Dank 7

Einleitung:
Zur Entstehung und Funktion sakraler Symbole 9

Kapitel I:
Patriarchale Umdeutungen weiblicher Hoheitszeichen . . 17
1. Vom Violinidol zum Achterschild 18
2. Vom Heiligen Knoten zur Krawatte 28
3. Vom Mondzepter zur Doppelaxt 39
4. Von der göttlichen Löwin zum Wahrzeichen
   männlicher Macht 46

Kapitel II:
Von den Präsentationen der Göttin
zum christlichen Kreuz 77
1. Gebärstellung und doppelarmiges Kreuz 83
2. Die Göttin mit erhobenen Armen 109
3. Henkelkreuz und Venuszeichen 124
4. Verborgene Traditionen 127

Kapitel III:
Von der Mutter-Tochter-Göttin zu Gottvater und Sohn . . 139
1. Die Mutter-Tochter-Dyade 141
2. Die Mutter-Tochter-Sohn-Triade 159
3. Die Mutter-Sohn-Dyade 166
4. Die Konsequenzen für das Priester- und
   sakrale Königtum 169

Kapitel IV:
Ursprung und Wandel der Leben-Tod-Symbole 185
1. Zickzackband, Spirale und »laufender Hund« 186
2. Das Netz und die Botschaft des
   schwarz-weißen Karos 197
3. Der Januskopf und seine Verwandten:
   die zweiköpfigen Tiere 205
4. Yin und Yang: Vom Leben-Tod-Symbol zur
   sexistischen Komplementarität 215

Schlußbetrachtung:
Zum Begriff der Androgynie 227

Literaturverzeichnis 231

Bildnachweis 235

Dank

Allen, die mir bei der Suche nach mythologischen Bildmotiven behilflich waren oder Bildmaterial zur Verfügung stellten, möchte ich meinen herzlichen Dank aussprechen:
Frau Irmgard Haffner, Buchhändlerin in München, die mich seit Jahren in der Beschaffung von Quellen unterstützt und mir auf dem Gebiet der sakralen Kunst zahlreiche Anregungen vermittelte.
Den Freunden des Anatolischen Kelim, besonders Jürg Rageth, Basel, und Udo Hirsch, Adenau/Deutschland.
Frau Dr. Charlotte v. Graffenried am Historischen Museum Bern, sowie Herrn Dr. Guntram Beckel am Martin v. Wagner Museum Würzburg.
Frau Prof. Dr. Elisabeth Schmid, Basel, verdanke ich den Sonderdruck ihrer archäologischen Studie zur Elfenbeinstatuette vom Hohlenstein-Stadel, den Herren Dr. Ruedi Högger, Dr. Andri Bisaz und Dr. René Gardi, Bern, und Herrn Helmut Uhlig, Berlin, die Überlassung eigener Photoaufnahmen.
Frau Dr. Hanna Gagel, Zürich, bin ich für ihre Beratung hinsichtlich der Bildgestaltung, Herrn Prof. Dr. Wolfgang Marschall, Bern, für Literaturhinweise verbunden.
Den nachdrücklichsten Dank schulde ich Frau Prof. Dr. Marija Gimbutas, Kalifornien, für ihre großzügige Erlaubnis, Bildmaterial aus ihren Veröffentlichungen zu übernehmen. Ihr archäologisches Werk über Göttinnen und Götter im Alten Europa stellt einen Meilenstein für jede zukünftige Symbolforschung dar.

Bern, Februar 1993.

Einleitung:
Zur Entstehung und Funktion sakraler Symbole

Seit meiner Auseinandersetzung mit der menschlichen Frühzeit und ihrer matrizentrischen Kultur[1] hat mich die Sprache der Symbole nicht mehr losgelassen. Zum einen wurde mir immer stärker bewußt, wie weitgehend unser modernes Denken die Beziehung zu sinnhaltigen Symbolen verloren hat und an die Stelle des ganzheitlichen Erfassens der Wirklichkeit den pragmatischen Umgang mit dem Machbaren setzt. Dabei verflachen die Symbole zu kommunikativen Zeichen, die für willkürlich gesetzte Inhalte stehen und nur von der jeweils instruierten Personengruppe gelesen werden können. Zum andern verhalfen mir kulturhistorische Längsschnittbetrachtungen sowie interkulturelle Querschnitt-Vergleiche immer mehr zu der Einsicht, daß die traditionellen Symbole patriarchaler Kulturen, wie sie in Religion und Kunst erscheinen, ausnahmslos aus dem Symbolschatz vorpatriarchaler Spiritualität schöpften. Und dies gilt für die christlich geprägten Kulturen ebenso wie für alle übrigen patriarchalen Hoch- und Stammeskulturen.

In der vorliegenden Arbeit geht es deshalb um eine Art Symbolarchäologie[2], durch die ein Teil unserer traditionellen Symbole auf ihre frühesten Quellen zurückgeführt werden soll. Anhand solcher »Ausgrabungen« läßt sich zeigen, wie die patriarchale Vereinnahmung ursprünglich matrizentrischer Symbole mit einer systematischen Umdeutung der Sinngehalte Hand in Hand geht: Sei es, daß man die alten Inhalte bewußt durch neue ersetzte, sei es, daß die ursprünglichen Bedeutungen nicht mehr verstanden wurden und deshalb oft sinnwidrige Interpretationen erfuhren.

Auf diese Weise lernen wir einiges nicht nur über die Entstehungsgeschichte unserer Symbole, sondern auch über den Vorgang der Symbolbildung selbst.

Daß die Symbolbildung zum Wesen des Menschen gehört, haben Mythenforscher ebenso erkannt wie die Tiefenpsychologen vor allem der Jungschen Richtung. Ernst Cassirer nannte den Menschen ein »Symbole verwendendes Tier« und bereicherte damit die Beschreibung der conditio humana um eine wesentliche Dimension. Die Grundbedingung des Menschen, oder das, was den Menschen zum Menschen macht,

wurde im Laufe der Philosophiegeschichte mit verschiedenen Kriterien belegt: Unter anderem sprechen wir vom »homo sapiens«, vom vernünftigen Menschen, vom »homo ludens« als vom spielerischen, kreativen Menschen oder vom »homo faber« als vom produzierenden Menschen. Viel früher schon hatte Aristoteles den Menschen als das »zoon politikon« definiert, als ein Wesen, das nur in und durch die Gemeinschaft leben kann.
Allen diesen Charakterisierungen liegt aber ein menschliches Urvermögen bzw. das menschliche Urbedürfnis zugrunde, das wir in der Symbolbildung zu sehen haben. Die Herausbildung von Symbolen ist mit der Bewußtseinsentwicklung untrennbar verbunden, weil nur sie es dem sich seiner selbst und seiner Umwelt bewußt werdenden Menschen erlaubt, eine gewisse Ordnung sowohl in seine äußeren Eindrücke als auch in seine inneren Empfindungen zu bringen.
Die uns geläufigste Form der Symbolbildung stellt die Sprache dar. Parallel dazu oder teilweise schon im Vorfeld der Sprache erscheinen die symbolischen Handlungsabläufe des Ritus und die symbolischen Vorstellungen und Ausdrucksgestalten von Mythos und Kunst.
Im Anschluß an Cassirer hat die Philosophin Susanne Langer[3] das menschliche Bewußtsein als einen dauernden Prozeß symbolischer Transformation beschrieben; als einen Prozeß, der von psychophysischen Impulsen ausgeht – also von unseren Sinneswahrnehmungen und Emotionen – und diese in eine Ausdrucksform bringt, welche sie in einer bleibenden Figur festhält. Diese Figur kann ein Wort sein, ein pantomimischer Gestus, eine rhythmische Folge von Klängen oder ein Bild. Alle diese symbolischen Ausdrucksformen unterscheiden sich wesentlich von spontanen Gefühlsäußerungen, wie wir sie etwa in Ausrufen der Freude und des Schmerzes oder in den individuellen Gebärden des Schreckens und der Furcht vor uns haben. Symbole sind immer transformierte Erlebnisse, d. h., sie sind gerade nicht augenblickliche Äußerungen individueller Gemütsbewegungen, sondern bewußt inszenierte Gestaltungen, welche emotionale Inhalte in kollektiv verständlicher Form zur Kommunikation bringen. In diesem Sinne zählt Susanne Langer die Symbolgehalte des Ritus, des Mythus und der Kunst ebenfalls zur Semantik, zur Sprache im weitesten Sinn, nur, daß die nichtsprachlichen Symbole einer anderen Logik folgen als unsere Sprache.
Die Logik der Sprache ist linear, d. h., es gibt ein zeitliches Nacheinander des sprachlichen Diskurses und eine räumlich-lineare Abfolge der Schrift, und beide gehorchen ganz be-

stimmten grammatikalischen Strukturgesetzen. Dagegen sind die Symbole in Mythos und Kunst nur als ganzheitliche Gestalten verstehbar, das heißt, sie präsentieren sich als Gesamtkomposition, von der sich die Einzelteile nicht definitiv abtrennen lassen. Langer spricht deshalb von der nicht-sprachlichen Symbolik als von einer präsentativen Semantik, einer Semantik, die sich ganzheitlich darbietet.
Im folgenden haben wir es ausschließlich mit der Bilderwelt der sakralen Kunst zu tun, an der sich die Komplexität der präsentativen Symbolik besonders gut zeigen läßt.
Dabei wäre es ein Irrtum, zu meinen, Bildsymbolik könne immer aus konkreten Bildinhalten abgeleitet werden. Neben der naturalistischen oder auch stark stilisierten Darstellung konkreter Wesen und Gegenstände finden wir nicht nur phantastische Mischwesen, die keine Entsprechung in der Realität haben wie die Sphingen, Kentauren oder Chimären, sondern auch eine gänzlich abstrakte Zeichensprache. Seit den Entdeckungen der Höhlenforscherin Marie E. P. König wissen wir, daß schon die Kunst der Eiszeit neben menschlichen Statuetten und großartigen Tierdarstellungen eine höchst differenzierte Zeichensprache hervorgebracht hat. Figurationen wie die Spirale, die Raute und das Dreieck, Liniennetz und Zickzackband, welche die Spätkulturen nur noch als ornamentale Verzierungen kennen, waren während der gesamten menschlichen Frühzeit – und sind es in sogenannten Primitivkulturen immer noch – Träger mythisch-kosmischer Sinngehalte. Sie sind Zeichen des Lebens und des Todes, des ewigen Wandels und der Wiedergeburt, Zeichen der kosmischen Ordnung, welche den Lauf der Gestirne und die Himmelsrichtungen ebenso reflektieren wie das Wesen der Elemente und die Weiten, Höhen und Tiefen der Erde.
Beide, die figürliche und die abstrakte Gestaltung von Symbolen, stehen aber nicht getrennt nebeneinander, sondern sind vielfältig miteinander kombiniert oder gehen sogar ineinander über.
Das Erstaunlichste aber ist, daß wir eine kontinuierliche Tradition sakraler Symbole von der jüngeren Altsteinzeit über die gesamte Jungsteinzeit bis zu den frühen Hochkulturen verfolgen können, was einem Zeitraum von rund 30 000 Jahren entspricht. So sehr sich auch im Laufe der Jahrtausende der künstlerische Stil verändert, so bleiben doch die Symbolinhalte weitgehend die gleichen und gibt es immer wieder ähnliche bildhafte Zuordnungen zu diesen Inhalten.
Aus den vorpatriarchalen Phasen der Hochkulturen ist uns ein schier unerschöpflicher Reichtum an konkreten und ab-

strakten Bildsymbolen in Form von Siegeln überliefert, die vor der Erfindung der Schrift der Registratur von Vorräten und der Kennzeichnung von Personen für den Warenaustausch dienten. Im Zentrum dieser Bilddokumente steht weltweit die Gestalt einer Großen Göttin, die gleiche Gestalt, die als Schöpferin des Lebens in allen archäologischen Funden seit ältester Zeit eine dominante Rolle spielt, weshalb die Archäologin Marija Gimbutas die Symbole der vorhistorischen Zeit auch die Sprache der Göttin genannt hat.[4]
Offensichtlich sind es die weiblich geprägten Frühkulturen, die ein Höchstmaß an Kreativität zur Bildung sinnhaltiger Symbole entwickelten. Ohne dieses Erbe besäßen wir nur einen Bruchteil unserer ornamentalen und architektonischen Formen, unserer mythischen Bilder, Sakramente und Feste. In welchem Ausmaß die abendländische Kultur bis in die jüngste Zeit von diesem Symbolschatz gezehrt hat, geht uns erst auf, seit die Symbole verblassen und unsere rationalistische Technik unsere Lebensräume mit schönheitsverachtenden Artefakten übersät. Erst heute bemerken wir, daß ästhetisch-symbolische Raumordnung, harmonische Verbindung von Architektur und Landschaft und bildhaft-symbolische Elemente für unsere Psyche lebenswichtige Nahrungsquellen sind, deren Mißachtung zu schweren Irritationen und Depressionen führt. Und wir beginnen zu ahnen, in welch gefühlstötenden Wüsten wir leben müßten, wenn alle seit Urzeit vertrauten Symbole als überflüssiger Luxus beiseite geschoben und technischen Sachzwängen geopfert würden.
Es wird noch jahrzehntelanger Anstrengungen bedürfen, um die Symbole der Frühkulturen, wie sie uns in den Produkten des Kunsthandwerks überliefert sind, in allen ihren Bezügen zu erfassen. Dazu gehören auch die sakralen Bedeutungen der Teppichkunst und des Schmuckes, die erst jüngste Forschungen ins Bewußtsein hoben. Was die Interpretation solcher Motive anbelangt, hat die feministische Forschungsarbeit auf den Gebieten der Archäologie, Ethnologie und Theologie jedenfalls einen neuen Schlüssel gefunden, der uns helfen wird, die Geheimnisse der mythischen Bilderwelt nach und nach zu erschließen.
Die vorliegende Arbeit greift aus der Fülle des Materials bestimmte Symbolreihen heraus: zum Teil solche, die bis jetzt wenig Beachtung fanden, zum Teil sehr bekannte Symbolträger, die in einen neuen und überraschenden Zusammenhang gestellt werden.
Jede dieser Symbolgruppen soll von ihren frühesten Erscheinungsformen bis zu ihren späteren, teilweise noch gegenwär-

tigen Manifestationen zur Darstellung kommen, wobei sich der durchgängige rote Faden allerdings oft in Nebenlinien verzweigt. Das letztere liegt in der Natur der Sache, weil präsentative Symbole per definitionem nicht rein linear beschreibbar sind und nicht nur mehrere Bedeutungsmomente gleichzeitig enthalten, sondern mit anderen, ebenfalls komplexen Symbolgruppen ein vielfältiges Beziehungsnetz bilden. Das grundlegende Ordnungsprinzip der Symbolsprache ist ja gerade nicht das der klaren Trennungslinien und der Ausschließlichkeit, wie es das Denken in Begriffen fordert, sondern das Prinzip der Ähnlichkeit: das Sehen, Fühlen und Denken in Analogien.

Dieses analogische, gleichsam homöostatische Vorgehen führt weit auseinanderliegende Wahrnehmungen zusammen: Bilder des Himmels mit Bildern der Erde, Vorgänge auf der Oberwelt mit solchen in der Unterwelt. Entscheidend sind dabei die äußere Gestalt, die Morphologie, und zugleich der gemeinsame Assoziationspunkt in bezug auf das psychische Erleben der Menschen. So werden etwa die zunehmende und abnehmende Mondgestalt zum Gleichnis für Leben und Tod, die Mondsichel als solche zum phallischen Mondhorn, in dem sich das Stierhorn widerspiegelt, oder die sich wandelnden Mondfarben zum Sinnbild des werdenden und vergehenden Lebens vom zartgelben Jungmond zum rötlichen Vollmond bis zur bleichen, im Todesschoß des Nachthimmels versinkenden Sichel.

Am ehesten läßt sich die Ana-Logik der Symbolsprache an Hand von Beispielen nachvollziehen, und deshalb sind die in diesem Band wiedergegebenen Bilder nicht einfach Illustrationen zu einem vorher explizierten Gedankengang. Es ist vielmehr umgekehrt: Die Betrachtung der Bilder und der systematische Bildvergleich führen uns erst zu den Bedeutungen und lassen uns die psychischen Energien ahnen, mit denen die jeweiligen Symbolbezüge aufgeladen sind.

Wenn wir uns vorbehaltlos auf die Morphologie der Bilder einlassen und sie sorgfältig miteinander vergleichen, wird sich auch das verbreitete Vorurteil verflüchtigen, Symbole ließen sich einfachhin »intuitiv« erfassen. Natürlich löst jede symbolische Transformation auch subjektive Gefühle und Assoziationen aus – das ist ja ihr ursprünglicher Zweck –, Ziel der Symbolforschung ist es jedoch, über die heute sehr unterschiedlichen Reaktionen der individuellen Betrachter/innen hinaus die Symbolsprache einer Kultur in ihrer damaligen kollektiven Bedeutung zu erfassen. Das gelingt nur, wenn wir auch andere Kulturäußerungen einer Ethnie oder einer Geschichtsepoche mit einbeziehen und deren gesellschaftlichen Kontext berücksichtigen.

Darüber hinaus gibt es aber auch universelle Symbole, die C. G. Jung die Archetypen oder die Urbilder der Seele genannt hat. Wie immer solche Ursymbole zustande gekommen sein mögen, so gibt es unleugbar frappante Übereinstimmungen in der Symbolik zeitlich und räumlich weit auseinanderliegender Kulturen, die kaum aufeinander einwirken konnten. Das ist aber insofern nicht allzu überraschend, als sich einerseits die Natur morphologisch wiederholt, d. h. sich in ähnlichen Formen immer neu ausdrückt, und andererseits die existentielle Situation naturnaher Völker ähnliche Erfahrungen bewirkt und daher auch ähnliche Transformationen hervorbringt. Deshalb ist es auch legitim, Beispiele ganz verschiedener Kulturen nebeneinander zu stellen, um aus ähnlichen Bildkompositionen auf einen gemeinsamen Sinngehalt zu schließen.

Freilich gibt es bei dieser Methode keine eindeutigen »Beweise« im strengen Sinn. Interpretationen bleiben immer bis zu einem gewissen Grade hypothetisch und daher immer neu überholungsbedürftig. Der Vergleich verschiedener Interpretationen und das Gespräch zwischen den Interpret/innen sind aber geeignet, das Gewicht einzelner Deutungen zu verstärken, oder auch die Einseitigkeiten oder gar Fallen deutlich zu machen, in die unsere Deutungsversuche geraten können.

In der bisherigen Symbolforschung war eine der häufigsten – erst in jüngster Zeit reflektierten – Fallen das unhinterfragte patriarchale Weltbild, das mit seiner androzentrischen Denkweise dem Weltbild der Frühkulturen nicht gerecht wird. Falsche Polarisierungen wie die einseitige Zuordnung des Männlichen zum geistigen und des Weiblichen zum biologischen Prinzip verstellen den Zugang zur vorpatriarchalen Symbolik grundsätzlich. Als ebenso hinderlich erweist sich die Gleichsetzung des Geistigen mit dem Martialisch-Kriegerischen, was zu grotesken Fehldeutungen führen kann.

Besser als durch jede theoretische Einführung lassen sich solche Einsichten am konkreten Bildmaterial demonstrieren.

Dabei hoffe ich, daß Leserinnen und Leser auf unserer Reise durch die verschlungenen Pfade der Symbolik nicht nur intellektuelle Einblicke gewinnen, sondern auch einen Zugang zur emotionalen Dimension, die der symbolischen Transformation seit jeher zugrunde liegt, nämlich die eigene Lebenswahrnehmung in einen kosmischen Zusammenhang eingebettet zu finden. Dadurch wird das Einzelschicksal nicht nur

relativiert, sondern bis zu einem gewissen Grad auch »aufgehoben« im doppelten Sinn dieses Wortes: Das persönliche Geschick verliert seine Einmaligkeit und damit etwas von seiner Härte, und der eigene bruchstückhafte Lebenslauf wird zum Ring in der großen Kette der Generationen.
Bis heute begleiten uralte Symbole unsere Träume, wo sie in kritischen Lebenssituationen aus den Tiefen des Unbewußten emporsteigen.

Anmerkungen Einleitung

1 Meier-Seethaler, C., Ursprünge und Befreiungen. Eine dissidente Kulturtheorie, Zürich 1988, Frankfurt 1992
2 Vgl. Meier, G., Die Wirklichkeit des Mythos, Bern 1990
3 Langer, S., Philosophie auf neuem Wege, Frankfurt 1984
4 Gimbutas, M., The Language Of The Goddess, London 1989

Kapitel I:
Patriarchale Umdeutungen weiblicher Hoheitszeichen

In diesem ersten Kapitel geht es zunächst um die Wandlung von drei matrizentrischen Hoheitszeichen, die wir aus den Ruinen des Alten Kreta kennen. Darunter ist die sogenannte »Doppelaxt« weitaus das bekannteste, während der sogenannte »Achterschild« und der »Heilige Knoten« viel weniger Beachtung fanden.

Anhand der minoischen Kunst, wie die kretischen Kunstzeugnisse nach dem kretischen Königstitel »Minos« genannt wurden, können wir am Ende ihrer Epoche gewissermaßen in flagranti den Zusammenstoß zweier konträrer Kulturen beobachten: die Vermischung der eindeutig matrizentrischen Kultur der älteren Palastzeit (2000–1700 v. Chr.) mit der sogenannt mykenischen Kunst während der jüngeren Palastzeit (1700–1450 v. Chr.), deren Träger die seit dem 18. vorchristlichen Jahrhundert in Griechenland eingefallenen Achäer waren. Genannt nach der Burg Mykene auf dem Peloponnes, war die Kultur dieser Eroberer durch und durch kriegerisch geprägt, wie es die zyklopischen Mauern ihrer Burgen und die riesigen Waffenarsenale bezeugen. Damit steht sie in diametralem Gegensatz zur friedlichen Welt der kretischen Theakratie, die weder wehrhafte Stadtmauern noch Kriegswaffen hinterließ, sondern nur einige wertvolle Zeremonialdolche.

Das Erstaunliche an der Kunst der mykenischen Herren aber ist die Tatsache, daß sie eine getreue Kopie der minoischen Kunst darstellt: In den neuen Palästen auf dem griechischen Festland und den südlichen Inseln finden wir überall die gleichen sakralen Szenen mit Göttinnen und Priesterinnen wie auf Kreta, dieselben Motive auf Wandmalereien und Kultgegenständen, was um so merkwürdiger ist, als Homer ein durchaus patriarchales Gesellschaftsbild von dieser heldischen Epoche Griechenlands gezeichnet hat. Selbst der Gott Zeus, den die Achäer aus ihrem indoeuropäischen Erbe mitbrachten, hat sich in den Kontext der kretischen Muttergottheiten eingefügt, wenn wir an den Mythos vom Aufwachsen des Zeus-Knäbleins in der kretischen Idahöhle denken.

Wahrscheinlich waren es ausnahmslos kretische Künstler, welche die Repräsentationsräume der neuen Herren ausgestalteten und die zu ihren hergebrachten Motiven nur noch

Jagd- und Kriegsszenen hinzufügten, die ihre Auftraggeber nicht missen wollten. Wie es in der mykenischen Kultur zur Vereinnahmung der ursprünglich sakralen Hoheitszeichen des Alten Kreta kam und wie diese eine zum Teil groteske Umdeutung erfuhren, können wir in den folgenden Bildserien nachvollziehen.

1. Vom Violinidol zum Achterschild

Eine erste Illustration für einen solchen Vorgang ist die bisher kaum beachtete Umwandlung der jahrtausendelang als Kultobjekte verehrten sogenannten »Violinidole« in die kriegerische Vorstellung des Achterschilds.[1]
Noch heute begegnen alle Touristen/innen, welche die rekonstruierten Ruinen von Knossos besuchen, den kretischen Wandmalereien, worunter große, achterförmige Ornamente einen scheinbar unverhältnismäßig großen Raum einnehmen. Abb. 1 zeigt ein solch großformatiges Wand»ornament« zwi-

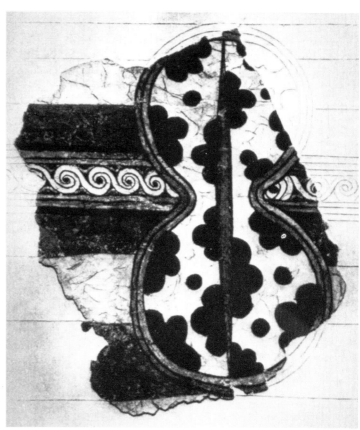

Abb. 1 Ornamentfries mit 8-förmigen Schilden. Fresko aus dem Palast von Mykene, 14./13. Jahrh. v. Chr. Identisch mit dem Wandornament im östlichen Treppenhaus des Palastes von Knossos (um 1700 v. Chr.)

schen Spiralbändern. Die Musterung auf der Oberfläche ist wohl zu Recht als Tierfellmuster gedeutet worden, und es scheint, als seien zwei Tierfelle der mittleren Längsachse entlang zusammengefügt, um die breiten Ausbuchtungen zu füllen.

Es ist literarisch und bildlich belegt, daß die griechischen Krieger neben runden Schilden auch Kriegsschilde in Achterform verwendeten, wobei diese mit Ziegen- oder anderen Fellen bespannt waren. Daß aber die Achäer im Gegensatz zu den Historikern und Kunstwissenschaftlern um die ursprüngliche Bedeutung dieser Form noch wußten, beweist ein Fresko aus Mykene vom 14./13. Jahrh. v. Christus (Abb. 2). Hier sehen wir in der Mitte das nahezu identische Wand»ornament«, wieder mit der Ziegenfell-Musterung, nur daß darüber und darunter der Kopf sowie Arme und Beine der Göttin Athene hervorragen. Auf beiden Seiten der Hauptfigur stehen zwei Adorantinnen im typisch kretischen Stufenrock, rechts im Vordergrund ein kleiner kretischer Altar, der uns zeigt, daß es sich um eine kultische Szene handelt. Deshalb stellt hier die große Acht mit Sicherheit den Leib der Göttin selbst dar und nicht, wie der kunstgeschichtliche Kommentar meint, einen Achterschild, hinter dem die

Abb. 2 Athene hinter Achterschild. Fresko aus dem Palast von Mykene, 14./13. Jahrh. v. Chr.

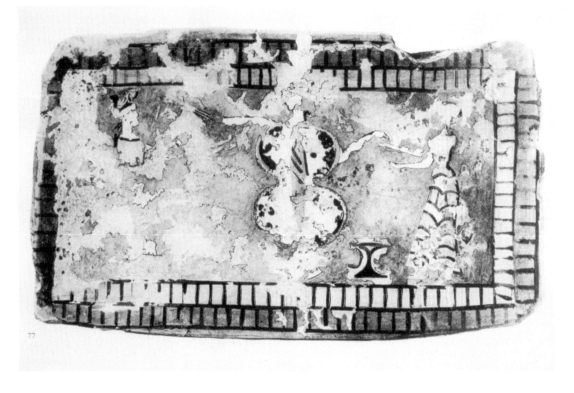

Göttin hervorschaut.[2] Dabei sollten wir uns daran erinnern, daß auch die klassische Athene häufig mit dem Ziegenfell (Aigis) bekleidet dargestellt wurde, mit dem gleichen Fell, das auch hier ihren Leib bedeckt.

Ihre eigentliche Plausibilität erhält unsere Annahme aber erst, wenn wir die Figur der großen Acht mit den neolithischen Violinidolen vergleichen, wie sie im ganzen östlichen Mittelmeerraum zwischen dem 4. und 2. Jahrtausend in großer Zahl aufgefunden wurden. Die größte Ähnlichkeit bemerken wir auf Abb. 3, die ein großes und zwei kleinere solcher Idole wiedergibt. Sie sind aus Marmor und stammen aus

Abb. 3   Drei weibliche Violinidole aus der Gegend von Troja, 3. Jahrt. v. Chr., Marmor, Höhe 4,3–13,8 cm

der Gegend von Troja. An den eingeritzten Augen ist deutlich zu erkennen, daß der obere Kreis des »Achters« als Kopf und der untere als Leib zu verstehen ist. Etwas schlanker stellt sich der Leib der Göttin in den anatolischen Idolen auf Abb. 4 dar, während uns die kykladischen Idole auf Abb. 5 vor Augen führen, wie die Abstraktion des Violinumrisses zustande kommt. Die rechte Figur zeigt die bekannte, unter die Brüste geführte Armhaltung und die Betonung des Schoßdreiecks, die linke Figur die stärker schematisierte Version, bei der die Form des Kopfes fließend in die des Halses übergeht, während die Arme nur noch angedeutet sind. Die

Abb. 4   Drei schematische Idole aus Anatolien, 2700–2100 v. Chr. Kalkstein. Höhe 8,5–12,1 cm

Abb. 5 Zwei weibliche Idole von den Kykladen, frühes 3. Jahrt. v. Chr., Marmor, Höhe 17–25,4 cm

Tailleneinschnürung gegenüber dem runden Unterleib läßt bereits einen violinähnlichen Körper entstehen. Schließlich sehen wir auf Abb. 6 ein neolithisches Idol aus Kreta selbst, wie sie vereinzelt aus der Vorpalastzeit erhalten blieben. Hier werden die Arme nicht rund, sondern im spitzen Winkel zu den Brüsten geführt, was die obere Hälfte der Figur dreieckig und nur die untere Hälfte rund erscheinen läßt. Auf die auffallende, diagonal geführte Zickzacklinie werden wir im vierten Kapitel noch zurückkommen.

Was die Ziegenfellmusterung der Wandornamente betrifft, so ist ein Zusammenhang mit der kretischen Ziegengöttin Amaltheia herzustellen, von der noch Homer in seinem Zeusmythos erzählt und von der es ein kleines Fayencerelief gibt, welches eine Wildziege darstellt, die ihr Junges säugt.[3] Dennoch ist die Assoziation zum Krieger-Schild nicht nur äußerlich, sondern wird verständlich aus der griechischen Interpretation der Göttin Athene. Die vorgriechische Athene, die ursprünglich alle Aspekte der Großen Göttin in sich vereinigte und u. a. als Göttin des Ackerbaus, der Heilkunst und des Handwerks verehrt wurde, gilt den mykenischen Herren als Kriegsgöttin. Die Idee war wohl, Athene möge mit ihrem Leib die Kämpfenden schützen und zum Sieg führen, so wie ihr Leib als ein apotropäisches Zeichen seit urdenklichen Zeiten das Leben aller Menschen schützte. Und wenn die Achäer

Abb. 6 Idol einer weiblichen Gottheit aus Kreta. Ton, Neolithikum (5000–2600 v. Chr.)

und später die Dorer ihre Kriegsschilde tatsächlich nach den Umrissen des göttlichen Körpers formten, so war der intendierte Schutz sehr viel mehr mythisch-magischer als konkret materieller Natur. Dies geht schon daraus hervor, daß der deutliche Tailleneinschnitt der Schildform zur Deckung des Körpers wenig geeignet ist.

Ganz abgesehen von der Interpretation der Wandornamente gibt es in den kretischen Palästen Nachweise für die Tatsache, daß die »Achterform« eine kultische Bedeutung hatte. Als reliefartig gebildetes Symbol finden wir es auf sakralen Gegenständen wie auf dem Blutopferkrug aus dem Tempel bei Archanes auf Abb. 7. Hier schwebt es über der Gestalt des Stieres, was den Zusammenhang mit einem göttlichen Symbol zwingend macht. Diese Konfiguration läßt an die Kulträume von Çatal Hüyük denken, wo ebenfalls die Göttin über dem

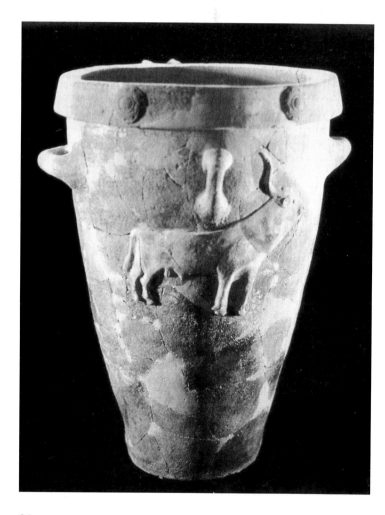

Abb. 7 Blutopfer-Krug aus dem Tempel von Anemospilia auf Kreta, um 1700 v. Chr.

Stier erscheint. Ein anderes Fundstück aus Archanes (15. Jahrh. v. Chr.), eine Grabbeilage aus der Nekropole, ist der wertvolle Halsschmuck einer Priesterin (Abb. 8). Hier stellt der zentrale Schmuckstein die Achterform dar, dessen Bedeutung unschwer zu erraten ist. Auch die übrigen muschel- und perlförmigen Glieder, Rosetten und Spiralen, repräsentieren Motive, die zum Symbolkreis der Göttin gehören.

Abb. 8 Goldschmuck einer Priesterin oder Fürstin, Grabbeilage aus der Nekropole von Archanes um 1400 v. Chr. oder früher

Abb. 9 Tanzstab von den Osterinseln, Polynesien, 18. Jahrh., poliertes Holz, Höhe 78 cm

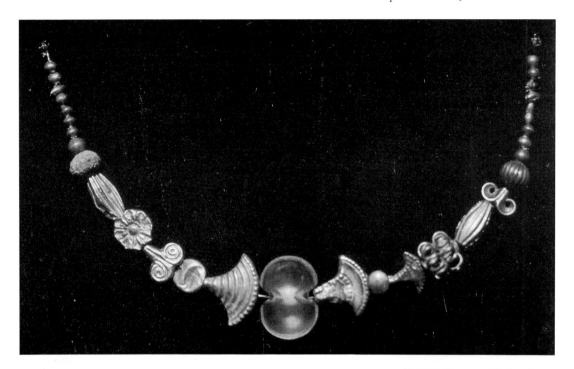

Die in ihrem ursprünglichen Symbolgehalt weitgehend vergessene Gestalt des Achters oder der Violine findet sich nicht nur im alteuropäischen und kleinasiatischen Raum, sondern auch auf der anderen Seite des Globus in Südostasien. Auch dort wird sie unter irreführenden Bezeichnungen geführt, wie der Tanzstab von den Osterinseln auf Abb. 9, den der Katalog als »paddelförmig« bezeichnet, obwohl die Einkerbungen des Gesichts und die angedeuteten Ohrringe am oberen »Paddel« eine figurale Bedeutung signalisieren. Mag sein, daß das polierte Hartholz als Material für die geschnitzte Figur mit zu dieser Assoziation führte und daß auch bei den heutigen Bewohnern der Osterinseln die sakrale Bedeutung des Gegenstandes in Vergessenheit geriet.[4]

Können wir hier nur vermuten, daß es sich um eine weibliche Kultfigur im Zusammenhang mit kultischen Tänzen handelt, so gibt es bei den chinesischen und japanischen Beispielen noch deutlichere Hinweise. Abb. 10 zeigt eine wertvolle Mingvase in Gurdenform, deren Schriftzeichen »langes Leben« aussagen.

Der Flaschenkürbis, der den taoistischen Glaubensbrüdern als Pilgerflasche diente, gehört zu den ältesten Attributen der taoistischen Glaubenswelt und steht in Zusammenhang mit dem Bild vom Paradies. Zugang zu dieser Welt können uns die fernöstlichen Miniaturen verschaffen, wie sie in Buchillustrationen oder Miniaturlandschaften und -grotten als einer Form der Volkskunst erhalten sind. Bis in die jüngste Zeit wurden solche Miniaturen in den buddhistischen Tempeln ausgestellt wie unsere Krippen in den christlichen Kirchen. Der Sinologe Rolf Stein[5] konnte zeigen, daß sich darin alte mythologische Vorstellungen bewahrt haben, die mit der Göttin des Westens Hsi-wang mu (Xi-wang-mu) in Zusam-

Abb. 10   Mingvase in Form eines Flaschenkürbis, zwischen 1368–1644 n. Chr.

Abb. 11   »Ein angenehmes Leben in der Gurde«, Malerei von Tessai, 1923, Japan

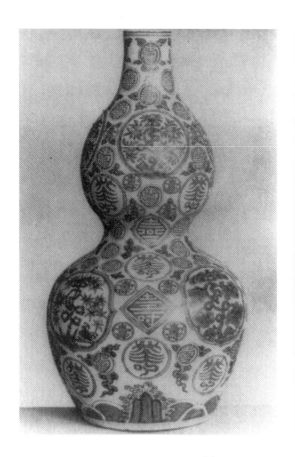

menhang stehen. Die Höhlen und Grotten des Westgebirges K'un-lun, das als ihr Wohnsitz gilt, werden dabei als Uterus der Heiligen Mutter verstanden, die Stalagmiten als ihre Brüste.

Vor einem solchen Hintergrund wird erst verständlich, was mit einer japanischen Buchmalerei auf Abb. 11 gemeint ist. Unter dem Titel »Ein angenehmes Leben in der Gurde« zeigt sie den von einem Zweig herabhängenden Flaschenkürbis, in dem es sich ein Pilger bequem gemacht hat. Man muß nicht Psychoanalytiker/in sein, um in dieser Paradiesesvorstellung den regressiven Wunsch nach seligem Schlaf im Mutterleib zu erkennen.

Abb. 12   Schutzmantelmadonna aus der Pfarrkirche in Ravensburg, von Michel Erhart um 1480

Ein ähnliches Motiv verbirgt sich hinter den Miniatur-Paradiesgärtchen, deren Tore in Form einer Gurde geschnitzt sind.

Um aber noch einmal auf unser abendländisches Symbolerbe zurückzukommen, so gibt es auch in der europäischen Kunst und im Brauchtum Reste der alten Vorstellung, daß der Leib der Muttergöttin einen Zufluchtsort bildet oder ein apotropäisches Zeichen darstellt. Abb. 12 zeigt eine der unzähligen sogenannten Schutzmantelmadonnen, die ihren Gläubigen Zuflucht gewähren. Noch neuzeitliche Herrscher ließen sich auf diese Art im Schutze der Gottesmutter darstellen.

Schließlich könnte in einer unserer traditionellen Backformen, die man Löffelbiscuits oder Katzenzungen nennt, die Form des Violinidols überlebt haben. Das uralte Lebens- und Schutzzeichen unter den Backformen anzutreffen, wäre auch gar nicht verwunderlich. Es würde sich dort mit Sonne, Mond und Sternen, Kreuzblume und Glücksklee und anderen kosmischen Symbolen in bester Gesellschaft befinden.

Mit Sicherheit aber lebt die neolithische Göttin in den russischen Babuschkafiguren fort, die in ihren Umrissen genau den Violinidolen entsprechen und als Puppen in der Puppe an die weibliche Genealogie von Mutter-Tochter-Enkelin erinnern.

2. Vom Heiligen Knoten zur Krawatte

Was Sir Evans als der Ausgräber der kretischen Paläste mit den »sacral knots« meinte, die er zu Recht für kultische Hoheitszeichen hielt, sollen zwei Abbildungen aus Knossos illustrieren. Auf Abb. 13 sehen wir eine kleine Elfenbeinschnitzerei als Abbild einer Art Schärpe, die so zu einem Knoten geschlungen ist, daß oben eine Schleife und unten zwei lose Enden entstehen. Das Netzmuster, das uns später noch beschäftigen wird, deutet den kosmischen Bezug des Knotenmotivs im Sinne von Lebensordnung und kosmischer Gesetzmäßigkeit an. Den gleichen Knoten, nun deutlich in seiner textilen Beschaffenheit erkennbar, finden wir auf einem der bekanntesten Fresken in Knossos, wo ihn eine Priesterin als Teil ihrer kultischen Kleidung im Nacken trägt (Abb. 14).

Abb. 13 Sakraler Knoten aus Elfenbein, Palast von Knossos, um 1600 v. Chr.

Abb. 14 Kretische Priesterin mit Kultknoten, Fresko aus Knossos, 1600–1400 v. Chr. (siehe Farbtafel I)

Das Bild dieser Priesterin, das einen Ausschnitt aus einer kultischen Libationsopfer-Szene darstellt, ging mit der frivol gemeinten und völlig irreführenden Bezeichnung »Die Pariserin« in die Kunstgeschichte ein, weil offenbar das Schminken des Gesichts, das in den Frühkulturen kultischen Charakter

Abb. 15 Die »Schlangengöttinnen« aus der Schatzkammer des Zentralheiligtums in Knossos, Neuere Palastzeit (1700–1450 v. Chr.)

hatte, als Zeichen der Demi-monde mißverstanden wurde. In anderer Form begegnet uns das kretische Knotenmotiv bei den bekannten Statuetten der sogenannten Schlangengöttinnen, und zwar in Gestalt der zu einem Knoten verschlungenen Schlangenleiber. Ein solcher lebender Knoten ruht im Schoß der Muttergöttin, der auf Abb. 15 rechts stehenden Figur.

Die Schlangen, die sich um ihre Kopfbedeckung ringeln, lassen das Motiv des Schlangenhaars anklingen, das auf Siegelbildern noch deutlicher hervortritt und das die Große Medusa von der kretischen Göttin erbte. Auch die kunstvollen Frisuren der Priesterinnen mit ihren schlangenförmigen Locken und Haarknoten gehören zu ihrer kultischen Würde, was wir unter anderem daran ablesen können, daß noch heute der orthodoxe Pope einen Haarknoten im Nacken trägt. Wahrscheinlich gehen nicht nur viele Haartrachten – wie der Knoten, die Zöpfe oder die »Schnecken« –, sondern auch die Haarschleifen auf die Vorstellung sakraler Knoten zurück.

Im Volksbrauchtum hat sich von der ursprünglichen Bedeutung der Schleife noch vieles erhalten, wenn u. a. an Ostern bunte Schleifen an Sträucher und Zweige gebunden werden, um das wiedererblühende Leben zu feiern. Hier schwingt das Motiv mit, für das keimende Leben den Segen derer zu erflehen, welche »die Macht haben, zu lösen und zu binden«. Diese göttliche Macht, die wir aus dem Neuen Testament (Matth. 18,18) auf Christus bezogen kennen, wird in der griechischen Mythologie den Moiren, in der germanischen den Nornen zugeschrieben. Sie spinnen und knüpfen die Lebensfäden der Menschen, um sie nach erfüllter Schicksalszeit wieder abzuschneiden. In der ägyptischen und mesopotamischen Mythologie sind es die Großen Göttinnen, die den Schicksalsknoten für die Menschen knüpfen, wiederum also weibliche Gestalten, was schon deshalb nicht überrascht, weil das Knüpfen und Flechten in allen Kulturen ein weibliches Handwerk ist.

Abb. 16 gibt einen altägyptischen Papyrus wieder, in dessen Zentrum die Göttin Toeris/Tahurt steht. Als Mischfigur aus Krokodil, dem schwangeren Leib eines Nilpferds und den Tatzen einer Löwin verkörpert sie die »Große« – wie ihr Name sagt – im Reich des Lebens und des Todes. Sie gilt gleichzeitig als Geburtsgöttin und als Mutter der Toten, deren Krokodilskopf die Toten verschlingt, um mit ihnen durch den Unterweltsfluß zu schwimmen und sie auf der Oberwelt wiederzugebären. Deshalb trägt sie auf unserem Bild in ihrer Linken das Anch- oder Lebenszeichen, und gleichzeitig

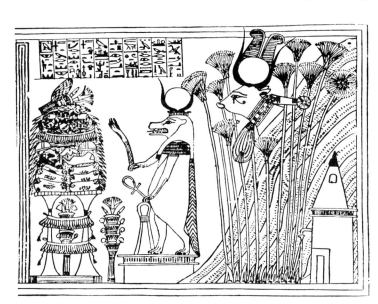

Abb. 16 Die Geburts- und Todesgöttin Toeris/Tahurt, Papyrus von Ani, ca. 15. Jahrh. v. Chr.

stützt sie sich auf die Sa-Schleife, die Hieroglyphe für »Schutz«.

Auf die figürliche Bedeutung des Anch-Zeichens, auch »Lebensschleife« oder Henkelkreuz genannt, werden wir im nächsten Kapitel eintreten. Hier geht es darum, die hohe Bedeutung der Heiligen Knoten für die ägyptische Ikonographie deutlich zu machen.

Auch am Hals der Hathor-Kuh, die rechts im Bild aus dem Papyrusdickicht tritt, bemerken wir ein geknotetes Gebilde. Die Ägypter verwandten verschiedenartigste Knoten als Talismane, u. a. für die Toten, denen man häufig den sogenannten »Isisknoten« in die Hand gab. Der bekannteste in dieser Reihe, wenn auch nicht mehr als solcher erkannt, ist der Shen-Ring, die ägyptische Hieroglyphe für »Ewigkeit«, der ursprünglich aus einer Schnur zu einem Kreis geformt und an den Enden verknüpft war.[6] Später wurde er aus wertvollen Metallen gegossen und diente als Königsring und Zeichen königlicher Macht.

Auf Abb. 17 sehen wir den Heiligen Knoten Ägyptens noch einmal in einem sakralen Zusammenhang, als eine Art Krawatte am Hals des Anubis-Hundes. Anubis ist der geheimnisvolle Seelenbegleiter, der zu Unrecht nur als Totenhund bzw. als Repräsentant des Todesgottes gilt.

Abb. 17 Doppelköpfiger Anubishund mit einer Art Kultknoten. Grabmalerei XX. Dynastie, ca. 1200–1075 v. Chr.

Die Grabmalerei aus der XX. Dynastie zeigt ihn in doppelter Gestalt mit zwei Köpfen, wie deutlich an den vier Ohren zu erkennen ist. Dies weist auf seine doppelte Bedeutung als Lebens- und Todestier hin, wie uns das im letzten Kapitel im Zusammenhang mit anderen zweiköpfigen Gestalten wieder begegnen wird. Wenn Anubis als Begleittier der Göttin Nephtys und als Bewacher der Gräber die Lebensschleife trägt, so kann es sich nur um den Wiedergeburtsgedanken handeln.

Diesen Gedanken bestätigen die sogenannten Taenien, die an den Wänden der etruskischen Gräber aufgemalt sind. Diese breiten Wollbinden, die in der Art der Louis-Seize-Schleifen geschlungen sind und manchmal zwischen Bäumen wie als Girlanden hängen, was anderes könnten sie symbolisieren als den Zusammenhang alles Lebendigen über den individuellen Tod hinaus?

Ein aufschlußreiches Beispiel für die komplexen und sich überschneidenden Bedeutungsebenen alter Symbole ist das sogenannte Schilfrohrbündel in Sumer. Wir sehen es auf Abb. 18 auf einem Steinrelief, wo es die Göttin Inanna selbst

Abb. 18 Babylonisches Schilfrohrbündel, Steinrelief auf Votiv-Futtertrog, Sumer ca. 3000 v. Chr.

symbolisiert, die als Herrin der Tiere mit einem Rind gezeigt wird. Das Schilfrohr als wichtiger Rohstoff für Dachbedeckungen, Matten und Rohrgeflecht wurde vermutlich nach dem Schneiden gebündelt und zum Trocknen aufgestellt. Das kultische Symbol erinnert an den in Europa lang geübten Brauch, die letzte Garbe bei der Kornernte auf dem Felde stehenzulassen, wobei diese in ganz ähnlicher Weise gebunden und als »Kornmutter« bezeichnet wurde. Das sumerische

Farbtafel I

Farbtafel II

Schilfrohrbündel scheint eine doppelte Bedeutung zu haben, die Repräsentation der Vegetationsgöttin und zugleich die magische Funktion eines Heiligen Knotens.

Jahrtausende später wird die hellenisierte und romanisierte Göttin in Gestalt einer syrischen Venus noch immer mit einer Art Heiligem Knoten auf ihrer kunstvollen Frisur dargestellt, wie uns Abb. 19 zeigt.

Ebenfalls aus dem kleinasiatischen Raum stammt der berühmte Gordische Knoten, der im Tempel zu Gordon an einen Kultwagen gebunden war und an die Bindung des sakralen Königs an die Magna Mater erinnerte. Als Alexander der Große von der phrygischen Prophezeiung hörte, wonach derjenige, der den Knoten lösen könne, Herrscher über ganz Asien sein werde, so spiegelte sich darin – wenn auch in übertriebener Form – die alte Praxis der matrizentrischen Thronfolge: Wer den Gürtel der Hohenpriesterin löste und mit ihr die Heilige Hochzeit vollzog, war der neue König. Aber nicht nur dies hat der machtbesessene Potentat gründlich mißverstanden. Nach der Legende soll Alexander den Gordischen Knoten mit dem Schwert durchhauen haben, um das

Abb. 19 Syrische Venus, Hellenistische Zeit, 1./2. Jahrh.

Abb. 20 Offizier aus der steinernen Armee des Grabes von Shih Huang Ti (221–209 v. Chr.)

heilige Schicksal mit Gewalt zu seinen Gunsten zu entscheiden. Wie weit hatte er sich damit von der Grundidee des Heiligen Knotens entfernt, die noch in der griechischen Tragödie anklingt! Im Hinblick auf den Aufbau des Dramas sprechen wir bis heute von der Schürzung des Knotens, der zur Krisis und schließlich zur Lysis, zur Lösung der Handlung führt, als von einem Ablauf, der den Gesetzen der Götter bzw. den inneren Gesetzen des Lebens und der Psyche folgt.

Ähnlich einschneidend vollzog sich die Umwandlung vom vorpatriarchalen zum patriarchalen Schicksalsverständnis in China. Während die alte Tao-Weisheit die Versöhnung mit dem Geschick anstrebt und die Gelassenheit des Nichthandelns lehrt, baute der erste Kaiser von China, Shih Huang Ti (221–209), sein Glück auf die Gewalt des Schwertes und auf den Forschergeist der Alchimisten, die ihn vom Tod befreien sollten.

Und als er dennoch sterben mußte, ließ er sich ein gigantisches Grabmal bauen, in das er – wenigstens symbolisch – ein ganzes Heer und einen ganzen Hofstaat mitnahm. Abb. 20 zeigt eine dieser Grabfiguren, einen höheren Offizier, der, offenbar als Rangabzeichen, eine ganze Reihe von Knoten trägt. In würdevoller Haltung steht der imaginäre Befehlshaber vor uns, mit einem schleifenartigen Gebilde auf dem Kopf, mit einem geknüpften Tuch um den Hals und drei kleinen Knoten, die an die Brustpartie seiner Uniform geheftet sind. Im netzartigen Ornament darunter scheint sich die Knotenform im Kleinformat zu wiederholen.

Was einmal auch in China Zeichen der Lebens- und Schicksalsgebundenheit war – darauf weisen die vielen Schleifen, Quasten und Ringsymbole auf den Steinreliefs der Han-Gräber hin – ist nun ein Zeichen des Gewaltmonopols. Unwillkürlich war ich beim Anblick dieser martialischen Figur an die Hitlerzeit erinnert, während der schon die Kinder, zwangsrekrutiert in der Hitlerjugend, einen braunen, sogenannten Knoten trugen, durch den ein schwarzes Tuch geschlungen war. Allerdings lehrt der Blick in irgendein Uniformenbuch, daß dies auch damals keine besonders originelle Erfindung war. Zu allen historischen Zeiten dienten Schnüre und Kordeln als Rangabzeichen an militärischen Uniformen.

Die patriarchale Vereinnahmung und Neuinterpretation des Heiligen Knotens verläuft in zwei ganz verschiedenen Richtungen, die der patriarchalen Rollenteilung der Geschlechter entsprechen: Beim »schönen Geschlecht« wird die Schleife zur Arabeske der Putzsucht – wie schon vorher der Spiegel, der einmal das Attribut der Priesterin und Seherin war. Beim

»starken Geschlecht« wird das gleiche Symbol zum Zeichen der Macht und des Sozialprestiges, weshalb sich bis heute alle Herren, die etwas auf sich halten, eine »Fliege« oder Krawatte um den Hals binden.

Nur der außergewöhnliche Status der japanischen Geishas scheint da eine Ausnahme zu bilden. Wenn diese »Liebesdienerinnen« ihre breite Schärpe im Rücken mit geradezu ritueller Perfektion zu einer großen Schleife binden, so schimmert da noch etwas von der ursprünglichen Würde der Priesterin und Hierodule hindurch. Es wäre nicht das erste Beispiel dafür, daß altes, matrizentrisches Kulturgut in der gesellschaftlich zwiespältigen Welt der »Freudenmädchen« weiterlebt.

Wenn wir uns bei den schriftlosen Kulturen umsehen, so ist auch bei ihnen das Knotenmotiv universell. Wir finden es in Form von kunstvoll geschlungenen Turbanen, als sichtbares Zeichen für »geknüpfte« Verträge bei den Indianern oder als sakrales Ornament an Ritualobjekten und -geweben. Abb. 21 zeigt eine Priesterinnentasche der Yoruba, die aus der gleichen kostbaren Perlenstickerei gearbeitet ist wie die Königskrone. Zu beiden Seiten des durch die Frisur als weiblich gekennzeichneten Gesichts sind zwei kunstvoll geschlungene Schnüre appliziert, darunter und darüber schwarz/weiße bzw. hell/dunkle Karos.

Abb. 21   Priesterinnen-Tasche, während sakraler Tänze getragen. Yoruba, Westafrika (siehe Farbtafel II)

Von den Ashanti, genauer von den Akan, stammen Goldgewichte in den verschiedensten abstrakten und figürlichen Formen, die seit Jahrhunderten ein königliches Privileg darstellen. Sie sind auf höchst kunstvolle Art nach dem Vorbild sakraler Symbole gearbeitet.[7] Auf Abb. 22 und 23 sehen wir zwei Beispiele für das Motiv der hier sogenannten Weisheitsknoten, wovon das zweite eine besonders interessante Symbolkombination darstellt. Der Knoten ist hier in einen Vogelkörper hineingeknüpft, was einen Sinn macht, wenn wir uns die Bedeutung des Vogels in der Ikonographie Westafrikas vergegenwärtigen. Der Vogel ist dort als Zeichen einer mütterlich-göttlichen Schutzmacht zu verstehen, wie er uns auf den Königskronen der Yoruba noch begegnen wird. Bei den Ashanti erscheint der Vogel an der Spitze der Antilopenschwanz-Fliegenwedel, die als Königszepter dienen.

Der Knoten im Vogelkörper kann also nur auf die numinose Dimension des Göttlich-Weiblichen hinweisen und auf dessen Macht, das menschliche Schicksal zuzuteilen. Nicht von ungefähr bedeutet der Name der Hohenpriesterin, die diese Macht vertritt, in der Yorubasprache »Iyalasche«, was so viel heißt wie: »Die Mutter, die die Zukunft beherrscht«. (Vgl. unten S. 180.)

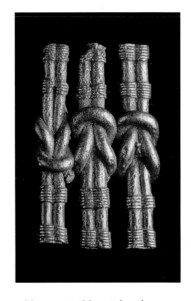

Abb. 22   Goldgewichte der Akan, Westafrika. Sogenannte »Weisheitsknoten«

Abb. 23   Goldgewicht der Akan, Westafrika, in Form eines in den Vogelleib eingeknüpften Knotens

Schließlich hat das Symbol des Heiligen Knotens auch in die christliche Ikonographie Eingang gefunden, was sowohl auf altjüdische als auch auf kleinasiatische und ägyptische Traditionen zurückgeht. Abb. 24 und 25 geben Ausschnitte aus einem Bodenmosaik wieder, das Teil der spätantiken Bauten des vierten Jahrhunderts unter dem Dom zu Aquileia ist. Im runden Feld haben wir den sogenannten Salomonknoten vor uns, im kreuzförmigen Feld einen in ähnlicher Schlingtechnik zum Kreuz geformten Knoten. Nach frühchristlicher Überlieferung wurden beide Symbole als apotropäische Zei-

Abb. 24   Ausschnitt aus dem Mosaikfußboden einer frühchristlichen Basilika unter dem Dom von Aquileia. 4. Jahrh. Als Zentralmotiv der Salomonknoten

Abb. 25   Daneben das Knotenmotiv in Form eines Kreuzes

chen verstanden und sollten das Böse abwenden. Sie werden dann mit dem Erlösungswerk Christi in Verbindung gebracht, das den Knoten der Weltgebundenheit in der Seele auflöst.
Jedenfalls überlebte das Motiv des Heiligen Knotens in der Kirchenarchitektur noch lange, vor allem im romanischen, aber auch noch im gotischen Kirchenbau. Abb. 26 zeigt Säu-

Abb. 26 Säulenkapitelle aus dem Kreuzgang von Santa Maria de l'Estany bei Vich (Provinz Barcelona), frühes 12. Jahrh.

lenkapitelle aus dem Kreuzgang der Kirche Santa Maria de l'Estany (Provinz Barcelona) in der Nähe von Vich. Die im frühen zwölften Jahrhundert entstandenen Kapitelle variieren das Knotenmotiv auf vielfältige Weise, wobei im spanischen Raum zu dieser Zeit arabische Einflüsse nicht auszuschließen sind.

Noch eindrucksvoller sind die im gleichen Zeitraum in norditalienischen Kirchen auftretenden »Knotensäulen«, wovon Abb. 27 ein Beispiel von der Klosterkirche Chiaravalle bei Mailand gibt. Bei diesem mächtigen Knoten könnte auch die Assoziation zur Schlange am Paradiesesbaum mitgeschwungen haben, die von den Adlern des Geistes an den vier Ecken des Kapitells gebannt wird. Das wäre wieder ein apotropäischer Gedanke, nun in Verbindung mit christlich-patriarchalem Gedankengut.

*Abb. 27 Knotensäule aus der Klosterkirche Chiaravalle bei Mailand.
Spätes 12./Anfang 13. Jahrh.*

Um das Knotenmotiv in einem viel ursprünglicheren Sinn geht es in der volkstümlichen Marienverehrung Südosteuropas. Anknüpfend an die Magna-Mater-(Kybele-)Verehrung in der Spätantike, die im Regenbogen ein Hoheitszeichen der Göttin sah, wurde dieser auf dem Peloponnes »Gürtel der guten Alten« genannt und auf einigen griechischen Inseln auch der »Gürtel der Madonna«.[8] Dieses Bild spielt zum einen auf die Brückenfunktion des Regenbogens an, der Himmel und Erde zusammenbindet, und andererseits auf die Kraft des weiblichen Schoßes, die beiden Pole des Lebens – Geburt und Tod, Ende und Anfang – miteinander zu verknüpfen.

3. Vom Mondzepter zur Doppelaxt

Das dritte kretische Hoheitszeichen, das in den Palästen allgegenwärtig ist, wurde zwar mit Abstand das bekannteste, doch gehen die Meinungen über seine Bedeutung bis heute weit auseinander. Auch unter Feministinnen ist der ursprüngliche Sinn der sogenannten Doppelaxt umstritten, wenn auch Übereinstimmung darin besteht, daß dieses Kultsymbol mit einer Axt oder Waffe nichts zu tun hat.

Das kretische Wort »labrys«, das sprachlich nach Anatolien verweist, hilft uns auch nicht viel weiter, weil wir seine Bedeutung nicht kennen. Immerhin unterstreicht die Zusam-

Abb. 28   Doppelaxt aus Gold aus ostkretischer Höhle, Durchmesser 8,6 cm, spätminoisch (1550–1450 v. Chr.)

Abb. 29   Pithos aus dem Palast von Knossos, 1450–1400 v. Chr.

mensetzung »Labyrinth«, was wahrscheinlich »Haus der Labrys« heißt und als solches den kretischen Palast bezeichnet, den hohen Stellenwert dieses Symbols.

Dazu kommt, daß wir der Doppelaxt in recht verschiedenen Formen begegnen. Auf Abb. 28 und 29 sehen wir die beiden häufigsten Typen ihrer Ausführung: einmal eine freistehende Kultstandarte aus Gold, die in einer Halterung steckt, offensichtlich dazu bestimmt, auf einem Sockel Aufstellung zu finden. Eine solche Verwendung ist durch kretische Siegelbilder belegt, auf denen Doppeläxte an Altären und Opferstätten stehen. Die zweite Art der Ausführung illustriert die Bemalung an einem Pithos, einem großen Vorratsgefäß, das wahrscheinlich zu kultischen Zwecken Verwendung fand (Abb. 29). In der Mitte sehen wir die »Axt« mit Halterung und Sockel, kunstvoll mit Spiralmustern ornamentiert, was dem Bandmuster auf der goldenen Standarte entspricht. Anders als bei dieser sind aber nun die gegenständigen Halbkreissegmente verdoppelt, wobei wir an den beiden seitlichen Beispielen noch besser erkennen, daß die äußeren Halbkreise deutlich größer sind als die inneren. Diese filigran wirkenden Gebilde lassen den Gedanken an ein grobes Werkzeug oder eine tödliche Waffe kaum aufkommen und dies um so weniger, als man in den Palästen der vorgriechischen Epochen außer Zeremonialdolchen überhaupt keine Waffen fand.

Interessant an diesem Beispiel ist auch, daß in der Mitte oben wieder das plastisch gearbeitete Achterschild-Symbol erscheint, wie wir es vom Blutopferkrug aus Archanes schon kennen (vgl. Abb. 7). Die Pflanzen- und Rosettenmotive, die ebenfalls zum Symbolkreis der kretischen Göttin gehören, ergänzen das Bild.

Abb. 30   Bemalte Tasse mit Doppelaxt-Motiven, spätminoisch, 1550–1500 v. Chr.

Auf Abb. 30 begegnet uns ein dritter Typus der Doppelaxt-Figuration, wie er auf Siegeln und Gebrauchsgegenständen, hier als Bemalung einer Tasse, zu finden ist. Hier sind die beiden Halbkreissegmente offenbar als Flügel gestaltet, die einen Kopf und einen angedeuteten Körper umgeben. Das bekannte Siegelbild von der »Schmetterlingsgöttin« (Abb. 31) hat verschiedene Forscherinnen dazu bewogen, im Symbol der Doppelaxt generell ein Schmetterlingsmotiv zu sehen mit dem berechtigten Hinweis auf dessen Bedeutung in der kretischen Mythologie.[9] Der Schmetterling, der auf Siegelbildern oft in den drei Stadien seiner Metamorphose als Raupe, Puppe und geflügeltes Wesen dargestellt wird, gilt im alten Kreta als ein Seelentier, das Erdgeburt, Todeswandlung und Neugeburt symbolisiert. Sein jährliches Absterben im Herbst und sein Wiedererscheinen im Frühling unterstützt den Gedanken an die Wiedergeburt.

Abb. 31 *Die Schmetterlingsgöttin, Siegelabdruck aus Mykene, ca. 1500 v. Chr.*

Eine solche Interpretation gewinnt zusätzlichen Rückhalt durch die Tatsache, daß die als eiszeitliche Ideogramme oder auf Wandmalereien in Çatal Hüyük gefundenen Doppelaxt-Figuren die Deutung dieser Gebilde als Schmetterlinge nicht ausschließen oder sogar nahelegen.

Dennoch glaube ich aus verschiedenen Gründen nicht, daß damit der Sinngehalt der kretischen Kultstandarte ausreichend erfaßt wäre. Wie bei allen Symbolgestalten gibt es Überschneidungen mit anderen Symbolkreisen, wodurch sie sich gegenseitig in ihrem Sinngehalt verstärken. Das heißt aber nicht, daß sie identisch sind oder ihren Ausgang von ein und derselben Metapher genommen hätten. In unserem speziellen Fall ist daran zu erinnern, daß der Schmetterling nicht nur ein Wandlungs-, sondern auch ein apotropäisches Zeichen ist, was sich aus der »Augenzeichnung« seiner Flügel ableitet. Wahrscheinlich ist den frühen Menschen mit ihrer außerordentlich genauen Naturbeobachtung nicht entgangen, daß die Flügelzeichnung der Schmetterlinge auf ihre Feinde, die Vögel, tatsächlich eine abschreckende Wirkung hat. Deshalb sind diese Gefahren abwendenden »Augen« sowohl auf unserem Siegelbild als auch auf Schmuckstücken und Amuletten in Form von Schmetterlingen besonders betont.

Die Abb. 32 und 33 führen uns auf eine andere Spur. Auf einem mykenischen Miniaturblech (16. Jahrh. v. Chr.) erscheint die Doppelaxt auf einem Stierkopf zwischen den Stierhörnern. Dabei korrespondieren die Halbkreissegmente der Kultstandarte mit der konvexen Linienführung der Hörner. Ein anderes Miniaturblech aus der gleichen Zeit

(Abb. 33) führt die Analogie noch weiter. Wir sehen einen kretischen Altar mit den drei Säulen als Sinnbild der dreifaltigen Göttin an der Basis und zwei nicht identischen Vögeln in der Mitte, die eventuell als Mutter-Tochter-Paar zu interpretieren sind (vgl. unten Abb. 145). Dieser Unterbau wird von einem Aufsatz überhöht, dessen Symbolik in unserem Zusammenhang aufschlußreich ist. Wir sehen zwei ineinandergeschobene sogenannte »Mondhörner«, wie sie in großem Maßstab als steinerne Aufsätze die Zinnen der kretischen Paläste krönten. Auf stilisierte Art repräsentieren sie das abnehmende und zunehmende Mondhorn. Wie als Wiederholung

Abb. 32 Miniaturgoldblech aus mykenischem Grabfund, 16. Jahrh. v. Chr., Stierkopf mit Doppelaxt

dieses Gedankens finden wir im viereckigen Feld darunter zwei halbkreisförmige Ornamente in umgekehrter Abfolge: zuerst zunehmend, dann abnehmend.

Wie schon Marie E. P. König zeigen konnte[10], ist das Stierhorn als Metapher für das Mondhorn sehr alt. Erst in den Zeiten der Agrarwirtschaft wechselte das Bild zur Mondsichel über.

Diese ganze Konstellation unterstützt die Deutung der Doppelaxt als Mondzepter, wie sie Heide Göttner-Abendroth vorschlug. In der Hand der Göttin wäre dieses Zepter ein Leben-Tod- und Wiedergeburtssymbol, als das die frühen Men-

Abb. 33 Miniaturgoldblech aus mykenischem Grabfund, 16. Jahrh. v. Chr., dreiteilige Kultfassade

schen die wechselnden Mondgestalten immer verstanden und das seine Trägerin als Herrin über Leben und Tod ausweist.

Unklar ist nach wie vor, was die Verdoppelung der beiden Halbkreissegmente zu bedeuten hat, welcher auf dem Miniaturaltar die Verdoppelung der stilisierten Mondhörner entspricht. Ob damit die beiden »Herrinnen von Knossos«, wie ein mykenischer Text die Mutter-Tochter-Gottheit in Kreta bezeichnet, angedeutet sind – hier in ihrer Eigenschaft als Mondgöttinnen –, muß offenbleiben. Der Mutter-Tochter-Aspekt wird uns im dritten Kapitel noch ausführlich beschäftigen.

43

Abb. 34 Parthisches Relief aus dem Tempel von Hatra, Höhe 98 cm, Kalkstein bemalt, ca. 2. Jahrh. n. Chr. (siehe Farbtafel III)

Abb. 35 Tanzstabaufsatz (Nachzeichnung) der Yoruba in Nigeria in Form der Muttergöttin Oya

Daß wir es aber bei der fälschlich so genannten bzw. von den kriegerischen Eroberern als Waffe mißverstandenen Doppelaxt tatsächlich mit einem Mondzepter zu tun haben, scheint mir ein sehr viel späteres Dokument zu bestätigen, ein Relief aus dem Tempel von Hatra vom zweiten nachchristlichen Jahrhundert. Dieses parthische Heiligtum im heutigen Irak vereinigt so verschiedene kulturelle Traditionen wie das matrizentrische Erbe Syriens, Mesopotamiens und des Iran, die kriegerische Mentalität der Skythen und die Stilelemente der hellenistischen Zeit. Auf Abb. 34 sehen wir als zentrale Figur des Bildwerks einen finster blickenden Totengott, der mit seiner Linken einen dreiköpfigen Höllenhund führt und in der erhobenen Rechten eine Doppelaxt hält. Daß es sich dabei nicht um eine Waffe, sondern um eine Art Hoheitszeichen handelt, geht aus ganz verschiedenen Bildelementen hervor. Als wichtigstes Detail fällt auf, daß nur die linke Hälfte des Zepters durch ihre massive Ausführung an eine Axt erinnert, während die rechte als Halbmond in Gestalt einer Schlange gebildet ist. Schlangen und Skorpione als Unterweltstiere sind mehrfach präsent, und kleine halbmondförmige Schlangen bilden auch die Hörnerkrone des Gottes. Hier sind also die uns vertrauten Stierhörner durch ein anderes Mondsymbol ersetzt, wie es für vegetationsarme Wüstengebiete typisch ist. Auch im Sinai galt die Schlange als Mondtier.

Während der finstere Gott mit der linken Hand zum Schwert greift wie ein Krieger, macht ihn das Mondzepter in der Rechten in einem mythischen Sinn zum Herrn über Leben und Tod. Als solcher aber scheint er der Delegierte der großen Göttin Atargatis zu sein, die im Bildhintergrund auf dem Löwenthron sitzt. Beide tragen den Sonnenadler auf ihrem Haupt, und die Kultstandarte im linken Vordergrund zeigt noch einmal den Adler, die Mondhörner und die geflügelte Sonne. Im übrigen halten sich Mondzepter und die in den drei Mondfarben gehaltenen Köpfe des Totenhundes die Waage. Bei beiden Symbolen geht es um die Gezeiten von Werden und Vergehen, die einmal durch die zwei »Mondgesichter«, das andere Mal durch die drei Mondfarben des gelben Jungmonds, des roten Vollmonds und des schwarzen Leermonds sinnbildlich dargestellt sind.

Wenn wir uns in der klassischen und hellenistischen Kunst weiter umsehen, so spielt die Doppelaxt in der griechisch-römischen Ikonographie kaum eine Rolle. Zeus machte das Blitzbündel zu seinem Hoheitszeichen, das er aus seiner ursprünglichen Rolle als Regen- und Gewittergott mitgebracht hatte und das er nun als oberster Himmelsgott als Drohung und Waffe gegenüber Unbotmäßigen in Händen hielt. Die Römer erbten von den etruskischen Priesterkönigen, den Lucumonen, die eisernen Liktorenbündel, deren ursprüngliche Bedeutung wir nicht kennen. Waren es ebenfalls stilisierte Blitzebündel? Nach römischer Auffassung sind es Fasces, Rutenbündel, die, ergänzt durch das Beil des Scharfrichters, zum Symbol des Gewaltmonopols wurden.

Hingegen findet sich auch in schriftlosen Kulturen die Doppelaxt als sakrales Motiv, dies besonders in Westafrika. Die offizielle Bedeutung dieses Symbols bei den Yoruba ist allerdings so weitgehend patriarchal überformt, daß nur die Bildbetrachtung der Kultobjekte selbst die tieferen Zusammenhänge noch ahnen läßt. Heute gilt den Yoruba die Doppelaxt als Hoheitszeichen des Gottes Schango, eines späten Emporkömmlings, den die Gründer des kaiserlichen Reiches von Oyo im 18. Jahrhundert zum Staatsgott erhoben. Es handelt sich um die Vergöttlichung einer historischen Figur, des vierten Herrschers des Reiches, der zum Zeichen seiner Macht eine Steinaxt in Händen hält. Als Donnergott schleudert er diese Waffe auf alle Untertanen nieder, die seinen Zorn erregen, und als sichtbarer Beweis dafür werden in den heiligen Schreinen Shangos alte Steinbeile verwahrt, die man aus früheren Zeiten im Boden fand.

Diese Interpretation der Doppelaxt läßt sich leicht als eine patriarchale Umdeutung erkennen, wenn wir eine der Tanzstab-Figuren betrachten, wie sie Schango-Priesterinnen tragen. Auf Abb. 35 sehen wir die Göttin Oya, die häufig auf solchen Tanzstäben erscheint. Sie gilt heute als die Gemahlin des Gottes Shango, doch allein die Tatsache, daß in ihr die Verkörperung des Niger, also die Lebensader des Landes gesehen wird, macht sie zu einer alten Muttergöttin. Zudem ist sie die Göttin des Tanzes und erscheint auf unserem Tanzstab mit großen Doppelaxt-Figuren auf dem Kopf und einem netzartig geflochtenen Viereck als Brustschmuck. Beide Zeichen deuten kosmische Dimensionen an, und wenn wir hinzunehmen, daß Oya auch dreiköpfig dargestellt wird wie viele Mondgöttinnen, so wäre die Deutung der »Doppelaxt« als Mondzepter plausibel; sehr viel plausibler jedenfalls als die Annahme, die Göttin trage das martialische Wahrzeichen eines jungen Gottes auf ihrem Haupt.

Vor dem Hintergrund einer solchen Interpretation erscheinen auch manche der Skulpturen hoher Würdenträgerinnen in einem neuen Licht. Dies trifft besonders auf zwei Metallfiguren zu, die auf den Abb. 36 und 37 vorgestellt werden. Die erste stammt aus dem 18. Jahrhundert und ist von den Yoruba

Abb. 36 Würdenträgerin des Osugbo-Bundes der Yoruba, Messingguß, Höhe 104,8 cm, 18. Jahrh.

Abb. 37 Eisenplastik einer Ältesten der Yoruba mit dem Ehrentitel »Besitzerin des Löffels«, Höhe 29,4 cm, 19. Jahrh.

selbst hoch geschätzt. Wir sehen an ihr eine der typischen »Hörnerfrisuren«, wie sie hochrangige Frauen tragen und deren Umrisse hier genau den kretischen Mondhörnern entsprechen. Sie sitzt in archaischer Haltung auf einem Erdhügel, die Hände zum Schwur geformt.

Auf Abb. 37 sehen wir eine ebenfalls aus Eisen gegossene Figur auf einem Kultstab (19. Jahrh.). Die zu den Brüsten geführten Hände betonen den mütterlich-nährenden Aspekt, während Frisur und Tätowierung wieder kosmische Aspekte verraten. Die Tätowierungen an der hohen Stirn lassen zwei gegenständige Halbmonde in der Mitte und zwei kleine Sonnen an den Seiten erkennen. Diese kosmischen Symbole scheinen sich in der hochstilisierten Frisur zu wiederholen: zwei »Hörner« in der Mitte, umgeben von einem »Strahlenkranz« kleinerer Zapfen.

Alles in allem erweist sich die martialische Deutung des sakralen Mondzeichens in Gestalt der sogenannten Doppelaxt durch patriarchale Herrscher – seien es die griechischen Eroberer in Kreta oder die Träger der männlichen Herrschaft in Afrika – als ein fundamentales Mißverständnis. Konnten sich die kriegerischen Achäer und Dorer beim Anblick der kretischen Kultstandarten nichts anderes als Waffen vorstellen, so glaubten die Mächtigen der Yoruba ihre patriarchale Theologie durch die Funde alter Steinbeile in der westafrikanischen Erde bestätigt zu sehen.[11]

Nachdem wir die patriarchale Umdeutung dreier ursprünglich matrizentrischer Hoheitssymbole nachvollziehen konnten, wenden wir uns nun der patriarchalen Neu-Interpretation bekannter Tiersymbole zu. Dies kann hier allerdings nur im Hinblick auf eine kleine Auswahl geschehen, bei der wir uns im wesentlichen auf den Symbolkreis der Raubkatzen beschränken.

4. Von der göttlichen Löwin zum Wahrzeichen männlicher Macht

Mit die größten Schwierigkeiten stellen sich einer angemessenen Interpretation göttlicher Tiersymbole entgegen, weil sie, wie auch die Gestirne, von der patriarchalen Mytheninterpretation in ein dualistisches Schema gepreßt werden. Seit mehr als 2000 Jahren sind wir daran gewöhnt, in patriarchalen Denkschemata und Polarisierungen zu denken, die den Kosmos nicht nur in zwei Hälften, sondern in zwei entgegengesetzte Prinzipien spalten. Dabei entstand eine obere,

himmlische Sphäre, zu der alle Hochgötter und Geistwesen gehören, und eine untere, die man die chthonische nannte und zu der neben der Welt der Materie, der Flora und Fauna auch die Unterwelt zählt.
In der Mythengeschichte manifestiert sich diese Spaltung in einem männlichen Kraftakt, durch den etwa der ägyptische Gott Schu oder ein anderer Heros Himmel und Erde gewaltsam trennt und das Firmament emporstemmt. Erst dadurch wurde angeblich das Licht befreit und gleichzeitig das menschliche Bewußtsein geboren. Von da an gilt die obere Welt des Geistes als männlich und die untere, unbewußte Welt als weiblich. Diese prinzipielle Trennung zwischen Himmel und Erde und deren sexistische Zuordnung täuscht darüber hinweg, daß es vor den patriarchalen Weltentstehungsmythen matriarchale Schöpfungsmythen gab, die völlig anderen Bildern folgen. Da gibt es das Weltenei, aus dem der Kosmos entsteht, den schwarzblauen Nachthimmel, der die Gestirne gebiert, oder das unergründliche Meer, das seine Geschöpfe auf die Erde entläßt. Alle diese Bilder stehen für den Mutterschoß der Großen Göttin, die über, auf und unter der Erde alle Wesen des Kosmos als ihre Kinder hervorbringt, und zwar als Kinder beiderlei Geschlechts. Lange Zeit waren die Gestirne in ihrem Geschlecht nicht eindeutig festgelegt. Es gab große Sonnengöttinnen wie die hethitische Arinna oder die japanische Amaterasu, deren Sonnenball die japanische Flagge noch heute trägt, und es gab neben den dreifaltigen Mondgöttinnen immer auch Mondgötter wie die Wettergötter Mesopotamiens und Palästinas oder den römischen Gott Janus mit seinen wechselnden Gesichtern.
Ähnlich verhält es sich mit den göttlichen Tieren, die sich keineswegs eindeutig der männlichen Geistsphäre oder der weiblichen Erdsphäre zuordnen lassen. Von der jüngeren Steinzeit an standen alle großen Vögel im Symbolkreis von Großen Göttinnen, bevor sie männlichen Göttern dienten. Das gilt für Adler, Geier und Eule ebenso wie für Falke, Taube, Kranich und Schwan.
Auf der anderen Seite galt die Schlange ursprünglich nicht nur als Unterweltstier, sondern zugleich als Unsterblichkeitssymbol wegen ihrer Fähigkeit, sich durch Häutung zu neuem Leben zu verwandeln. Auch war ihr Geschlecht durchaus ambivalent, bis sie die patriarchale Ideologie zur alles verschlingenden weiblichen Unterweltsschlange machte und zugleich alle geflügelten Wesen zu männlichen Geisttieren, die in ewigem Kampf mit den »niederen« Tieren liegen. Während die altägyptische Mythologie noch die geflügelte

Schlange als universales Wesen kennt, vernichtet im patriarchalen Mythos der Azteken der Geistadler die Schlange; ein Motiv, das in vielen Mythologemen wiederkehrt.

Am schwierigsten wurde die Polarisierung bei den Erdtieren. Da gab es feurige Tiere wie den Löwen, den Widder oder den Stier, den man mit der Sonne und dem männlichen Prinzip assoziierte, und daneben die alten Muttersymbole wie Kuh, Schaf und Ziege, die man zu sprichwörtlich dummen Tieren erniedrigte. Dabei war die Kuh der Hathor einst die große Himmelskuh, an deren Flanken wie als Musterung ihres Fells die Gestirne leuchteten! (Vgl. Farbtafel V unten.)

Dazu kam die noch stärkere Diffamierung von Schwein, Hund, Wolf und Schakal, die als Geburts- und Todestiere mit dem Niedrigen und Schmutzigen oder auch mit dem Charakter des Verschlagenen assoziiert wurden.

Es bedarf einer sehr genauen Spurensicherung, um neben den ausgetretenen Pfaden solcher Vorurteile auch andere symbolische Grundmuster zu entdecken, wie sie matrizentrische Kulturen hinterließen. Aus der Fülle der vorpatriarchalen Tiersymbolik scheint mir die Gruppe der sogenannten Mischwesen den Charakter der matrizentrischen Weltsicht am besten wiederzugeben. Von vielen Forschern als phantastische Fabelwesen beiseite geschoben, stehen alle die Greifen, Sphingen und Drachen – wobei die letzteren geflügelte Schlangen sind – für die Einheit des Kosmos, der sich nicht in höhere und niedere Welten teilen läßt. Denn diese Wesen umfassen Himmel und Erde, indem sie dank ihrer Flügel in den Lüften ebenso zuhause sind wie kraft ihrer Beine auf Erden oder aufgrund ihrer reptilen Eigenschaften im Wasser. Dazu kommt, daß viele von ihnen Menschenköpfe zu ihren Tierkörpern oder Tierköpfe zu ihren Menschenkörpern tragen und damit demonstrieren, daß die Grenze zwischen Tier und Mensch, Körper und Geist fließend ist.

Trotz dieser Neigung zu ganzheitlichen Symbolbildern fehlt in der Frühzeit die spezifische Zuordnung bestimmter Symboltiere zu weiblichen oder männlichen Gottheiten nicht. Nur sind die Kriterien dieser Zuordnung völlig verschieden von patriarchalen Werturteilen. Ein durchgehendes Kriterium scheint mir darin zu liegen, daß unter der bestehenden Fauna eines Landes die gefährlichsten Tiere ursprünglich immer der weiblichen Gottheit zugeordnet sind. Das gilt für die Raubvögel ebenso wie für die großen Raubkatzen, für die Raubfische wie die Krokodile. In Çatal Hüyük begegnet uns die Göttin in Gestalt des Geiers und des Leoparden, in Ägypten als Löwin und Krokodil/Nilpferd, in Nigeria als

Farbtafel III

Farbtafel IV

Wels, dem großen Raubfisch der Flüsse (vgl. unten S. 128f.). Hier wollen wir uns mit der Symbolik der Raubkatzen näher befassen, weil sie am meisten von patriarchalen Vorstellungen überlagert wird und nur wenig bekannt ist, daß ihre Repräsentanten ursprünglich alle mit dem Großen Weiblichen identifiziert waren. Diese Tatsache hängt wohl mit der genauen Tierbeobachtung der frühen Menschen zusammen, denen nicht entging, daß die Löwinnen, Tigerinnen und Leopardinnen die großen Jägerinnen sind, die Beutetiere für ihre Jungen reißen, während die männlichen Tiere der gleichen Art ungeachtet ihrer imposanteren Erscheinung weniger gefährlich sind. Beide Eigenschaften, die mütterliche Fürsorge einerseits und die unerbittliche Tötungsbereitschaft andererseits prädestinieren das Raubtierweibchen dazu, den majestätischen Aspekt der Göttin als Herrin über Leben und Tod zu verkörpern.

Im Unterschied dazu erscheint das männlich-göttliche Prinzip seit der Eiszeitkunst im Bild der großen gehörnten Tiere, und dies wohl aus mehreren Gründen. Zum einen sind Mammut und Wildstier, Büffel und Urhirsch Tiere von außerordentlicher vitaler Kraft, zum anderen zeichnen sie sich durch ihr Gehörn weithin sichtbar als männliche Tiere aus. Dazu kommt, daß Horn und Stoßzahn von Stier, Eber und Elefant durch ihre phallische Form den Männlichkeitscharakter betonen. Dennoch sind alle diese Tiere Pflanzenfresser und von daher den Menschen weniger gefährlich und weniger unheimlich als die Raubkatzen.

Wie stark aber auch unsere archäologische Forschung im Banne patriarchaler Vorurteile steht, beweist die Fundgeschichte zoomorpher Kunstgegenstände. Seit längerem ist bekannt, daß sich unter den altsteinzeitlichen Malereien und Skulpturen Mitteleuropas eine Reihe besonders gelungener Gestaltungen von Löwinnen befinden, wovon Abb. 38 ein Beispiel gibt. Wir sehen eine Kleinplastik aus Mammut-Elfenbein (Fundort Pavlov, Mähren, ca. 25 000 v. heute), wel-

Abb. 38 *Löwin aus Mammutelfenbein, prähistorisch, Länge 21,5 cm, Fundstelle Pavlov/ Slowakei, ca. 25 000 J. v. heute*

che die Sprunghaltung des weiblichen Tieres hervorragend wiedergibt. Dieser Tatsache schenkte aber offenbar niemand besondere Aufmerksamkeit; denn als vor rund 30 Jahren auf der Schwäbischen Alb eine Elfenbeinstatuette zum Vorschein kam, die als Mischwesen zwischen Löwe und Mensch gebildet ist und daher die Deutung als Gottheit nahelegte, nahmen alle Forscher mit Selbstverständlichkeit an, daß es sich um ein männliches Wesen handeln müsse. Dieses Vorurteil führte zur irrtümlichen Zusammenfügung der Bruchstücke mit dem Ergebnis, daß seither die rekonstruierte Statuette in allen Museen und Fachzeitschriften als ein männlicher Löwen-Mensch mit merkwürdig dreieckigem Penis zu sehen ist (Abb. 39). Erst vor wenigen Jahren gelang es der Archäologin E. Schmid aus Basel[12], die Fundstücke korrekt zusammenzufügen und nach allen Regeln der Kunst den Nachweis zu erbringen, daß es sich um eine göttliche Löwin handelt (Abb. 40). Diese Tatsache reiht die Figur nicht nur viel besser in die schon vorhandenen Löwinnendarstellungen ein, sondern auch in die sakralen Fundgegenstände dieses Zeitraums insgesamt, die fast ausschließlich aus weiblichen Idolen bestehen.

Auch aus dem Neolithikum ist uns der Zusammenhang zwischen Raubkatze und Göttin bekannt, historisch zum erstenmal greifbar in Çatal Hüyük, der ältesten und größten uns bekannten Stadtsiedlung aus der Steinzeit. Beim heutigen Konya in Zentralanatolien (Türkei) gelegen, war Çatal Hüyük zwischen 6500 und 5700 v. Chr. besiedelt und muß mehrere tausend Einwohner gezählt haben. Innerhalb der bisher freigelegten Häuser aus fünf aufeinanderfolgenden Siedlungsschichten fanden sich 40 Kulträume, in deren Zentrum die Verehrung einer Großen Göttin steht. Dort blieben nicht nur die Reste von Wandreliefs und Wandgemälden erhalten, sondern auch zahlreiche vollplastische Statuetten. Die meisten von ihnen stellen eine Muttergöttin und – als zusammengehörige Gruppe – eine Mutter-Tochter-Gottheit und deren Sohn dar. Dabei steht als göttliches Symboltier eine Raubkatzenart im Vordergrund, bei der es sich wohl um Leoparden handelt. Dies geht aus dem Fellmuster hervor, wie es auf Abb. 41 und 42 mit hellen Punkten angedeutet ist. Wir sehen hier die Torsi einer Mutter- und einer Tochterfigur, die beide hinter einem Leoparden stehen und jeweils mit einer Hand das Tier berühren, wie um es zu streicheln. Mutter- und Tochtergöttin unterscheiden sich deutlich durch die fülligere Gestalt der Mutter mit den hervorgehobenen Brüsten (Abb. 41) im Vergleich zur schmäleren Figur der Tochter, die

Abb. 39 Mischfigur aus Mensch und Löwe, Mammutelfenbein aus der Stadelhöhle bei Hohlenstein (Alb-Donaukreis), Höhe 28,1 cm, 30 000 Jahre v. heute, hier als männliche Figur

ein dreieckiges Brust- bzw. Halstuch trägt (Abb. 42). Eine weitere Kleinplastik aus Çatal Hüyük zeigt die Muttergöttin auf einem Thronsessel, flankiert von zwei Raubkatzen, auf die sie sich während des Geburtsaktes stützt (Abb. 43). Zwischen den Schenkeln ist ein kleiner Kopf sichtbar.

Daß es sich bei diesen Szenarien um weibliche Tiere handelt, können wir allerdings erst aus späteren Kunstzeugnissen erschließen. So tritt uns 5000 Jahre später die griechische Medusa in einer nicht unähnlichen Bildkomposition entgegen. Abb. 44 zeigt ein etruskisches Bronzerelief aus dem 6. vorchristlichen Jahrhundert, auf dem die Gorgo-Medusa in hokkender (Gebär-)Stellung zwischen zwei Löwinnen zu sehen ist. Auch hier wirkt die Göttin außerordentlich vertraut mit den Tieren, auf die sie sich stützt und die ihrerseits die Vorderpranken und eine Hinterpranke auf den Körper der Göttin legen, wie um ihn zu stützen. Man ist versucht, ihre Hilfestellung mit derjenigen von Hebammen zu vergleichen.

Die Verbindung zwischen Göttin und Raubkatze bleibt auch während der Frühphasen anderer alter Hochkulturen bestehen, einschließlich des vorkolumbianischen Süd- und Zentralamerikas, wo der Jaguar vor seiner Adaption durch die patriarchalen Azteken die Große Göttin verkörperte.[13]

Abb. 40 Endgültige Rekonstruktion der Mammutelfenbeinstatuette als weibliche Figur (Löwengöttin?)

Abb. 41 Statuette aus braunem Kalkstein, bemalt, Höhe 11,0 cm, Muttergottheit aus Çatal Hüyük, 6. Jahrtausend v. Chr.

Abb. 42 Statuette aus blauem Kalkstein, bemalt, Höhe 10,5 cm, Tochtergottheit aus Çatal Hüyük, 6. Jahrtausend v. Chr.

Abb. 43   Tonfigur aus Çatal Hüyük, Muttergöttin auf »Löwenthron«, sich während des Geburtsvorgangs auf zwei Raubkatzen stützend, Höhe 16,5 cm, ca. 5800 v. Chr.

Gehen wir chronologisch vor, so gibt uns Abb. 45 ein Beispiel aus dem alten Mesopotamien. Der kunstvoll gearbeitete Kopf einer Löwin aus Silber und Lapislazuli wurde im Grab der Königin Schubad im Königsfriedhof von Ur gefunden und ist einer von zwei gleichen Köpfen, die wahrscheinlich an den Armlehnen eines Thronsessels angebracht waren. Aus der gleichen Zeit – um 2600 v. Chr. – stammt eine Votivgabe aus Sumer, bei der die geflügelte Löwengöttin Imdugud den Kopf eines Zepters bildet (Abb. 46). Als Adlermutter nistet sie in den Kronen des Inanna-Baumes, mit ihrem Löwinnenkopf ist sie zugleich Schicksalsgöttin, die auf den sumerischen Siegeln einen großen Raum einnimmt.[14] Sie stellt bereits das Urbild der Sphingen dar, wovon wir auf Abb. 47 ein Beispiel sehen. Auf diesem Siegelbild der akkadischen Zeit (2. Hälfte des 3. Jahrt. v. Chr.) steht die nackte Göttin Ischtar auf einer geflügelten Löwin, mit den emporgehobenen Händen Regenbänder umfassend. Vor ihr ein Libationsopfer, hinter ihr der Wettergott auf einem Wagen. Diese mythologische Szene zeigt uns außer der Löwin als Kulttier der Göttin (deren Geschlecht hier allerdings unbestimmbar ist) noch zwei andere wichtige Dinge. Zum einen die Nacktheit der Göttin als Ausdruck ihrer Erhabenheit, zum andern die Tat-

Abb. 44 Gorgo/Medusa in Gebärstellung zwischen Löwinnen, Bronzerelief eines antiken Streitwagens, Perugia, 6. Jahrh. v. Chr.

Abb. 45 Kopf einer Löwin aus Ur, Silber mit Lapislazuli-Augen, Höhe 11,5 cm, aus dem Grab der Königin Schubad um 2650 v. Chr.

Abb. 46 Imdugud, geflügelte Löwengöttin aus Sumer. Kopf eines Zepters (Votivgabe um 2600 v. Chr.)

Abb. 47 Akkadischer Siegelzylinder aus Südmesopotamien um 2300 v. Chr.

sache, daß sie hier noch Regengöttin ist und die sakrale Funktion des Regenmachens noch nicht völlig an den Wettergott delegiert hat.

Sehr viel besser sind die Löwinnen auf dem nächsten Beispiel als weibliche Tiere zu erkennen (Abb. 48). Auf dem berühmten Relief im Felsenheiligtum von Yazilikaya rund 1000 Jahre später ist eine Göttinnen- und Götterprozession mit fast drei Meter hohen Figuren in den Fels gemeißelt. Unser Ausschnitt zeigt den Zug der Göttinnen, der von rechts kommt und von der hethitischen Hochgöttin Hebat (Arinna) angeführt wird. Unmittelbar hinter ihr steht ihr kleiner Sohn ebenfalls auf einer jungen Löwin, eine Szene, die uns an Çatal Hüyük erinnert (vgl. unten Abb. 164). Als nächstes folgen die beiden Korngöttinnen Ninatta und Kulitta, die in etwa der griechischen Demeter-Kore entsprechen. Sie stehen beide auf einem zweiköpfigen Adler, wie wir ihn bis heute als Wappentier kennen. Auf die Symbolik der Zweiköpfigkeit werden wir im nächsten Kapitel zurückkommen; hier interessiert die Zuordnung von Löwin und Adler zu den weiblichen Gottheiten, und, was wir hier nicht sehen können, die entsprechende Zuordnung des Stiers zur von links kommenden Götterprozession. Sie wird vom Wettergott angeführt, gefolgt von weiteren Göttern, Stieren und Stiermenschen.

Im ganzen anatolischen, mesopotamischen und syrischen Raum ist die Löwin mit den großen Göttinnen assoziiert, mit der babylonischen Kubaba und der phrygischen Kybele ebenso wie mit der semitischen Kadesch. (Allerdings zeigen spätere Darstellungen die Göttinnen mit männlichen Löwen.) Auf ganz ähnliche ikonographische Strukturen treffen wir im Alten Kreta. Abb. 49 zeigt ein Rhyton, ein sakrales

Opfergefäß aus Alabaster in Form eines Löwinnenkopfes, dessen Augen und Nase mit Halbedelsteinen eingelegt waren. Es stellt das weibliche Pendant zu den bekannteren Trankopfergefäßen in Form eines Stierkopfes dar. Verkörpert

Abb. 48 Göttinnen-Prozession, Teil eines Reliefs im Felsenheiligtum Yazilikaya, hethitisch, 14./13. Jahrh. v. Chr. Höhe 2,90 m

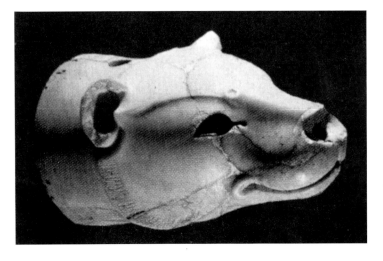

Abb. 49 Rhyton in Form eines Löwinnenkopfes aus weißem Kalkstein, Palast von Knossos, aus der Schatzkammer des Zentralheiligtums (1700–1450 v. Chr.)

Abb. 50 Siegelabdruck aus Kreta, späte Palastzeit

der Stier in Kreta die männliche Gottheit, so sehen wir die Löwin als Begleittier der Göttin auf einem bekannten Siegelbild der späten Palastzeit (1700–1450). Auf Abb. 50 steht die Göttin mit nacktem Oberkörper und Stufenrock auf einem stilisierten Berg, der von zwei Raubkatzen flankiert ist. Davon ist die linke mit Sicherheit als weibliches Tier zu erkennen, während bei der rechten offenbleibt, ob sie eine Art Halsband oder eine Mähne trägt. Dieses schon späte Bild zeigt uns die Göttin in einer herrscherlichen Pose, mit der sie ihr Zepter einem grüßenden Adoranten entgegenhält. Hinter ihr die Andeutung eines Palastes, auf dem wir die steinernen Mondhörner sehen.

Wenig später, im 13. vorchristlichen Jahrhundert, entsteht in der Akropolis von Mykene das berühmte Löwentor, das ein Löwinnentor ist. Die drei Meter hohen Tiere über dem Eingangstor zur Burg sind aus weichem Steatit gearbeitet und ihre Köpfe weitgehend zerstört (Abb. 51). Daher ist ihr Geschlecht nicht auf den ersten Blick erkennbar, doch bezeugen namhafte Forscher, daß es sich um Löwinnen handelt.[15] Sie flankieren eine Säule, welche die Göttin selbst repräsentiert, wie andere Beispiele aus Knossos zeigen. So erkennen wir im Löwentor die gleiche Komposition wie auf dem Siegelbild wieder: die Göttin zwischen zwei Löwinnen.

Wie lange diese Bildkomposition in der Sakralkunst nachgewirkt hat, zeigt schließlich ein byzantinisches Grabkreuz auf Abb. 52. Mit dem Kreuz, das sich zwischen den – nunmehr männlichen – Löwen erhebt, wird ein uraltes matrizentrisches Bildmotiv aufgegriffen und in die christliche Symbolik

Abb. 51   Löwentor zu Mykene am Eingang zur Akropolis. Figuren aus Steatit, Höhe 3 m. Um 1250 v. Chr.

transferiert. Daß sich das »lateinische« Kreuz seinerseits aus einer schematischen Darstellung der Göttin ableiten läßt, werden wir im nächsten Kapitel erfahren. Im übrigen spielt der Löwe in der christlichen Ikonographie keine besondere Rolle mit Ausnahme des Markus-Löwen, der, zusammen mit Stier und Adler, als Evangelistensymbol fester Bestandteil der Kirchenkunst wurde. Die Zuordnung der Tiersymbole zu bestimmten Evangelisten bleibt aber willkürlich und äußerlich, während sie eine Erinnerung an die visionären Schriften des Alten und Neuen Testaments darstellen, die ihrerseits auf altbabylonische Bildmotive zurückgreifen. Nur der geflügel-

Abb. 52 Kreuz zwischen Löwen. Byzantinische Grabstele aus dem 5. Jahrh. n. Chr.

te Markus-Löwe als das Wahrzeichen Venedigs strahlt noch etwas von seiner ursprünglichen Majestät aus und weist uns in seinem Symbolgehalt nach Osten, wohin sich auch die Hafen- und Handelsstadt Venedig öffnet.

Wenden wir uns nach Ägypten, so finden wir die Löwengöttin Sachmet, die im Laufe ihrer langen Sakralgeschichte viele Wandlungen erfuhr. Verwandt mit der Göttin Mut und der löwenköpfigen Tefnut gehört sie zu den ganz alten Mutter- und Himmelsgöttinnen und trägt wie diese die Sonnenschei-

Abb. 53 Statue der Sachmet, Granit,
Höhe 205 cm, 18. Dynastie, ca. 1380 v. Chr.
Aus dem Tempel der Mut in Karnak

Abb. 54 Statuette der Göttin Bastet, Höhe 14 cm,
aus ihrem Kultort Bubastis, Spätzeit 600–500 v. Chr.

be auf ihrem Haupt. Noch in der Zeit des Neuen Reiches wird sie als Heilgöttin verehrt, die sowohl Krankheit schickt als auch Heilung bringt. Sachmet, deren Name »Die Mächtige« bedeutet, wurde von den Pharaonen aber auch schon früh zur Kriegsgöttin erklärt, die den König zum Sieg führt. Abb. 53 zeigt eine Granit-Statue der Sachmet aus der 18. Dynastie (1380 v. Chr.), welche auf den beiden Thronlehnen die Inschrift trägt: Sachmet, Herrin des Schreckens. Dennoch zeigt die Figur aus dem Mut-Tempel in Karnak einen sehr weiblichen Körper und hält in ihrer Linken das Lebenszeichen. Ihr Kopf ist allerdings der eines männlichen Löwen, dessen Mähne mit der Perücke der Göttin verschmilzt. Hier begegnen wir bereits der patriarchalen Überformung, die allerdings keine sehr guten zoologischen Kenntnisse verrät, denn gerade als kriegerisches Tier wäre die Löwin geeigneter gewesen.

In der ägyptischen Spätzeit erfährt dann die Sachmet noch einmal eine Verwandlung, indem sich ihr mütterlicher Aspekt von ihr abspaltet und als zahme Version in Gestalt der Katzengöttin Bastet auftaucht. Als solche gilt sie als die Beschützerin von Frauen und Kindern und erscheint auf ihren Statuetten als harmlose und geradezu hausbackene Gestalt (Abb. 54).

Um noch im antiken Mittelmeerraum zu verbleiben, werfen wir einen Blick auf die etruskische Sakralkunst, welche die großen Raubkatzen besonders deutlich als weibliche Tiere kennzeichnet. Auf Abb. 55 sehen wir den Ausschnitt aus einer Keramikvase im ionischen Stil, der rechts eine griechische Harpye (Vogelgöttin) zeigt und links eine Leopardin mit Zit-

Abb. 55 Ionische Hydria aus etruskischem Fund mit Tierszenen, 6. Jahrh. v. Chr.

zen. Abb. 56 gibt einen Teil der sogenannten Tomba delle Leonesse, also des Grabs der Löwinnen wieder. Unter der hier schwarz/weiß, in Wirklichkeit in hellen und dunklen Farben gewürfelten Decke sehen wir im Fries über der Tanzszene zwei aggressiv aufeinanderzu springende Löwenweibchen. Nach einem Szenenwechsel in den asiatischen und fernöstlichen Raum begegnet uns die göttliche Tigerin in China, in Tibet und in Südostasien. Die chinesische Mythologie gibt allerdings für das Stichwort Tiger recht verworrene Auskünfte.[16] Zunächst erscheint der Tiger im Umkreis der Kaiser und Befehlshaber als Symbol von Autorität und kriegerischer Macht, und ein solcher Yang-Tiger ist ein männliches Tier wie sein abendländisches Pendant, der Löwe der Paläste und Fürstenwappen. Daneben gibt es aber auch blaue und schwarze, rote und gelbe Tiger, welche die Himmelsrichtungen und die Jahreszeiten symbolisieren. Vor allem ist da noch der weiße Tiger, der mit der Göttin des Westens, Hsi-wang-mu, zusammenhängt und von allen Tigern der unheimlichste ist. Die Yin-Tigerin des Westens ist das gefürchtete Todestier und zugleich eine Schutz-Dämonin, welche alle Feinde bezwingt und die Gräber schützt.

Abb. 56 Tomba delle Leonesse, etruskische Grabmalerei aus Tarquinia, 520–500 v. Chr.

Im vierten Kapitel werden wir noch einer anderen Yin-Tigerin begegnen, die in Gestalt des Ureis die Schöpferkraft des weiblich-kosmischen Prinzips symbolisiert. (Siehe unten Abb. 230.) Unser Beispiel auf Abb. 57 scheint eine Mischung aus beiden Elementen zu sein, dem Mütterlichen und dem Apotropäischen. Hier sehen wir eine Sakralbronze aus der Shangzeit (ca. 1500 v. Chr.), welche die Göttin als Tigerin mit riesigem Maul und großen Eckzähnen zeigt. Mit ihren Flügeln hält sie einen jungen Mann, der zutraulich auf ihre

Abb. 57   Chinesische Sakralbronze aus der Shang-Zeit, Höhe 35,5 cm, ca. 1200 v. Chr.

Pranken aufgesprungen ist und sich in ihrem Maul wie unter einem Schutzdach birgt. Seine Augen, die angestrengt nach hinten blicken, scheinen eine Gefahr zu beobachten, der er entgangen ist. Bei näherer Betrachtung entpuppt sich die Tigerin als ein Mischwesen, denn sie hat Eulenflügel, die Flügel des Nacht- und Weisheitstiers. Somit wäre sie eigentlich eine chinesische Sphinx: die geflügelte Tigerin.

Im Grenzbereich zwischen chinesischer Kultur und im Windschatten der Geschichte hat Tibet bis in die Gegenwart

Abb. 59 Siegelring mit Greifin aus mykenischem Kammergrab. 15. Jahrh. v. Chr.

sein altes Kulturerbe bewahrt. Aus der Vielfalt hinduistischer Dämonengestalten ragt eine Figur besonders heraus, die Schutzgöttin von Lhasa, Palden Lhamo. Bild 58 zeigt eine ihrer Statuen vom Treppenaufgang des buddhistischen Tempels Jokhang in Lhasa. Mit ihrem dunklen Raubtierkopf gleicht sie eher einer Pantherin als einer Löwin oder Tigerin, hier kostbar gekleidet, mit Amuletten behängt und der Totenkopf-Krone auf dem Haupt. Palden Lhamo stellt den dämonischen Aspekt der großen hinduistischen Muttergottheit Devi dar, aber wieder nicht nur einen negativen Aspekt, sondern auch die verläßliche, alle Gefahren bannende Schutzmacht.

Abb. 58 Palden Lhamo, Schutzgöttin von Lhasa, Statue aus dem heutigen Jokhang-Tempel. Bemaltes Holz (siehe Farbtafel IV)

In Indien und Indonesien kommt diese Rolle den Göttinnen Durga/Kali bzw. der Rangda zu. Hier weist der Tiger als das Reittier der Durga die großen indischen Göttinnen als Tigerdämoninnen aus.

Unter den bekanntesten Mischfiguren haben sowohl die Sphingen als auch die Greifen einen Löwenleib und Löwentatzen, wenn auch unterschiedliche Köpfe und Schwänze. Daß die Sphingen ursprünglich weibliche Gottheiten zur Darstellung bringen, sahen wir bereits an der sumerischen Imdugud (Abb. 46), wenn sie auch nur den Kopf einer Löwin trägt und sich der Leib dem geflügelten Wesen, dem Adler, anpaßt.

Abb. 59 liefert den Beweis dafür, daß auch mit dem »Vogel Greif« ursprünglich eine weibliche Figur gemeint ist. Das mykenische Siegelbild um 1500 v. Chr. kennzeichnet die majestätische Greifin mit Löwenleib und Adlerkopf mit ihren Zitzen unmißverständlich als weiblich. Sie ist den kretischen Greifinnen nachgebildet, wie sie auf Siegeln und auf dem großen Wandgemälde im Thronsaal zu Knossos erhalten sind. Hier in Kreta ist die Greifin das Symboltier der Göttin, das mit dem Kopf eines Vogels ihre Macht im Himmel, mit dem Körper der Löwin ihre machtvolle Präsenz auf Erden und mit dem Schlangenschwanz ihre Herrschaft über die Unterwelt demonstriert. Ursprünglich waren solche »Monster«, wie man sie später abschätzig nannte, im wörtlichen Sinn »Zeigefiguren« (von lat. monstrare = zeigen), die den tieferen Sinn eines sakralen Symbolgehalts de-monstrieren wie heute noch die sogenannte Monstranz in der katholischen Kirche.

In der griechischen Kunst tritt das Greifenmotiv zugunsten der Sphinx zurück, doch findet es sich weiterhin unter den Schmuckmotiven und lebt in der von Griechenland inspirierten etruskischen Kunst fort, und zwar auch dort als weibliche Figur.

Schließlich kommt es in der Spätantike und im europäischen Mittelalter zur patriarchalen Vereinnahmung des Greifen im Sinne einer männlich-wehrhaften Figur, die im Wappen von Fürsten und Städten (Basel!) deren Machtwillen demonstriert.

Die nun folgende Bildserie legt Zeugnis ab für die Symbolgeschichte der Sphinx, zuerst für Griechenland, wo sie immer eine weibliche Gestalt geblieben ist, und schildert dann ihren verworrenen Werdegang in Ägypten und Assyrien.

Auf Abb. 60 sehen wir eine Elfenbeinarbeit aus dem »Haus der Sphingen« in Mykene (13. Jahrh. v. Chr.), auf der sich zwei geflügelte Löwinnen gegenübersitzen. Beide tragen die typisch kretische Federbuschkrone, und an der Basis erscheinen die kretischen Mondhörner. Die beiden Frauengesichter erinnern ganz an die späteren Demeter-Kore-Darstellungen, wie wir sie noch kennen lernen werden. (Vgl. unten S. 148ff.) Hier handelt es sich höchstwahrscheinlich um die beiden

Abb. 60 2 Sphingen mit kretischer Federbuschkrone. Kästchendeckel aus dem »Haus der Sphingen« in Mykene, 13. Jahrh. v. Chr., Höhe 8,1 cm

Herrinnen von Knossos, die als Mutter-Tochter-Gottheit die Vorläuferinnen der Demeter-Kore sind. An ihnen ist der positive und lebensbejahende Aspekt der Sphinx abzulesen, wenn auch die beiden Doppelspiralen an ihrer Brust den Leben- **und** Todesaspekt andeuten (vgl. unten S. 194ff.).

Auch das lakonische Werk aus Olympia (ca. 540 v. Chr.) auf Abb. 61 zeigt eine Sphinx mit freundlichen Zügen bei durchaus hoheitsvoller Haltung. Sie trägt eine Art Korb auf dem von Locken gerahmten Kopf, was an das Symbol des Fruchtkorbes in Händen der lebensspendenden Göttinnen erinnert. Ihr zur Spirale aufgewickelter Schwanz aber endet in einem Schlangenkopf wie bei den Greifinnen der kretischen Paläste, was ihr wie diesen den Unterweltaspekt verleiht.

Abb. 61 Bronze-Sphinx aus Olympia, Lakonisches Werk, 540–530 v. Chr., ursprünglich Verzierung an einem größeren Gegenstand

Tritt uns hier – wie auf vielen anderen Kunstwerken – die griechische Sphinx in klassischer Schönheit entgegen, so gibt es in der griechischen Mythologie aber auch die Abwertung der Sphinx zum Ungeheuer, wie sie in der Ödipussage anklingt: Der Held muß ihr Rätsel lösen, will er nicht dem Tode verfallen. Freilich ist der Inhalt dieses Rätsels – matrizentrisch gedeutet – nichts anderes als die Weisheit von der Vergänglichkeit des Lebens, die der Held respektieren muß. Die Rätselfrage lautet bekanntlich: »Was ist es, was am Morgen auf vier Füßen geht, am Mittag auf zwei und am Abend auf drei?« Die Antwort ist: Der Mensch, der als Kind auf allen vieren, als Erwachsener aufrecht und als Greis auf einen Stock gestützt geht. Löst Ödipus diesen Erkenntnis-»Knoten« noch dadurch, daß er den Sinn des Rätsels versteht und durch seine Antwort die richtige Auflösung gibt, so löst ihn Perseus – wie als mythischer Vorgänger Alexander des Großen – mit der Gewalt des Schwertes: Indem er der Sphinx in Gestalt der Medusa den Kopf abschlägt, entledigt er sich des Rätsels und akzeptiert den Todesaspekt der Großen Göttin nicht mehr.

Daß auch Medusa als Sphinx verstanden wurde, belegt eine seltene Darstellung auf Abb. 62, die sie auf einer Schildverzierung aus dem Schatzhaus von Olympia zeigt. Wir sehen den geflügelten Medusenkopf auf dem Körper eines geschuppten Seedrachen aus dem zwei Löwenpranken hervorwachsen. Von dieser Mischfigur aus könnten wir das blekkende Gebiß der Medusa als das einer Löwin deuten. Daß sie hier nicht nur ein furchterregendes Ungeheuer, sondern vor allem eine Schutzmacht verkörpert, wird durch ihre Präsenz auf einem Schild klar. Auch Athene trägt ja noch das Haupt der Medusa auf ihrem Schild, und dies ursprünglich sicher nicht als Trophäe, sondern als ein apotropäisches Zeichen.

Sehr viel komplizierter stellt sich die Geschichte der Sphinx in Ägypten dar, das wir in unserem modernen Bewußtsein für das Ursprungsland der Sphinx halten. Seit der IV. Dynastie in der Mitte des 3. vorchristlichen Jahrtausends gilt sie dort als männliches Wesen, nachdem König Chepren neben der Pyramide von Gizeh den Kopf einer riesigen Steinsphinx

Abb. 62   Schildverzierung mit Gorgo-Medusa aus Olympia, 6. Jahrh. v. Chr.

nach seinem Bilde meißeln ließ. Diese Vergöttlichung seiner Person war wohl der kühnste – und respektloseste – Griff nach überirdischer Macht, die je ein Potentat vollzog.

Wenn wir aber nach den mythischen Spuren suchen, so finden wir in Ägypten keinen einzigen männlichen Gott, der einer männlichen Sphinx hätte Pate stehen können. Die Deutung des Chepren-Monumentalkopfes als »Horus am Horizont« ist nur als nachträgliche Rechtfertigung zu verstehen, denn der Löwe war nie das Symboltier des Horus. Hingegen finden wir auf den sogenannten Paletten aus vordynastischer Zeit nur Löwinnen mit überlangen Hälsen oder Mischfiguren zwischen Schlange und Löwin. Wie wir sahen, war **die** Löwenfigur Ägyptens die Göttin Sachmet als Teilaspekt der Schöpfergöttin Mut. Nach Barbara Walker[17] soll die Göttin Hathor als Sphinx mit zwei in verschiedene Richtungen blickenden Köpfen dargestellt worden sein, wofür ich aber keinen Bildbeleg fand. Hingegen bringt der Doyen der Ägyptologen, Adolf Ermann, eine Abbildung des »Sag«, einer altägyptischen Mischfigur aus dem Leib einer Löwin und dem Kopf eines Sperbers (Abb. 63). Hier sind wieder die Zitzen eine unmißverständliche Geschlechtsbestimmung, und auch der Schwanz in Form einer Lotusblume gehört zur weiblichen Symbolik. Um den Hals trägt diese merkwürdige Sphinx die Lebensschleife, als Fellmuster ein schwarzweißes Netz.

Wenn wir die männlichen Sphingen, wie sie in großen Alleen die ägyptischen Tempeleingänge säumen, näher betrachten,

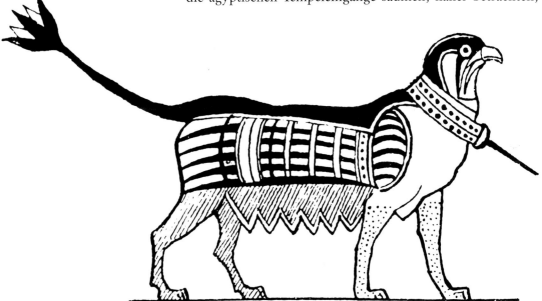

Abb. 63 Der Sag. Altägyptisches Fabeltier mit dem Kopf des Sperbers und dem Leib einer Löwin

so fällt auf, daß sie auf ihrem Löwenleib häufig Widderköpfe tragen wie bei der von Ramses II. geschaffenen Sphingenallee von Karnak. Dies ist ein Ausdruck dafür, daß in der ägyptischen Ikonographie der Widder als Symboltier für männliche Götter eigentlich näher lag als der Löwe.

Sehr spät, erst in der hellenistischen Epoche, kehrt dann die weibliche Sphinx mit Frauenkopf und Löwenleib als Teil des griechischen Kulturguts wieder nach Ägypten zurück.

Eine ähnliche Metamorphose wie in Ägypten durchlief das Bild der Sphinx in der neubabylonischen bzw. assyrischen Kunst, die stark von Ägypten beeinflußt war.

Während die Sphingen als Wächterinnen am Stadttor der hethitischen Hauptstadt Hattusa (1325 v. Chr.) geflügelte Löwinnen mit weiblichen Köpfen darstellen, und noch im 9./8. Jahrhundert die Sphingen von Tel Halaf und Sam'al in Nordsyrien weiblich gestaltet sind[18], werden sie in der assyrischen Kunst vermännlicht.

Abb. 64 zeigt die steinerne Säulenbasis eines Burgtores aus Sam'al mit weiblichen Sphingen als Trägerinnen (8. Jahrh. v. Chr.).

Im Gegensatz dazu sind die als »Lamassu« bekannten riesigen Wächterfiguren an den neuassyrischen Palästen männliche Wesen mit bärtigen Köpfen und geflügelten Löwen- bzw. Stierleibern. Wenn vor der Zitadelle Sargon II. geflügelte Stiermänner standen (die heute im Louvre in Paris stehen), so wird hier, ähnlich wie in Ägypten, die patriarchale Konstruk-

Abb. 64 Steinerne Säulenbasis eines Burgtores aus Sam'al in Gestalt weiblicher Sphingen. Nordsyrien, 8. Jahrh. v. Chr.

Abb. 65 Sitzender Tempellöwe aus Tell Harmal, Terrakotta, Höhe 104 cm, altbabylonisch, 18. Jahrh. v. Chr.

tion der männlichen Sphinx von der mythologischen Tradition eingeholt. Männliche Götter verehrte man in Mesopotamien seit ältester Zeit vor allem im Bilde des Stiers.

Nach diesem langen Seitenblick auf die geflügelten Löwinnen und Löwen wollen wir auf das Hauptthema dieses Abschnitts zurückkommen und die Umwandlung der Löwin als Begleittier der Göttin zum königlichen Palastlöwen und patriarchalen Wappentier verfolgen. In Mesopotamien treffen wir im 18. Jahrh. v. Chr. auf männliche Löwen mit imposanter Mähne, die paarweise die Eingänge des Tempels von Tell Harmal (nahe bei Bagdad) flankierten (Abb. 65). Offensichtlich waren sie als Wächterfiguren gedacht, die mit ihren offenen, brüllenden Mäulern Furcht einflößen sollten. Ähnliche Terrakotta-Löwen wurden auch in Isin gefunden und scheinen so etwas wie die Urbilder für unzählige Palastlöwen in

der ganzen Antike geworden zu sein. Noch die Löwen an den Eingängen europäischer Fürstenschlösser sitzen in ähnlicher Pose da und unterscheiden sich nur durch den jeweiligen künstlerischen Stil von diesem Urbild.
Dabei ist nicht uninteressant, daß der Tempel von Harmal als Doppeltempel errichtet wurde: einmal zu Ehren der Göttin Nisaba, einer Fruchtbarkeits- und Getreidegöttin, die schon 800 Jahre lang verehrt worden war und die zugleich als Göttin der Weisheit und der Keilschrift galt. Zum andern zu Ehren des Gottes Chani, der als Gott der Schreibkunst wirkte und als Gatte der Nisaba vorgestellt wird.[19] Hier befinden wir uns offensichtlich mitten im Umbruch vom matrizentrischen Kosmos zum patriarchalen Götterhimmel. Im gleichen 18. Jahrhundert vor Christus wurde ja auch Marduk von König Hamurapi zum offiziellen Staatsgott erhoben. In diesem Augenblick überrascht auch die Maskulinisierung der göttlichen Symboltiere nicht.
Ein ebenso eindrucksvolles Beispiel geben die neubabylonischen Löwen an der alten Prozessionsstraße in Babylon, die durch das Ischtartor zum Tempel führte. Als die Könige von Babylon in der ersten Hälfte des 6. Jahrhunderts v. Chr. diesen Prozessionsweg zu einer Prachtstraße ausbauen ließen, war der Löwe längst nicht mehr das Kulttier der Ischtar, sondern das Tier des Marduk. Abb. 66 zeigt einen der 120 Löwen, die auf den die Straße säumenden Mauern aus bemalten und glasierten Ziegeln majestätisch dahinschreiten. Wie schon in Ägypten die gigantischen Sphingenalleen, so erwecken auch in Babylon die in ihrer Masse aufgereihten Löwen eher den Eindruck einer Armee als den von sakralen Figuren. Hier ist die Verquickung von patriarchaler Theologie und patriarchaler Staatsgewalt mit Händen zu greifen.

Abb. 66 Formziegelrelief von der Prozessionsstraße in Babylon, Höhe 108×205 cm, neubabylonisch um 604–562 v. Chr. (siehe Farbtafel V)

Daß aber außerhalb der offiziellen Staatsdoktrin die alten sakralen Zuordnungen weiterlebten, beweist die Gestalt der Löwendämonin Lamaštu, die noch lange auf Amuletten gegen Kindbettfieber getragen wurde.
Abb. 67 zeigt ein kleines Steinamulett mit der nackten, löwenköpfigen Lamaštu, die auf einem Stier kniet und Schlangen in beiden Händen hält. An ihren Brüsten säugt sie zwei Tiere, wahrscheinlich Schweine oder Hunde.
Im Laufe der Patriarchatsgeschichte erfolgt die Umdeutung der göttlichen Hoheitszeichen immer nach dem gleichen Schema. Was einst ein Numinosum war, ein Bild der Verehrung und des Erschauerns zugleich, wird nun zum Zeichen von Prestige und Gewaltdemonstration. So stellten die Herrscherhäuser aller Epochen die uralten göttlichen Tiere in den

Abb. 67 Löwendämonin Lamaštu auf einem Amulett in Form einer kleinen Steintafel, Höhe 6,7 cm, Babylonien, 1. Hälfte 1. Jahrt. v. Chr.

Dienst ihrer Heraldik, und von da an zeigen Adler und Löwen als Wappentiere grimmig ihre Krallen und Zähne.
Selbst das republikanische Zürich führt die zähnefletschenden und mit den Pranken drohenden Löwen in seinem Wappen. 1567 entstand das Gemälde von Hans Aper (Abb. 68), auf dem die heraldischen Löwen eine Art Altar mit den Insignien der Zürcher Stadtherren flankieren. Auch Schwert und Siegespalme fehlen nicht.
Nicht einmal die sogenannte Gründerzeit um die Jahrhundertwende, die sich auf ihren aufgeklärten Fortschrittsglauben viel zugute hielt, verzichtete auf das uralte Hoheitssymbol. Wenn die Löwen nun eine Geschäftskasse flankieren (Abb. 69), so legen sie beredtes Zeugnis dafür ab, daß der Gott Mammon an die Stelle der vaterländischen Allegorie getreten war.

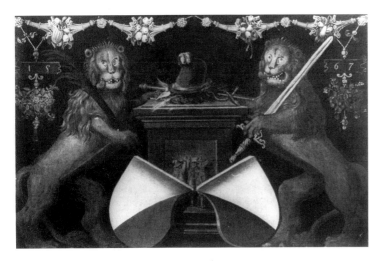

Abb. 68 Zürcher Löwen, Gemälde von Hans Asper, 1567, im Zürcher Rathaus

Welch weiten Weg hat dieses majestätische Symbol zurückgelegt! Von der Löwin, welche die Große Göttin vertritt, zum Herrschaftstier von Kaisern und Königen, über ein kurzes, christliches Zwischenspiel, bei dem die Löwen zu beiden Seiten des Kreuzes stehen (siehe oben Abb. 52) bis hin zum Prestige-Zeichen des Kapitalismus. Bekanntlich hat sich auch Goldwyn-Mayer, die Traumfabrik in Hollywood, den brüllenden Löwen zum Warenzeichen erkürt. Offensichtlich kommt auch das härteste Business nicht ohne mythische Symbole aus.

Schließlich durchlief auch der Bär als das dritthäufigste Wappentier einen ähnlichen Werdegang. In vielen Gegenden der Welt war der Bär das gefährlichste Tier der Fauna und galt deshalb als Kulttier der Göttin. Wir kennen Bärengöttinnen

Abb. 69 Geschäftskasse, silberbronziert, vermutlich aus der Zeit um die Jahrhundertwende

Abb. 70 Dea Artio (Bärengöttin), keltoromanische Weihegabe aus Bronze, 2. Jahrh. v. Chr. Fundort Muri/Bern

aus Finnland, Rußland und anderen slawischen Ländern, und auch die griechische Artemis war eine Bärengöttin. In unseren Breiten wurde die keltische Bärengöttin Artio verehrt, von der das historische Museum in Bern eine keltoromanische Votivstatuette besitzt. Abb. 70 zeigt die Göttin in römischer Kleidung thronend, vor ihr die Bärin, die sich an einen Baum lehnt. Wenn im Stil auch romantisch-verspielt, so erfaßt diese Darstellung doch das große Thema der göttlichen lebensspendenden Kraft. In ihrer vertrauten Zugewandtheit scheinen hier Baum, weibliches Tier und die Göttin in Menschengestalt nur Variationen über ein und dasselbe Thema zu sein.

Wenige hundert Meter von der Antikensammlung entfernt wird im sogenannten Bärengraben das Berner Wappentier bekanntlich lebend gehalten. Dabei erinnert sich wohl kaum jemand seines mythischen Ursprungs, denn im Berner Staatswappen erscheint der Bär ebenso männlich-dräuend wie seine Kollegen Löwe und Adler. Nur die Farben im Wappen – schwarzer Bär auf rotgoldenem Grund – sind noch immer die uralten Farben der Göttin.

Anmerkungen Kapitel I

1 Nur E. Neumann gibt einen kurzen Hinweis. Vgl. in: Die Große Mutter. Eine Phänomenologie der weiblichen Gestaltung des Unbewußten, Olten 1974, S. 288
2 Hampe, R., Simon, E., Tausend Jahre frühgriechische Kunst, Zürich 1980, S. 47
3 Sakellarakis, J. A. Illustrierter Führer durch das Museum Heraklion, Athen 1986, S. 40
4 Barbier-Mueller, Polynesien, Sammlung Genf o. J., inv. 5702
5 Stein, R. A., Le Monde En Petit. Jardins En Miniature Et Habitations Dans La Pensée Religieuse D'Extrême-Orient, Paris 1987
6 Vgl. Weiler, G., Der enteignete Mythos. Eine feministische Revision der Archetypenlehre C. G. Jungs und E. Neumanns, Frankfurt 1991
7 Graffenried, Ch. v., Akan Goldgewichte, Bern 1990
8 Rohlfs, G., Wer den König wirft, befiehlt, in: Peloponnes, Merian, Hamburg 1964, Heft 12
9 Vgl. Bleibtreu-Ehrenberg, G., Vom Schmetterling zur Doppelaxt, Frankfurt 1990
10 König, M. E. P., Am Anfang der Kultur. Die Zeichensprache des frühen Menschen, Wien 1981
11 Homberger, L. (Hrsg.), Yoruba-Kunst und Ästhetik in Nigeria, Museum Rietberg, Zürich 1991, S. 26
12 Schmid, E., Die altsteinzeitliche Elfenbeinstatuette aus der Höhle Stadel im Hohlenstein, in: Fundberichte aus Baden-Württemberg, Stuttgart 1989
13 So gibt es aus der olmekischen Kultur (800–100 v. Chr.) eine ganze Reihe von Felsreliefs in Gestalt eines riesigen Jaguarkopfes, dessen aufgerissenes Maul den Eingang zu einer Höhle markiert. Für die Olmeken war es der Eingang zum Schoß der Erde, aus dem alles Leben und alle Fruchtbarkeit kommt. Zugleich waren solche Höhlen ein Schutzort für jede Person, die sich dorthin flüchtete. Vgl. Eggenbrecht, A. (Hrsg.), Die Azteken und ihre Vorgänger. Glanz und Untergang des Alten Mexiko, Mainz 1986, Kat. Nr. 1
14 Giedion, S., Ewige Gegenwart. Ein Beitrag zu Konstanz und Wechsel. Band 2, Der Beginn der Architektur. Köln 1964, S. 54ff.
15 Friedell, E., Kulturgeschichte Ägyptens und des Alten Orients, München 1951, S. 25
16 Eberhard, W., Lexikon chinesischer Symbole. Köln 1983
Cooper, J. C., Illustriertes Lexikon der traditionellen Symbole, Leipzig 1986
17 Walker, B. G., The Woman's Enzyclopedia of Myths And Secrets, San Francisco 1983, Stichwort »Hathor«
18 Die weiblichen Sphingen aus Hattusa befinden sich im Vorderasiatischen Museum in Berlin, eine verschleierte Sphinx aus Tell Halaf im Vorderasiatischen Institut der Freien Universität Berlin. Die letztere dokumentiert Erich Neumann in »Die Große Mutter«, Tafel 89.
19 Seton-Williams, M. V., Babylonien. Kunstschätze zwischen Euphrat und Tigris, Hamburg 1981, S. 130

Kapitel II:
Von den Präsentationen der Göttin zum christlichen Kreuz

Die matriarchale Bildsymbolik der Großen Göttin mit dem christlichen Kreuz in Beziehung zu setzen klingt zunächst befremdend, jedenfalls aber ungewöhnlich. Um diese tatsächlich bestehende Beziehung herauszuarbeiten, haben wir einen weit gespannten Entwicklungsbogen nachzuvollziehen, der bei den frühesten uns bekannten Kunsterzeugnissen beginnt.

Beide sakralen Bildgestaltungen, die Präsentation der Göttin in matrizentrischen Kulturen und die bildliche Darstellung des Kreuzzeichens, sind uralt. Beide reichen bis ins Jungpaläolithikum (jüngere Altsteinzeit bzw. Eiszeitkultur) ca. 30 000 Jahre vor heute zurück, und beide begegnen uns in vielfältigen, jedoch streng typisierten Bildgestaltungen.

Dabei erscheinen sowohl die typischen Varianten der Göttinnen-Idole als auch diejenigen der Kreuzsymbolik im Laufe der Kunstgeschichte auf zwei Ebenen: auf einer konkret bildhaften Ebene als figürliche Darstellung der Göttin oder des Kruzifixus und auf einer abstrakten Ebene als kosmisches Zeichen einer weltumspannenden göttlichen Wirklichkeit.

Gehen wir zuerst von den Bildern der Vorzeitgöttin aus, die als sogenannte »weibliche Idole« in den Wohn- und Kultstätten aller uns bekannten Frühkulturen in großer Zahl aufgefunden wurden. Ihre größte Differenzierung erfuhren sie während des Neolithikums (Jungsteinzeit) ca. 10 000 – 3000 v. Chr. und wirkten von da an kontinuierlich auf die Sakralkunst der frühen Hochkulturen ein.

Aus der riesigen Fülle des dokumentierten Materials, das wir in neuerer Zeit vor allem den Forschungen Marie E. P. Königs und Marija Gimbutas' verdanken[1], steht im folgenden nur eine sehr begrenzte Auswahl zur Diskussion. In unserem Zusammenhang interessieren in erster Linie die stark stilisierten und schematisierten Figuren der Göttin, wie sie zum Teil schon Erich Neumann in seiner Bilddokumentation zur Großen Mutter vorgestellt hatte.[2]

Unter den schematischen Darstellungen wurden die uns bereits vertrauten Violinidole oder auch die Brettidole am bekanntesten, die den weiblichen Körper nur in runden oder eckigen Umrissen abbilden, wobei oft Augen und Nase, Brüste und Schoßdreieck deutlich markiert sind, manchmal aber auch diese Andeutungen fehlen. Marie E. P. König wies noch auf eine andere Art der Schematisierung hin, die sie in den eiszeitlichen Höhlenmalereien und Ideogrammen (Felsritzungen) fand. Hier konzentriert sich die Wiedergabe des weiblichen Körpers auf die Schoßpartie, entweder von der Seite gesehen auf das Schenkel-Gesäß-Dreieck oder en face auf das Schoßdreieck. Dabei wird die Abstraktion so weit getrieben, bis die Dreiecksform als solche zum Symbol für das Weibliche wird. Das griechische Delta, das als Großbuchstabe in Form eines Dreiecks – wenn auch umgekehrt mit der Spitze nach oben – geschrieben wird, hat bis heute diese geschlechtsspezifische Bedeutung bewahrt.

Somit begegnen wir im Dreieck bereits einer symbolischen Kurzschrift für die Präsentation des Weiblich-Göttlichen, wie wir es in verschiedenen Kreuzformen wiederfinden werden. Und schon anhand des Dreiecks läßt sich der Doppelaspekt solcher »Kürzel« veranschaulichen, nämlich der leibgebundene und der abstrakt-kosmische Aspekt. In der Kunst der Eiszeit steht dem Dreieck als pars pro toto für den kreativen weiblichen Körper das lunare, d.h. das mondbezogene Dreieck zur Seite, das, als eine der möglichen bildhaften Gestaltungen der Zahl drei (neben drei Punkten oder drei Parallelstrichen), den Ablauf der drei Mondgestalten bzw. der Mondphasen symbolisiert.

Die innere Verbindung zwischen dem Bedeutungsgehalt des Schoßdreiecks und dem des Monddreiecks ist über die Erfahrung der weiblichen Lebenskreativität herzustellen. Zum einen teilt die Frau ihren Menstruations- und damit ihren Fruchtbarkeitszyklus mit den Gezeiten des Mondes, zum anderen ist sie als Schwangere von ihrer Gestalt her »mondverwandt«. Auch das nächtliche Gestirn schwillt an und symbolisiert als zunehmender Mond bis zu seiner vollen Gestalt das werdende Leben. Und wenn er als abnehmender oder als Leermond das Mysterium des Todes verkörpert, so schreibt er als Jungmond die Verheißung der Wiedergeburt an den Himmel, wie sie auf Erden durch die weibliche Gebärfähigkeit garantiert wird.

Am Beispiel des matriarchalen Dreiecks – das dann viel später vom Christentum als patriarchales Dreifaltigkeitssymbol übernommen wurde –, eröffnet sich uns bereits das Vielschichtige und Tiefgründige der frühen Sakralzeichen, das sich hinter scheinbar banalen Figurationen verbirgt. Es sollte uns auch vor der Fehlinterpretation bewahren, die älteste Kunst habe sich möglicherweise nur deshalb der Schematisie-

rung bedient, weil ihr die Fähigkeit zur realistischen Darstellung mangelte. Dies wird durch die großartigen Höhlenmalereien der Eiszeit ebenso widerlegt wie durch die Tatsache, daß es neben den schematisierten Idolen von jeher auch füllige Darstellungen der Göttin gab wie die berühmt gewordene »Venus von Willendorf« und alle ihre Nachfolgerinnen.
Unabhängig davon, ob die realistische oder die mehr oder weniger stilisierte Form der Darstellung gewählt wird, präsentiert sich uns die Göttin von frühester Zeit bis weit in die historischen Epochen in bestimmten, stereotypen Körperhaltungen. Im folgenden seien deren wichtigste aufgeführt, wovon wir dann diejenigen Körperhaltungen weiter beobachten, die mit den Figurationen des Kreuzes in Zusammenhang stehen.
Eine erste Gruppe bilden Darstellungen der Göttin, bei denen sie in stehender Haltung die Arme unter ihren Brüsten verschränkt (vgl. Abb. 5), oder als Varianten dazu, die Arme seitlich in rundem Bogen zu den Brüsten führt bzw. die Hände in geradliniger oder verkreuzter Form auf ihre Brüste legt. Diese Haltung wurde wohl zu Recht als Betonung des nährenden Aspektes interpretiert, eine Betonung, die wir noch auf mittelalterlichen Madonnendarstellungen finden, wenn dort auch nur eine Hand auf die Brust gelegt ist und man diese Geste als Demutshaltung mißverstand bzw. uminterpretierte. Doch auch im christlichen Verständnis erscheint die Madonna als »alma mater«, als nährende Mutter, wenn dieser Titel auch in erster Linie in einem vergeistigten Sinn gebraucht wird und bis heute ein Ehrentitel unserer Universitäten geblieben ist.
Eine zweite Gruppe von Darstellungen zeigt die Göttin als Schwangere und in Gebärstellung, und zwar in sitzender, hockender oder auch kniender Haltung. Von Anfang an geht die Bedeutung der Gebärhaltung aber weit über deren biologische Funktion hinaus. Sie symbolisiert vielmehr die kosmische Schöpferkraft der Göttin, die nicht nur das Menschengeschlecht, sondern alle Götter und alle Lebewesen hervorbringt.
Eine mit der Gebärhaltung vergleichbare und doch eigenständige Variante zeigt die Göttin als Große Liebesgöttin, die ihren Schoß exponiert und damit die Liebeskraft des Mannes erweckt.
Mit am beeindruckendsten ist schließlich die stehende Haltung der Göttin mit ausgebreiteten oder emporgehobenen Armen, die wie eine Segens- oder Grußgeste anmutet und zugleich wie ein weltumspannender Ausgriff, der den Körper

der Göttin als kosmisches Kraftzentrum erscheinen läßt. Der kosmische Bezug wird durch andere Bildkompositionen noch unterstützt, wenn etwa die Göttin auf Bergspitzen steht, Sonne und Mond auf ihrem Haupt und die Sterne auf ihrem Mantel trägt, oder wenn sie als kosmischer Lebensbaum die Geschöpfe des Universums aus ihrem Stamm entläßt.

Es ist augenfällig, daß die Körperhaltung mit ausgebreiteten Armen am meisten mit dem Zeichen des Kreuzes in seiner uns vertrauten Form korrespondiert, doch wird sich zeigen, daß auch andere Varianten des Kreuzzeichens eine nicht nur äußerliche Ähnlichkeit mit typischen Haltungen der Göttin haben, sondern daß sie mit großer Wahrscheinlichkeit symbolgeschichtlich auf diese zurückgehen.

Bevor wir versuchen, solchen Verbindungslinien nachzuspüren, bedarf es der Auflistung der wichtigsten Kreuzformen und eines kurzen Überblicks über den Stand der Forschung im Hinblick auf die Kreuzsymbolik.

Um mit dem letzteren zu beginnen, so besteht heute unter christlichen und nichtchristlichen Forschern weitgehender Konsens in folgenden Punkten:

Das Kreuz als Marterpfahl, wie er lange vor Christus für die Hinrichtungsart der Kreuzigung verwendet wurde, hat, jedenfalls im Bewußtsein der damaligen Welt, mit dem Kreuz als einem sakralen Symbol nichts zu tun. Seine entwürdigende Bedeutung als Galgen führte im Gegenteil zunächst dazu, daß die junge Kirche das Kreuz als Christussymbol vermied, bis unter Kaiser Theodosius (347–395 n. Chr.) die Kreuzigung als Hinrichtungspraxis abgeschafft wurde. Daß diese Praxis ihrerseits auf eine viel ältere Form des Menschenopfers und damit auf ein sakrales Motiv zurückgeht, ist ein Problemkreis, den wir hier zurückstellen müssen. Es sei nur daran erinnert, daß sowohl in der aztekischen als auch in der germanischen Mythologie männliche Menschenopfer an einen Baum oder kreuzähnlichen Pfahl geheftet wurden, wobei der Lebensbaum die Große Göttin repräsentiert, der das Opfer dargebracht wird.

Einhellige Meinung herrscht auch darüber, daß alle Kreuzformen auf vorchristliche Ursprünge zurückgehen, und zwar einschließlich derjenigen, die von der christlichen Ikonographie übernommen und christlich interpretiert wurden. Die außerchristlichen Ursprünge der Kreuzzeichen sind sowohl archäologisch für alle Teile der Welt belegt als auch ethnologisch für außereuropäische Völker und historisch für die vorchristlichen Epochen der abendländischen Geschichte.[3]

Farbtafel V

Farbtafel VI

Dazu kommt die Erkenntnis, daß die Kreuzsymbolik von jeher zwei verschiedene Bedeutungsmuster in sich vereinigt: einmal die Bedeutung der gekreuzten Linien als eine Art Weltachsen oder Weltkoordinaten und damit als Zeichen der Weltordnung, die in die vier Himmelsrichtungen weisen, zum anderen die schematisierte Form einer menschlichen Gestalt mit ausgebreiteten oder erhobenen Armen.

Die kosmische Bedeutung konnte Marie E. P. König schon anhand der Eiszeitkunst nachweisen, wo sich unter den Ideogrammen gleichschenklige Kreuze in aufrechter und schräger Stellung in großer Zahl finden lassen, oft von einem Kreis – gleichsam als Weltenrund – umrahmt oder in einen quadratischen oder viereckigen Rahmen gestellt. Das bekannte Union-Jack-Muster der englischen Fahne geht auf uralte Vorbilder zurück und stellt in den Kulthöhlen der Eiszeit das Diagramm der Weltordnung dar, indem es das aufrechte und diagonale Kreuz kombiniert und beide auf den vierseitigen kosmischen Raum bezieht (vgl. Abb. 208). Dazu kommen die verschiedensten Formen des Radkreuzes (Svastika), die in allen Frühkulturen den dynamischen Aspekt der Weltordnung reflektieren und häufig als Sonnenräder gelten, jedenfalls mit dem Gang der Gestirne in Verbindung zu bringen sind.

Neben den vielfältigen Versionen der Svastika finden wir auch jungsteinzeitliche Kreuze mit zwei Querbalken, wie sie im christlichen Patriarchen- und im griechisch-orthodoxen Kreuz oder später im Lothringerkreuz übernommen wurden, ohne daß die ikonographische Bedeutung dieser Kreuzform bisher erhellt worden wäre.

Die figürliche Bedeutung verschiedener Kreuzformen ist spätestens seit dem Neolithikum bekannt, und zwar sowohl in Form plastischer Gebilde als auch in Form von Petroglyphen (Felszeichnungen). Die plastisch gearbeiteten Kreuze – meist in der Form des gleichschenkligen, sogenannten griechischen Kreuzes – hatten vermutlich die Funktion von Amuletten und wurden als apotropäische Schutzzeichen gebraucht. Die südrussischen Petroglyphen, die, jedenfalls zum Teil, ebenfalls figürlich aufzufassen sind, variieren unter anderem die menschliche Figur mit emporgehobenen Armen in Form der griechischen Buchstaben Psi und Ypsilon Ψ, Y.[4]

Die mythische Bedeutung aller dieser figürlich aufzufassenden Kreuze gilt unter Symbolforschern bis heute als ungeklärt; sie werden allenfalls als Ahnenfiguren interpretiert, wie es Johannes Maringer in seiner Studie über vorchristliche Kreuze vorschlug.[5]

Meine These ist, daß die sakrale Figur mit ausgebreiteten oder erhobenen Armen über Jahrtausende hinweg die Gottheit repräsentiert, und zwar die Gottheit in weiblicher Gestalt, was sich anhand von archäologischem und historischem Bildmaterial belegen läßt. Darüber hinaus glaube ich, plausibel machen zu können, daß auch andere Figurationen des Kreuzes wie das ägyptische Henkelkreuz und die verschiedenen Formen des Kreuzes mit zwei Querbalken auf Präsentationsformen der Großen Göttin zurückweisen.

Ein ganz anderes Problem stellt sich mit der Frage, auf welche Weise und in welchem Zeitraum die vorchristlichen Bedeutungen des Kreuzes in die christliche Ikonographie eingeflossen sind.

Wie das Kreuz Christi auf Golgatha tatsächlich ausgesehen hat, wissen wir nicht, denn die vermeintliche Auffindung der Kreuzesreliquie durch die Heilige Helena bleibt historisch fragwürdig. Am wahrscheinlichsten wäre die T-Form (Tau-Kreuz) oder Y-Form (Gabelkreuz), die aber in der liturgischen Praxis der Kirche nur am Rande auftauchen. So etwa soll das Gabelkreuz auf der priesterlichen Kasel (Meßgewand) auf den gekreuzigten Christus mit nach oben ausgestreckten Armen hindeuten. Allerdings ist die realistische Darstellung des Kruzifixus eine kirchengeschichtlich späte Erscheinung. Der leidende Christus am Kreuz findet seine künstlerische Gestaltung erst im Hochmittelalter, während bis ins 10. Jahrhundert der sieghafte Christus die byzantinische und romanische Christographie bestimmt. Das Bild des Kruzifixus, der als Christus triumphans wachen Auges und oft in feierlicher Gewandung mehr vor dem Kreuz (auf einem Fußbrett) steht als am Kreuz hängt (siehe unten Abb. 120), knüpft m. E. an vorchristliche Bildvorlagen an. Schon die frühen Kirchenväter, wie Justinus der Märtyrer im 2. Jahrhundert, schrieben dem Zeichen des Kreuzes über seine konkrete Bedeutung des leidenden Christus hinaus einen kosmischen Symbolwert zu, wobei sie ihre Theologie des Kreuzes aus den verschiedensten geistigen Quellen schöpften: aus den Gleichnissen des Alten Testamentes ebenso wie aus der zeitgenössischen gnostischen Philosophie und aus den hellenistischen Mysterienreligionen. Aus dem Zusammenfluß aller dieser Quellen entstand das Bild des weltumspannenden Erlösers und die Auffassung des Kreuzes als eines kosmischen Wandlungssymbols vom Tod zur Auferstehung.[6]

Die nun folgenden Bildserien sollen illustrieren, daß gerade die Verbindung von figürlicher und kosmischer Bedeutung der verschiedenen Kreuzformen ein matrizentrisches Erbe ist, wenn es hier auch ausschließlich um den kosmischen Rhythmus von Leben, Tod und Wiedergeburt geht und nicht um die Idee der moralischen Erlösung und schon gar nicht um die der metaphysischen Erlösung aus der Sterblichkeit des individuellen Lebens.

Als Ausgangspunkt für diese Reise durch die Welt der Bilder dient das bereits vorgestellte Çatal Hüyük aus dem Neolithikum, von wo sich Verbindungslinien bis zurück in die Altsteinzeit und ebenso nach vorwärts zu den frühen Hochkulturen ziehen lassen. Die dort verehrte Göttin begegnet uns in sehr unterschiedlichen Präsentationen und Bedeutungen: als Mutter, Liebesgöttin und Göttin des Todes. Rein zahlenmäßig überwiegen jedoch die Darstellungen der gebärenden oder schwangeren Göttin.

1. Gebärstellung und doppelarmiges Kreuz

Am häufigsten finden wir die Gebärstellung der Göttin von Çatal Hüyük bei den aus Gips geformten und bemalten Hochreliefs der Sakralräume. Dabei variiert die Gebärstellung zwischen der Haltung waagrecht ausgestreckter Arme und Beine und derjenigen mit leicht oder stark angewinkelten Armen und Beinen (Abb. 71, 72). Bei der zweiten Varian-

Abb. 71 Wandrelief in Kultraum von Çatal Hüyük, Ende 7. Jahrtausend v. Chr.

te sind die Unterschenkel merkwürdigerweise nicht nach unten, sondern nach oben abgewinkelt, was mit Schwierigkeiten in der perspektivischen Darstellung zu tun haben oder eventuell eine kniende Haltung andeuten könnte. Die nach oben abgewinkelten Arme erinnern an die Geburtshaltung der Indianerfrauen, die sich an Ästen oder Balken festhielten bzw. sich an sie hängten, um die Schwerkraft des Körpers für den Gebärakt zu nutzen. Wahrscheinlich aber spiegelt die Haltung der nach oben angewinkelten bzw. die der ausgestreckten Arme eine göttliche Segensgeste wider, die uns noch mehrfach begegnen wird.

Leider sind die Köpfe der Göttin alle zerstört, vermutlich vorsätzlich, um die magische Kraft der Heiligtümer nicht Unbefugten zu überlassen, als sie, aus ungeklärten Gründen, verlassen wurden. Hingegen sind die Bemalungen der plastischen und halbplastischen Figuren zum Teil noch erhalten.

Die Abb. 72 zeigt ein in gelben und roten Tönen gehaltenes Relief mit konzentrischen Kreisen auf dem schwangeren Leib der Göttin und mit verschiedenen geometrischen Zeichen, vor allem Rauten und Dreiecken, auf den übrigen Teilen des Körpers. Diese ornamentale Bemalung wird auf den Wandseiten unmittelbar neben dem Körper fortgesetzt, was J. Mellaart, der Entdecker von Çatal Hüyük, als Darstellung eines Mantels gedeutet hat.[7] Alle diese Zeichen – wie Kreis und Spirale, Dreieck und Raute – gehören zur universellen Zeichensprache neolithischer Idole, von denen wir das Dreieck in seiner Bedeutung schon kennen. Anstelle der Spirale als einem der bekanntesten Symbole für das werdende Leben, die

Abb. 72 Göttin in Gebärstellung, Gipsrelief mit Bemalung, Çatal Hüyük, Ende 7. Jahrt. v. Chr. (siehe Farbtafel VI)

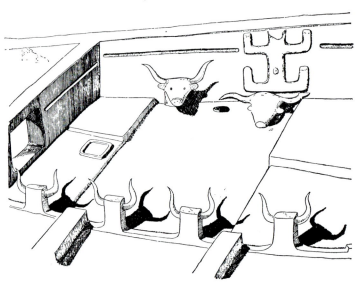

Abb. 73 Schemazeichnung eines Kultraums von Çatal Hüyük, Ende 7. Jahrt. v. Chr.

auf vielen Idolen Brust, Bauch oder Schoß der Göttin kennzeichnet, finden wir auf unserem Relief konzentrische Kreise, welche die Schwellung des Körpers besonders deutlich machen. Auch die Raute finden wir überall im Zusammenhang mit kreativen Kräften, als Symbol für den schöpferischen Mutterleib ebenso wie als Zeichen der kosmischen Lebens- und Wiedergeburtsordnung im Rautennetz. (Vgl. unten Abb. 207.)

An dem durch die Bemalung angedeuteten, gleichsam kosmischen Mantel der Göttin läßt sich ablesen, daß die Gebärhaltung sehr viel mehr zum Ausdruck bringen soll als einen natürlichen Geburtsakt. Dies bestätigt sich bei der Betrachtung weiterer Reliefs, bei denen aus dem Leib der Göttin ein Widderkopf oder Stierkopf hervortritt wie auf Abb. 73, einer leider nur rekonstruierten Darstellung. Die Tiergeburt macht vollends klar, daß es sich hier nicht um einen biologischen, sondern um einen kosmischen Vorgang handelt. Besonders der Stier spielt in den Kulträumen von Çatal Hüyük eine bedeutende Rolle, sowohl in Großformat auf Wandgemälden (siehe unten Abb. 135) als auch in Form von Stierhornbänken, sogenannten Bukranien, oder an die Wand gehefteten Köpfen des Wildstiers, wie auf der Schemazeichnung zu sehen ist. Deshalb müssen wir annehmen, der Stier sei als göttliches Tier verehrt worden, und dies ist insofern nichts Ungewöhnliches, als die Verehrung des göttlichen Stieres in ganz Vorderasien, in Kreta und in Ägypten noch bis weit in die historische Zeit verbreitet war. Wir kennen ihn als das »Goldene Kalb« aus der hebräischen Bibel, als Osiris-Stier von Ägypten oder als Kulttier der Mithrasreligion. Die Geburt des Heiligen Stieres macht die Göttin von Çatal Hüyük zur »Gottesgebärerin«, als die alle großen Muttergöttinnen Jahrtausende lang verehrt wurden. »Mutter aller Götter« war der Titel der babylonischen Ischtar, der hethitischen Arinna wie der ägyptischen Nut oder Hathor, und noch die Ostkirche bestand auf dem Konzil von Ephesos (431) darauf, der Jungfrau Maria den Titel der Theotókos (Gottesgebärerin) zu sichern.

Interessanterweise findet sich das Motiv der Tiergeburt bis heute in der Sakralkunst sogenannter Naturvölker. Zwei Beispiele aus Westafrika zeigen die Geburt einer Schlange, die dort als heiliges Tier kultisch verehrt wurde. Eine ausdrucksstarke Terrakottafigur aus Mali läßt eine zickzackförmige Schlange aus dem mit gespreizten Beinen dasitzenden Körper einer (Ahn?)Frau austreten (Abb. 74). Das gleiche Motiv sehen wir auf einer schematisierten Zeichnung, die Ibofrauen

Abb. 74 Weibliche Statuette aus Mali, Terrakotta, Höhe 39 cm

Abb. 75 Wandbemalung der Ibofrauen aus Nigeria

aus Nigeria als Wandbemalung an ihrem Haus anbrachten. Dort erscheint der Leib der Gebärenden in Form von konzentrischen Kreisen – ganz wie in Çatal Hüyük – und ebenso Arme und Beine in abgewinkelter Stellung (Abb. 75).

Während in den westlichen Kulturen seit der Christianisierung und in den östlichen und südlichen Kulturen, nach dem Siegeszug des Buddhismus und des Islam der Geburtsakt aus der künstlerischen Darstellung völlig verbannt ist, finden wir ihn in der Sakralkunst aller vorpatriarchalen Kulturen, und zwar auf sämtlichen Kontinenten. Besonders eindrucksvolle Beispiele liefert Australien, wo die Felszeichnungen und Baumrindenmalereien der Aborigines Berühmtheit erlangten. Ein Baumrindenbild aus Ost-Arnhem-Land stellt das mythologische Motiv der Urschwestern dar, die das Menschengeschlecht gebären (Abb. 76). Die beiden Schwestern, die sich am oberen und unteren Bildrand zueinander ge-

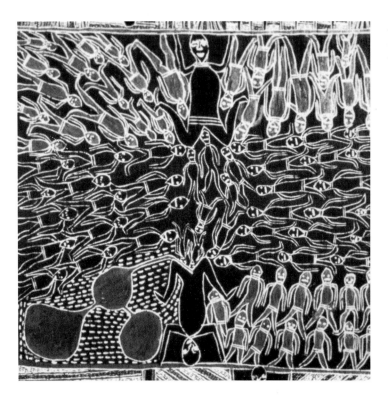

Abb. 76 Göttliche Schwestern gebären das Menschengeschlecht. Australische Baumrindenmalerei aus Ost-Arnhem-Land

wandt in Gebärstellung befinden, zeigen wie in Çatal Hüyük die nach oben bzw. nach rückwärts abgewinkelten Unterschenkel, und aus ihrem Körper entspringen in vertikaler und horizontaler Richtung wie in einem riesigen Strom erwachsene Menschenkörper in großer Zahl. Wir haben hier den bildhaft gestalteten Mythos von der Menschenschöpfung vor uns, die in den matrizentrischen Kulturen immer den weiblichen Gottheiten zugeordnet ist. Und dies gilt nicht nur für die Menschenschöpfung, sondern für die Schöpfung des gesamten Kosmos. Die ägyptische Nut/Neith spricht die selbstbewußten Worte, lange bevor der patriarchale Gott diese Rede übernimmt: »Was da ist, was da sein wird und was gewesen ist, bin ich. Meinen Chiton hat keiner aufgedeckt. Die Frucht, die ich gebar, war die Sonne.«[8] Die Anspielung auf den Chiton – das Untergewand – meint die Parthenogenesis, die Geburt ohne männliche Zeugung, die auch für die griechische Urmutter Gaia in Anspruch genommen wird. Auch sie gebiert die ersten Götter aus sich selbst.

Im übrigen stammt das uns geläufige Bild von der Erschaffung des Menschen aus Lehm ebenfalls aus vorpatriarchaler Zeit. Die mesopotamische Inanna/Ischtar formt die Menschen aus Lehm[9], eine Metapher, die aus dem keramischen

Handwerk stammt, das in sämtlichen Frühkulturen eine weibliche Domäne war.

Gleichzeitig wird aber auch Ischtar wie viele große Göttinnen Kleinasiens und sogar noch des vorklassischen Griechenlands in Gebärhaltung dargestellt. Abb. 77 zeigt einen babylonischen Siegelzylinder aus Ur (2. Hälfte des 3. Jahrh. v. Chr.), dessen Hauptfigur eine Göttin mit Hörnerkrone in Gebärstellung bildet. Im oberen Teil des Siegelbildes wird sie von zwei Skorpionen, im unteren Teil von einer Eidechse und einem Skorpion flankiert.

Abb. 77 Babylonische Siegelabrollung aus Ur, neusumerisch (2600–2100 v. Chr.)

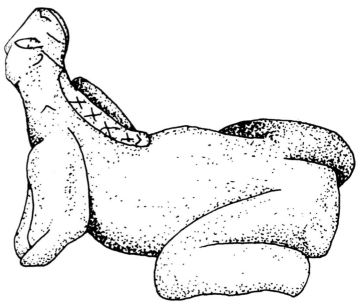

Abb. 78 Die »Froschgöttin« von Hacilar, Anatolien, Ende 6. Jahrt. v. Chr.

Wie wir aus vielen Zusammenhängen wissen, symbolisiert der Skorpion das männliche Fruchtbarkeitsprinzip, was wir bei unserem Beispiel als Hinweis darauf verstehen können, daß wir es zu dieser Zeit in Sumer nicht mehr mit der parthenogenetisch schöpfenden Urzeitgöttin zu tun haben, sondern mit einer Inanna/Ischtar, die auch als Herrin der Liebe verehrt wurde. Nun feiert sie mit einem Jünglingsgeliebten die Heilige Hochzeit und garantiert mit ihm zusammen die Fruchtbarkeit der Erde. Für unseren symbolgeschichtlichen Gedankengang noch wichtiger ist aber die Eidechse, welche die weibliche Fruchtbarkeit repräsentiert. Für das analogische Denken der Frühkulturen besteht eine morphologische Ähnlichkeit zwischen der natürlichen Beinstellung von Echsen, Kröten und Fröschen und der Gebärstellung der Frau. Diese analoge Sicht der Körperhaltungen, welche die Kröte bis weit ins europäische Mittelalter zum Symboltier der Geburt macht, begegnet uns bereits in Hacilar, der Schwesterstadt von Çatal Hüyük vom Ende des 6. vorchristlichen Jahrtausends. Die Göttin von Hacilar präsentiert sich in einer Kleinplastik aus Keramik als eine Mischfigur von Frau und Kröte (Abb. 78). Der Kopf ist eindeutig menschlich, Rücken und Bauch sind die einer Kröte, während die froschartig angewinkelten Beine nicht eindeutig zu bestimmen sind. Hingegen gehören Gesäßeinschnitt und Vulva deutlich zu einem Frauenkörper. Aus dem gleichen neolithischen Zeitraum dokumentiert Marija Gimbutas eine ganze Reihe ähnlicher Beispiele aus dem Balkan und Böhmen. Abb. 79 zeigt die Gravierung auf dem Grund einer böhmischen Keramikschüssel in schematisierter Manier, auf der die froschartigen Extremitäten gut erkennbar sind. Noch stärker schematisiert ist eine Figur aus der Bükk-Kultur auf einer Tonscherbe aus Ungarn. Diese kreuzartige Konfiguration läßt die Gebärstellung nur noch ahnen (Abb. 80).

Marija Gimbutas erinnert daran, daß die Kröte als Symbol der gebärenden Göttin noch im letzten Jahrhundert auf dem Balkan und in Bayern lebendig war, und zwar an den Wallfahrtsorten der Mutter Maria. Die Kröte figuriert an solchen Orten als Votivgabe zum Dank oder als Fürbitte für eine gute Geburt. Unser Beispiel aus Andechs in Bayern stammt vom Ende des 19. Jahrhunderts (Abb. 81). Die aus Silberblech gearbeitete Votivkröte läßt gut ein menschliches Gesicht erkennen. Das griechische Kreuz oder besser, das Malteserkreuz auf ihrem Rücken könnte ebenfalls auf eine Repräsentation der Göttin hinweisen, wie es sich im zweiten Abschnitt unseres Kapitels noch zeigen wird.

Abb. 79 Gravur auf dem Boden einer Tonschüssel, Kolesovice, Böhmen, Ende 6. Jahrt. v. Chr.

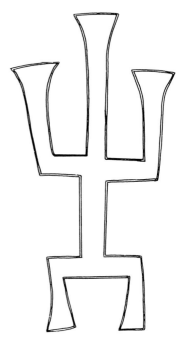

Abb. 80 Gravur auf einer Tonscherbe, Bükk-Kultur, NO Ungarn, Ende 6. Jahrt. v. Chr.

Abb. 81 Votivgabe Kloster Andechs (Bayern), Silberblech, Ende 19. Jahrh.

In der griechischen Kunst sind Darstellungen der gebärenden Göttin äußerst selten. Immerhin sahen wir bereits das Bild der Medusa in Gebärstellung, die sich auf zwei Löwinnen stützt (oben Abb. 44). Wenn wir das Bronzerelief aus Perugia noch einmal betrachten, so können wir auch die beiden Tierfiguren am rechten Bildrand in einen Symbolzusammenhang bringen. Der Kranich unten ist ein schon aus Kreta bekanntes Symboltier der Muttergöttin, während uns das Seepferdchen oder besser der Seedrache oben an eine der matrizentrischen Mischgestalten erinnert, von denen Sphingen und Greifen die geläufigsten sind. Die Verbindung von Löwe und Seedrache fanden wir bereits bei der Gorgo/Medusa auf dem Waffenschild aus Olympia (Abb. 62).

Auf Abb. 44 handelt es sich um die Verbindung von Seedrache und Pferd, über deren mythologische Bedeutung wir nur wenig wissen. Jedenfalls aber läßt sich sagen, daß Medusa ursprünglich eine Große Göttin war, bevor sie in der klassischen Sage zu einem dämonischen Ungeheuer herabsank, dem Perseus, der Held und Halbgott, den Kopf abschlug. Dessen ungeachtet blieb im Volksbrauchtum das Medusenhaupt bis in die Spätantike ein sakrales Motiv. Mit seinen weit aufgerissenen Augen und dem Zunge zeigenden Mund galt das sogenannte Gorgoneion als ein apotropäisches Zeichen, das auf Wänden und Gebrauchsgegenständen den häuslichen Frieden schützen sollte. Nicht von ungefähr gehört das Bild der Gorgo/Medusa unseres Bronzereliefs zur Stirnseite eines Streitwagens, wo es gegen die Feinde gerichtet ist.

Abb. 82 Gebärende Göttin, von zwei Ziegen flankiert. Bronzener Nadelkopf aus Luristan (Iran), Grabbeilage, ca. 700 v. Chr.

Noch einmal sehen wir die gebärende Göttin auf Abb. 82, diesmal von zwei Wildziegen flankiert, auf einem bronzenen Nadelkopf aus Luristan (Iran) ca. 700 v. Chr. Hier sind die Arme nicht nach oben abgewinkelt oder seitlich abgestützt, sondern werden an die beiden Brüste geführt, während zwischen den gespreizten Beinen ein Menschenkopf hervortritt.

Ein Sprung in den Fernen Osten führt uns nach China zur Göttin des Westens, Hsi-wang-mu. Sie hat vieles mit der griechischen Gorgo/Medusa gemeinsam und wird als Zauberin mit wildem Haar beschrieben. Sie ist aber auch die Göttin der Liebe, an deren Wohnsitz im Westgebirge die Könige der chinesischen Frühzeit mit ihr die Heilige Hochzeit feiern.[10]

Auf einer sakralen Bronzetrommel der Shangzeit (ca. 1500 v. Chr.) taucht das Bild einer geheimnisvollen Frauengestalt auf, die mit den weit aufgerissenen Augen und dem wirren Haar an die literarischen Schilderungen der Hsi-wang-mu erinnert. Auf der Abb. 83 erkennen wir die angewinkelten Arme und Beine der Gebärstellung, die hier mit den typischen, rechtwinkeligen chinesischen Ornamenten beinahe verschmelzen. Diese Darstellung ist in der chinesischen Sakralkunst einmalig, doch ist ein anderes Motiv sehr häufig anzutreffen, das sogenannte t'ao-t'ieh, das bisher immer als Tierdämon verstanden wurde. Meist erscheint nur der Kopf dieses ornamental stilisierten Dämons, doch gibt es vereinzelt auch Ganzdarstellungen, die ihn in Gebärstellung zeigen (Abb. 84). Dabei könnte es sich um eine Parallele zum griechischen Gorgoneion handeln, das heißt um eine apotropäische Maske, hinter der sich die Göttin Hsi-wang-mu als Herrin über Leben und Tod verbirgt. Demnach hätten wir in beiden Fällen das »Kürzel« einer Schutzgöttin vor uns, das sich in erster Linie auf den bannenden Blick konzentriert.

Abb. 83 Bronzetrommel mit weiblicher Gestalt, Shangzeit (1500–1100 v. Chr.)

Abb. 84 T'ao-t'ieh, häufiges Motiv der Shangzeit und späterer chinesischer Kunstepochen. Ornament auf einem Sakralgefäß aus Marmor

Ein flaches Steinrelief aus der Han-Zeit (Abb. 85) bringt die Göttin des Westens noch einmal in einen Zusammenhang mit der Gebärstellung. Im oberen Teil thront Hsi-wang-mu hier als höfisch-damenhafte Erscheinung über dem Westgebirge K'un-lun, das im mittleren Teil abgebildet ist. Ganz unten sehen wir eine Schildkröte, die in der chinesischen Mythologie als heiliges Tier gilt und deren Panzer oft mit dem Westgebirge gleichgesetzt wird. Das Gesicht der Kröte, das sie dem Betrachter zuwendet, trägt deutlich menschliche Züge, und ihr Leib zeigt die Gebärstellung.

Auch im vorkolumbischen Süd- und Mittelamerika begegnet uns die gleiche ikonographische Darstellung der Muttergottheit. Abb. 86 zeigt die Erdgöttin Tlazolteotl als Gottesgebärerin auf einem aztekischen Codex. Wahrscheinlich noch älter sind Beispiele aus der El-dorado-Kultur in Kolumbien. Als Motiv auf den Golddiademen und Pektoralen erscheint die Göttin in vielfacher Art in Gebärstellung, auf Abb. 87 in stark schematisierter Form. Die sakrale Keramik im vorkolumbianischen Bolivien, in Kolumbien und Ecuador, die ganz im Zeichen matrizentrischer Symbolik steht, kennt im übrigen auch das Krötenmotiv.[11]

Was den indischen Kontinent angeht, so hat sich dort die vorbrahmanische Religiosität in der hinduistischen und tantristischen Glaubenswelt bis zur Gegenwart erhalten. Mit buddhistischen Vorstellungen vermischt, unterliegt das matrizentrische Erbe zwar einer gewissen Abstraktion, doch kommt der Geburtsvorgang immerhin noch zur Darstellung. Auf Abb. 88 sehen wir die Plastik einer südindischen Göttin aus dem 19. Jahrhundert. Die Schlange, die aus ihrem Schoß hervortritt, soll die schöpferische Energie symbolisieren. Das Beispiel ist nicht nur deshalb interessant, weil hier immer noch eine göttliche Tiergeburt anklingt, sondern auch, weil es ein Licht auf die vielzitierte Yoni-Lingam-Symbolik werfen könnte. Bekanntlich wird die indische Darstellung des Phallus (Lingam) auf der lotusblütenähnlichen Vulva (Yoni) stets als Sinnbild der kreativen Vereinigung zwischen männlichem und weiblichem Prinzip interpretiert. Genaugenommen, das heißt, wenn wir deuten, was wir wirklich sehen, wächst auch dort der Phallus aus der Vulva hervor und wird somit aus dem mütterlichen Urschoß geboren und zeigt sich nicht in der Position der geschlechtlichen Vereinigung.

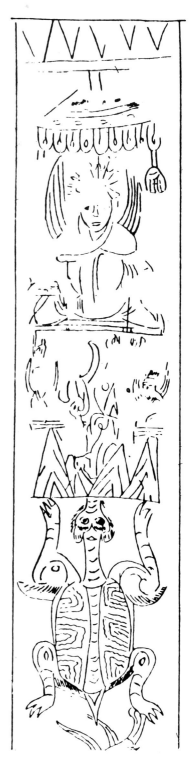

Abb. 85 Ausschnitt aus einer Steinabreibung von einem Grab der Han-Zeit (ca. 200 v. – 200 n. Chr.).

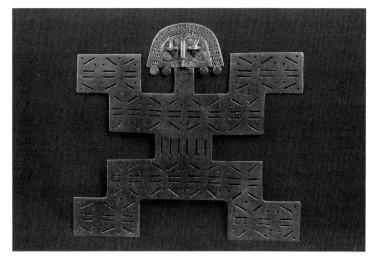

Abb. 87 Präkolumbischer Goldschmuck aus Tolima, 25 x 23 cm

Abb. 88 Südindische Göttin, die schöpferische Energie in Form einer Schlange gebärend. Plastik des 19. Jahrh.

Abb. 86 Mexikanische Erdgöttin Tlazolteotl, einen Gott gebärend. Aztekischer Codex

Diese Beispiele mögen genügen, um festzustellen, daß wir über alle Kontinente hinweg ähnliche Bildkompositionen antreffen. Dabei scheint es müßig, darüber zu streiten, ob solche Übereinstimmungen durch Diffusion, also durch gegenseitige kulturelle Beeinflussung, zustande kamen, oder ob sie unabhängig voneinander an verschiedenen Orten und zu verschiedenen Zeiten entstanden sind. Jedenfalls werden innerhalb eines bestimmten Gesamtweltbildes, wie es die matrizentrische oder die patriarchale Weltsicht darstellen, auch ähnliche mythische Vorstellungen entwickelt.

Abb. 89 »Kanaga«-Figur auf Hirsespeicher der Dogon, Mali, Westafrika

Abb. 90 »Auferstehungstanz« der Dogon in Mali/Westafrika mit Kanaga-Kopfmasken (siehe Farbtafel VII)

Wenn wir unseren Blick nun noch einmal nach Afrika wenden, so finden wir in der Sakralkunst dieses Kontinents eine ganze Reihe von Symbolformen wieder, die uns bisher begegnet sind, und wir kommen dabei auch der Verbindung zwischen Gebärstellung und doppelarmigem Kreuz einen Schritt näher. Die folgenden Bilddokumente sind u. a. deshalb wertvoll, weil sie noch heute einen lebendigen Symbolwert besitzen und zum Teil im Zusammenhang mit religiösen Ritualen stehen. Abb. 89 zeigt die »Kanaga«-Figur der Dogon in Mali und Obervolta auf einem ihrer großen Getreidespeicher (im Bild rechts außen), und auf Abb. 90, Farbtafel VII, sehen wir die gleiche Figur in Form von Kanaga-Masken, die zu den bekanntesten Kopfmasken ganz Westafrikas gehören. Solche Kopfaufsätze, wie sie die jungen Männer für ihre Initiation aus Holz anfertigen, sind bis in die Gegenwart Teil der hochdifferenzierten Begräbnisrituale der Dogon. Die Farbtafel gibt ein solches Zeremoniell wieder, bei dem die vornehmen Männer einen Tanz aufführen, den sie selbst als Auferstehungstanz begreifen. Unter den Kanaga-Masken tragen sie rote Kostüme, die an den ersten mythologisch überlieferten Auferstehungstanz erinnern. Als erster soll ihn der mythische Fuchs getanzt haben, angetan mit dem roten, von Menstrualblut getränkten Faserkleid seiner göttlichen Mut-

Farbtafel VII

Farbtafel VIII

ter, das er ihr gestohlen hatte. Dabei seien die Schöpferworte aus dem göttlichen Kleid auf die Erde gefallen.[12]

Hier haben wir es mit Sicherheit mit einem matrizentrischen Basismythos zu tun, der mit einem typisch patriarchalen Ablösungsmythos verknüpft ist. Das Motiv des göttlichen Diebes, der die weibliche Kreativität an sich reißt, durchzieht wie ein roter Faden die Mythenwelt der Dogon. Wenn wir die Tatsache hinzunehmen, daß auf der Vorderseite der von den Männern getragenen Kostüme große schwarze Brüste aufgenäht sind, so legt dies die Annahme nahe, ursprünglich seien Priesterinnen stellvertretend für die Göttin darin aufgetreten. Noch heute denken die Tanzenden jedenfalls, daß ihre Schweißtropfen die herausfallenden Schöpferworte – der vergessenen Göttin – symbolisieren.

Der mythische Hintergrund des Rituals bestätigt die Interpretation der dazugehörigen Kopfmaske als ein Fruchtbarkeitssymbol, als das es die Dogon selbst verstehen, wenn sie auch keine präzise Vorstellung von dessen Herkunft und Bedeutung haben. Die Kanaga-Figur soll gleichzeitig eine menschliche Gestalt und eine Echse (Eidechse oder Krokodil) darstellen, andere sagen, einen Vogel, und wieder andere interpretieren sie als die Hand des Gottes Amma. Diese Unsicherheit beruht zum einen darauf, daß die Dogon ihr wichtigstes Kultsymbol von einem vergessenen Volk übernahmen, das vor ihnen das Land besiedelte. Als sie vor ein paar hundert Jahren in das felsige Land zwischen Mali und Obervolta einwanderten, fanden sie das Kanaga-Zeichen zu Hunderten in Felsnischen eingeritzt, wobei die Längsachse der Figur oft als echsenartiger Tierleib gebildet ist. In dieser Form finden wir sie auch bei den heutigen Dogon, besonders auf ihren Knochenschreinen und Ahnentrögen.

Auf Abb. 91 sehen wir einen Ahnentrog mit der geheimnisvollen Echse zwischen je drei Regengöttinnen, die ihrerseits für Fruchtbarkeit und Regeneration stehen. Auffallend dabei sind die rechtwinkligen Extremitäten, die eher an menschliche Arme und Beine als an diejenigen eines Reptils erinnern. Abb. 92 zeigt die gleiche, dickleibige Echsenfigur an der Haustüre eines Magiers. Der Fisch im Maul des mythischen Tieres deutet möglicherweise den Todesaspekt des Verschlingens an, und dies wäre eine Parallele zur mythischen Gestalt der altägyptischen Geburts- und Todesgöttin Toeris/Tahurt, die, wie wir auf Abb. 16 sahen, als Mischwesen mit Krokodilskopf, Nilpferdleib und Löwentatzen vorgestellt wird. Auch sie trägt menschliche Arme und Brüste auf ihrem schwangeren Tierleib.

Abb. 91 Ahnentrog der Dogon mit Kanaga-Zeichen zwischen Regengöttinnen

Nachdem wir aus arabischen Quellen wissen, daß es schon früh rege Beziehungen zwischen Ägypten und Zentral- und Westafrika gab, sind solche ikonographischen Ähnlichkeiten wahrscheinlich nicht zufällig. Es liegt nahe, auch in der ursprünglichen Kanaga-Figur ein weiblich-mythisches Mischwesen zu sehen, das die Aspekte von Geburt, Tod und Wiedergeburt verkörpert. Was die übrigen schon genannten Deutungen betrifft, so wäre zum Vogel zu sagen, daß es in ganz Westafrika eine Fülle von Vogelgestalten gibt, die ihrerseits den Mutter- und Fruchtbarkeitsaspekt symbolisieren wie et-

Abb. 92 Haustür eines Magiers mit Holzrelief in Form einer Echse, Westafrika

wa die riesige Nimba-Maske aus Guinea oder der Kranichgeist der Senufo.[13] Ist die Deutung der Kanaga-Figur als Vogel vom Optischen her eher unwahrscheinlich, so wirkt die Interpretation als Hand des Schöpfergottes vollends konstru-

Abb. 93   Die Meeresgöttin Olokun der Yoruba und Benin in Westafrika, Bronzestatuette, 16. Jahrh.

iert. Da aber die Dogon heute patriarchal organisiert sind, könnten wir darin eine patriarchale Umdeutung ursprünglich matrizentrischer Inhalte erkennen. Sehr oft verraten sich die übergestülpten ideologischen Vostellungen dadurch, daß sie vom Bild her unstimmig sind.

Daß die Kanaga-Maske in Westafrika tatsächlich eine Verbindung mit der Göttin hat, zeigt die Darstellung der Göttin Olokun der Yoruba in Nigeria. Als Meeresgöttin erscheint sie als Mischwesen mit zwei Fischbeinen(schwänzen), die in ihren emporgehobenen Händen Eidechsenfiguren trägt, welche mit dem Kanaga-Motiv nahezu identisch sind (Abb. 93). In Mali und Tschad gibt es eine noch direktere Bestätigung dafür, daß die Dogon recht haben, wenn sie meinen, die Kanaga-Maske stelle gleichzeitig ein Tier und einen Menschen dar. Die sogenannte »djinn«-Maske auf Abb. 94 zeigt in ihren Umrissen die gleiche Konfiguration, nur ist zwischen den erhobenen Armen deutlich ein Menschenkopf zu erkennen und ein zweites, kleineres Gebilde zwischen den angewinkelten Beinen, das man als Kinderkopf interpretieren könnte. Das Wort »djinn« ist arabisch und bedeutet soviel wie Dämon, eine Bezeichnung, welche die islamisierten Araber den mythischen Tiermenschen der Naturreligionen geben. Vielleicht könnte die djinn-Maske auch eine Erklärung für die anthropomorphen Felsbilder liefern, wie sie in Nordafrika und in Italien aus der Jungsteinzeit und Bronzezeit erhalten sind. Auf Abb. 95 sehen wir solche Felsgravuren aus Valcamonica (Provinz Brescia), für die es bis jetzt keine befriedigende Interpretation gab.

Abb. 94 »Femme de djinn«, westafrikanische Maske, einen weiblichen Geist darstellend

Abb. 95 Anthropomorphe Figuren. Felsbild von Naquane, Valcamonica (Prov. Brescia), Bronzezeit

Wenn wir davon ausgehen – und alles spricht dafür –, daß die Kanaga-Figur ein symbolisches Kürzel für die Göttin in Gebärstellung ist, so paßt zu dieser Annahme sehr gut, daß die Dogon sie auch als Schutzzeichen auf ihren großen Hirsespeichern anbringen (Abb. 89). Das erinnert an die uralte Tradition, die lebenswichtigen Vorräte unter den Schutz weiblicher Gottheiten zu stellen, wie dies schon bei neolithischen Siedlungen zu beobachten ist. So fand man die Kleinplastik der gebärenden Göttin von Çatal Hüyük (Abb. 43) in einem Getreidebehälter.

Seine Qualität als Schutzzeichen wäre auch ein plausibler Grund dafür, daß ein doppelarmiges Kreuz unter den vielen apotropäischen Zeichen erscheint, die Athene auf ihrem Schild führt. Abb. 96 gibt ein schwarzfiguriges Vasenbild wieder, das die Göttin zwischen Herakles und Hermes zeigt. Über die Bedeutung der Schildzeichen und ihre mythologischen Hintergründe gibt es in der archäologischen Literatur nur spärliche Auskünfte, und die griechischen Vasenmaler selbst scheinen sich deren Symbolik nicht mehr voll bewußt gewesen zu sein. Bei unserem Bild, das dem Antimenes-Ma-

Abb. 96 Athene mit doppelarmigem Kreuz auf ihrem Schild, Amphore aus Vulci, 520–510 v. Chr.

ler zugeschrieben wird, hat man das Schildzeichen als die Radspeiche eines Maultierkarrens interpretiert, weil es an die exzentrischen Speichenräder erinnert, wie sie auf anderen Vasenbildern vorkommen. Mir scheint diese Deutung nicht nur deshalb zweifelhaft, weil sie im Hinblick auf die göttliche Trägerin allzu banal ist, sondern auch, weil eine »Speiche« ohne Befestigung am Radrahmen ihre Funktion verliert und gar nicht mehr als solche angesprochen werden kann.

Hingegen würde sich die Interpretation als schematisierte Form der Geburtshaltung viel eher in den mythologischen Kontext einfügen, zumal Athene eine vorgriechische Gottheit und ihr häufigstes Schildzeichen das Medusenhaupt ist. Die Medusa in Geburtshaltung haben wir bereits auf einem Streitwagen (Abb. 44), die Medusa als dreileibiges Mischwesen auf einem Schild (Abb. 62) gesehen.

Nach Herodot sollen die Karer die »Erfinder« der Schildzeichen gewesen sein, und dies verweist uns auf die vorgriechische Stammeskultur in Südwestanatolien, auf das Gebiet also, in welchem die schematische Darstellung der Gebärstellung die längste Tradition hat.

Auch die gesamte Bildkomposition unseres Vasenausschnitts, bei der sich Athene nach links zu Herakles wendet, der den Ziegenbock als Symbol der Lebenskraft mit sich führt, während Hermes rechts hinter der Göttin mit dem Hund als dem Totenbegleiter steht, würde die zentrale Präsenz des Wiedergeburtssymbols rechtfertigen.

Den Anstoß dazu, zwischen der schematisierten Form der Gebärstellung und der doppel»armigen« Form des christlichen Kreuzes eine Verbindung herzustellen, gab mir eine scheinbar nebensächliche Bemerkung französischer Ethnologen. Sie bezeichneten die geheimnisvolle Dogonmaske als »eine Art Lothringerkreuz«, weil deren Form sie spontan an das ihnen vertraute Kreuz mit zwei Querbalken erinnerte. War diese Assoziation auch nur rein äußerlich gemeint, so schien mir eine auch innere Verbindung zwischen beiden Symbolen nicht unmöglich zu sein. Dies um so mehr, als sich das doppel»armige« oder doppel»schenklige« Kreuz aus der christlichen Ikonographie gar nicht herleiten läßt. Wenn wir der Frage nachgehen, woher und zu welchem Zeitpunkt die christliche Ikonographie das Doppelkreuz übernahm, so führt uns die Spur in den südosteuropäischen und kleinasiatischen Raum. In vorchristlicher Zeit finden wir dort auf antiken Mosaikböden, an Türen und Medaillons Kreuzzeichen verschiedener Art, die offensichtlich als apotropäische Zeichen angebracht wurden.[14] Sehr viel früher treten unter den südrussischen Petroglyphen aus dem Neolithikum und der Bronzezeit sowohl einfache als auch doppelarmige Kreuze auf. Abb. 97 zeigt in der unteren Reihe neben einfachen Kreuzen solche mit zwei und drei Querstrichen, ganz rechts auch die Figuration der erhobenen Arme und der Gebärstellung.

Aus der Kirchengeschichte ist bekannt, daß sich die ersten Kirchenväter, besonders Tertullian(160–225) energisch gegen die Praxis junger Christengemeinden verwahrten, den vorchristlichen Kreuzzeichen eine abergläubische Beachtung zu schenken: Christen sollten sich hüten, solche Symbole zu vergötzen wie römische Feldzeichen.[15] Seit dem Ende des vierten und im Laufe des fünften Jahrhunderts änderte die Kirche dann allerdings ihre Haltung gegenüber den vielfältigen religiösen Traditionen im Umkreis der neuen Christengemeinden. Die Ausübung anderer Religionen war zwar, seit Konstantin und Theodosius das Christentum zur Staatsreligion erhoben hatten, offiziell verboten, doch mußte die Kirche bald erkennen, daß die uralten sakralen Symbole nicht auszurotten waren. Sie schlug deshalb den Weg ein, der von da an die christliche Missionstätigkeit in allen Weltgegenden kennzeichnete, nämlich vorgefundene Vorstellungen in die eigene Lehre zu integrieren. Dazu kommt, daß sich die schnell wachsende Kirche bald gezwungen sah, ihre Organisation auszubauen und u. a. Oberbischöfe zu ernennen, zunächst die fünf Patriarchen von Rom, Konstantinopel, Alexandria, Antiochia und Jerusalem. In diesem Zusammenhang erhält das Kreuz mit zwei Querbalken zum erstenmal seinen offiziellen Platz in der Kirche, indem es den Oberbischöfen zum Zeichen ihrer Würde als sogenanntes »Patriarchenkreuz« verliehen wurde. Gleichzeitig scheint es aber mit der Identität der griechisch-anatolischen Kirche verbunden gewesen zu sein, aus der später die griechisch-orthodoxe bzw. die russische Kirche hervorgingen. Dies kann uns nicht überraschen, wenn wir bedenken, daß Anatolien seit Çatal Hüyük die älteste Tradition für dieses sakrale Symbol besaß. Möglicherweise, um es vom Patriarchenkreuz zu unterscheiden, wurde das griechisch-anatolische bzw. orthodoxe Kreuz mit einem schräggestellten kurzen Balken am unteren Teil des Längsbalkens versehen (Abb. 98). Jedenfalls weiß bis heute niemand so recht, woher dieser zusätzliche Balken kommt. Seine Deutung als Fußbrett bleibt wegen seiner Schrägstellung höchst unbefriedigend.

Daß die Kirchenorganisation mit dem heiligsten Zeichen der Christenheit recht bürokratisch verfuhr, geht schon daraus

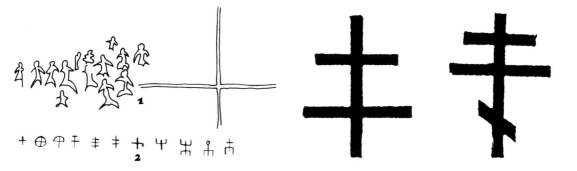

Abb. 97 obere Reihe: Felszeichnungen aus Norwegen, anthropomorphe Figuren und kosmisches Kreuz
untere Reihe: Südrussische Petroglyphen mit verschiedenen Kreuzzeichen, Neolithikum

Abb. 98 Patriarchenkreuz oder Lothringerkreuz und orthodoxes Kreuz

hervor, daß sie das Kreuz mit drei Querbalken zum Papstkreuz erklärte, was ganz nach formalhierarchischer Abstufung aussieht. (Auch dieses »Papstkreuz« findet sich unter den südrussischen Petroglyphen, doch steht es dort vermutlich für das Symbol des Lebensbaumes.) Von diesem Gesichtspunkt aus konnte das »Fußbrett« gar nicht horizontal gestellt werden, weil es dann mit dem dreifachen Papstkreuz hätte verwechselt werden können.

Im übrigen faßt die christliche Überlieferung den oberen Querbalken des doppelarmigen Kreuzes als »titulus« auf, das heißt als Inschrifttafel auf Golgatha. Diese Auffassung bildet allerdings einen Widerspruch zu seinem lateinischen Namen, der »crux gemina«, also »Zwillingskreuz« lautet. Von daher sollten die beiden Querbalken gleich oder zumindest ähnlich lang sein.[16]

Diese verwirrenden Erklärungen können dann nicht überraschen, wenn wir davon ausgehen, daß die ursprüngliche Bedeutung dieses Zeichens tatsächlich mit dem matriarchalen Symbol der Göttin in Gebärstellung korrespondiert, was aber vermutlich schon in vorchristlicher Zeit »vergessen« bzw. von der patriarchalen Ideologie tabuisiert worden war. Wie aber so oft in der patriarchalen Kulturgeschichte und im besonderen in der Geschichte der Christianisierung trotz strengster Tabuisierung die ursprünglichen Bedeutungen bruchstückhaft erhalten geblieben sind – sei es im Volksbrauchtum oder in nicht orthodoxen Bewegungen –, so gibt es auch in unserem symbolgeschichtlichen Zusammenhang Hinweise auf solche Bruchstücke.

Eine als solche bis jetzt kaum wahrgenommene »Bildbrücke« stellen die sogenannten »Steckkreuze« aus dem Mittelalter dar, die man zufällig bei Grabungen an römischen Ruinen fand, genauer an römischen Kultstätten, an denen die verschiedensten Religionsausübungen der Spätantike in synkretistischer Weise ihren Niederschlag fanden. »Steckkreuze«

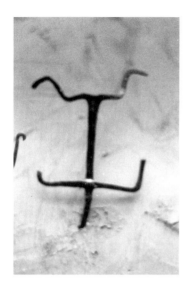

Abb. 99 Sog. »Steckkreuz« aus mittelalterlichen römischen Ruinen

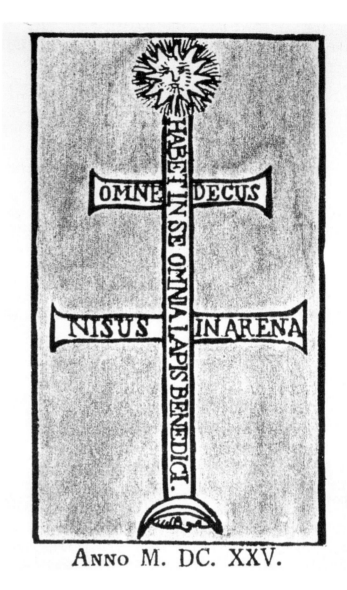

Abb. 100 Doppelarmiges Kreuz der Rosenkreuzer von 1625

sind anspruchslose Gegenstände aus Bandeisen in verschiedenen Kreuz- und anderen Symbolformen, unten zugespitzt, um sie in den Boden stecken zu können. Sie gehören in den Umkreis des Votivbrauchtums, das die römischen Besatzungssoldaten aus allen Gegenden des Reiches in die besetzten Provinzen mitbrachten. Im übrigen war das »Kreuzlstecken« in Süddeutschland noch bis ins letzte Jahrhundert ein in der Volksfrömmigkeit geübter Brauch.[17]

Wenn wir uns die Formen der mittelalterlichen Steckkreuze ansehen, so fallen neben den vertrauten, für unsere Begriffe christlichen Kreuzen andere Formen auf, für die wir keine Erklärung haben. Unter der Sammlung des Prähistorischen Museums in München findet sich auch ein merkwürdiges Kreuz mit zwei Querbalken, das in der Art, wie seine »Arme« abgewinkelt sind, ganz an die schematische Darstellung der Göttin in Gebärstellung erinnert (Abb. 99).

Tatsächlich erhält die Gestalt unseres Doppelkreuzes erst dann einen plausiblen ikonographischen Sinn, wenn wir das zweite Balkenpaar als ausgebreitete Beine verstehen. Eine optisch nicht mehr bewußte, aber immerhin in einem Sprachbild erhaltene Erinnerung an die Gebärstellung könnte sich in dem Ausdruck »Kreuzschenkel« konserviert haben, der neben der Bezeichnung »Kreuzarme« durchaus noch gebräuchlich ist. Wie vom zwei- oder doppelschenkligen Kreuz sprechen wir auch von den »Schenkeln« des Dreiecks, während niemals von den Schenkeln eines Vierecks oder einer anderen geradlinigen Figur die Rede ist. Nachdem aber gerade das Dreieck die Figur darstellt, die für den weiblichen Schoß oder das Schenkel-Gesäßdreieck steht und damit die weibliche Kreativität symbolisiert, ist es vielleicht kein Zufall, daß wir das gleiche Sprachbild für das Kreuz benutzen.

Einen anderen Hinweis darauf, daß der matriarchale Symbolgehalt zwar nicht mehr rational, wohl aber emotional in der christlichen Tradition weiterwirkte, könnte die Tatsache geben, daß sich die Gesellschaft der Rosenkreuzer, die der Alchemie und Theosophie nahestand, das Patriarchenkreuz zu einem ihrer Geheimzeichen wählte. Abb. 100, die eine Darstellung von 1625 wiedergibt, zeigt es in einer Form, die seinen kosmischen Zusammenhang betont. Ausgespannt zwischen Sonne und Mond, trägt es auf den Balken eine dunkle Inschrift, die frei übersetzt lautet: »Alles hat der gebenedeite Stein in sich« – »Alle Schönheit liegt im Sand«. Hier wird auf den alchemistischen Stein der Weisen angespielt, der das vollkommene Sein, auch die Schönheit in sich vereinigt.[18] Wenn wir bedenken, daß im christlichen Sprachgebrauch auch die Jungfrau Maria »gebenedeit« genannt wird und daß sich diese Huldigung auf ihren gesegneten Leib bezieht, so ist es wohl nicht zu weit hergeholt, im Doppelkreuz der Rosenkreuzer einen androgynen Aspekt zu sehen, der die weibliche Kreativität mit einbezieht. Dies liegt schon deshalb nahe, weil das eigentliche Wahrzeichen, das dem Geheimorden seinen Namen gab, eine Verbindung von Kreuz und Rose darstellt.

Eine solche »emotionale Erinnerung« war möglicherweise auch in der frühchristlichen Meinung enthalten, die Kreuzform mit zwei Querbalken sei das »wahre Kreuz«, für das es auch Hildegard von Bingen noch hält.¹⁹

In diesem Zusammenhang interessieren zwei literarische Zeugnisse aus der frühen Kirche, ein syrischer und ein armenischer Hymnus, die am Fest der Auferstehung das Kreuz besingen. Der des syrischen Chorbischofs Baläus von Beröa aus dem 5. Jahrhundert sagt von Christus, daß er seine Herde »unter den Fittichen seines Kreuzes« behüte, der armenische Text spricht von den »vier Flügeln des Kreuzes«. Beide Vorstellungen greifen auf das alttestamentarische Bild zurück, in dem Gott mit der Henne verglichen wird, die ihre schützenden Fittiche über ihre Küchlein hält. Wenn dieses zweifellos weibliche Bild von der Gottheit mit der Figur des Kreuzes in Verbindung gebracht wird und dabei von vier Flügeln die Rede ist, so spielt dies möglicherweise auf das Kreuz mit zwei Balkenpaaren an, das im damaligen Armenien präsent war.²⁰

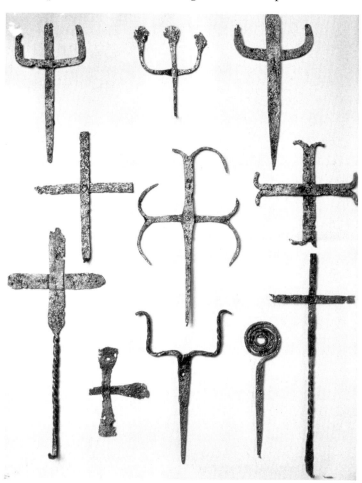

Abb. 101 »Steckkreuze« in verschiedenen Formen, dünnes Bandeisen, frühes Mittelalter, aus römischen Ruinen

Natürlich müssen hier eine Reihe symbolgeschichtlicher Fragen offenbleiben, doch erhält die Gestalt des Doppelkreuzes tatsächlich ihren plausibelsten ikonographischen Sinn, wenn wir das zweite Balkenpaar als ausgebreitete Beine verstehen. Ein solches Verständnis würde dem Zeichen des Kreuzes den uralten Symbolgehalt des Lebens und der Wiedergeburt zurückgeben, wie er in der matrizentrischen Weltsicht tief verwurzelt war, und zwar im Sinne des kosmischen Mysteriums von Werden, Vergehen und kreativem Neubeginn.

2. Die Göttin mit erhobenen Armen

In den vielfältigen Ausgestaltungen der Steckkreuze werden noch eine Reihe anderer Präsentationsformen der Göttin tradiert, die wir im folgenden näher betrachten.

Abb. 102   Statuetten weiblicher Figuren mit erhobenen Armen, Terrakotta, prädynastisches Ägypten

Abb. 101 zeigt eine weitere Auswahl solcher Kreuze, bei der wir in der ersten Reihe oben und in der Mitte unten die Psi-Form erkennen. Diese Haltung ist von vielen Statuetten aus der Jungsteinzeit bekannt, unter anderem von den vordynastischen Terrakottafiguren aus Ägypten (ca. 3000 v. Chr.). Hier sehen wir die Arme in abgerundeter Stellung, was sich auf altägyptischen Vasenmalereien wiederholt (Abb. 102). Eineinhalbtausend Jahre später verkörpert Isis die Stellung mit erhobenen Armen. Hier sind die Arme leicht angewinkelt und die Handflächen nach außen gekehrt (Abb. 103).

Die geistige Bedeutung dieses Gestus verrät uns – jedenfalls für den ägyptischen Raum – die Hieroglyphe für »Ka« (Abb. 104), welche die erhobenen Arme in mehreren Varianten wiedergibt. Der ägyptische Begriff »Ka« beschreibt eine

Abb. 103   Isis in sog. »Ka«-Stellung. Flachrelief am Grab des Thutmosis IV. in Theben (1422–13 v. Chr.)

Abb. 104   Ägyptische Hieroglyphen für den Begriff »Ka«

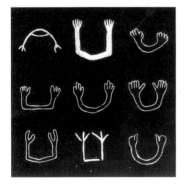

unpersönliche göttliche Kraft, ein allumfassendes kosmisches Fluidum, das sich in allen Wesen ausdrücken kann, und ist insofern dem chinesischen Tao verwandt.[21] Im Verständnis der alten Religionen ist das Heilige oder Numinose gleichbedeutend mit kosmischer Kraft, die alle Wesen lebendig erhält. Im höchsten Maß verkörpert die Große Göttin diese Kraft, die sie auf unserem Beispiel mit dem weit ausgreifenden »Ka«-Gestus an alle Geschöpfe, und im besonderen an den König, weitergibt. Deshalb lautet ein stehendes Gebet für den altägyptischen König: »Hathor (Isis) schenke ihm Leben«.[22] Aber nicht nur die Senderin, auch Empfänger und Empfängerinnen der göttlichen Lebenskraft nehmen als Gläubige eine ähnliche Haltung ein, weshalb sie oft auch als »Adorantenhaltung« bezeichnet wird. Die erhobenen Arme bedeuten dann das Gebet um die Herabkunft des Göttlichen. Auch im ägäischen Raum hat der Gestus der erhobenen Arme eine lange Tradition. Abb. 105 zeigt eine mykenische Tonfigur (ca. 1300–1100 v. Chr.), die in ihrer archaischen Form ganz an die Idole der Vorzeitgöttin erinnert. So das vogelartige Gesicht mit der polosartigen Kopfbedeckung und die wellenförmige Bemalung, die sie als Regengöttin kennzeichnet. Durch die Bekleidung wirken die emporgehobenen Arme wie Flügel.

Im Hinblick auf die mykenisch-kretische Kultur bezeichnen die Kunsthistoriker/innen den Psi-Gestus auch als »Epiphanie«-Gestus, also als (Wieder-)Erscheinungshaltung, weil auf Siegelbildern die Frühlingsgöttin Kore in dieser Haltung aus der Erde emporsteigt. Abb. 106 zeigt einen Siegeldruck aus Böotien. Hier trägt die jugendliche Göttin den typisch kretischen Stufenrock und hält in der Linken drei Mohnkapseln, jene Früchte, aus denen das betäubende Opium gewonnen wird und die sie als Göttin der ekstatischen Liebe ebenso kennzeichnen wie als die Göttin des Todesschlafs, in deren Eigenschaft sie ihren zweiten Namen Persephone trägt. Die männliche Gestalt, die sich vor Kore verneigt und ihre zur Grußgeste emporgehobene Rechte ergreift, ist vermutlich Hermes. Die beiden Pflanzenmotive neben der Frühlingsgöttin weisen auf die Wiedergeburt der Erde in ihren Frühlingsblumen hin, ja Kore selbst ist diese Blüte, wie die stilistische Analogie zwischen gestreiftem Rock und gestreiften Blättern es andeutet.[23] Auf anderen kretischen und mykenischen Siegelbildern sehen wir den »Epiphanie«-Gestus sowohl bei der jungen, wiedererscheinenden Göttin als auch bei Göttinnen und Priesterinnen, die dieses Erscheinen erwarten und begrüßen.

Abb. 105 Sogenanntes Psi-Idol, Ton, 10,5 cm, mykenisch, 1300–1100 v. Chr.

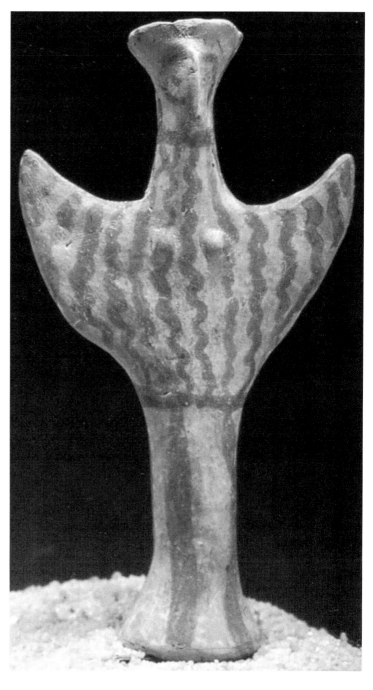

Sehr bekannt wurden die dorischen Statuetten der Kore, deren Kopf hier von Tauben und Mondhörnern (Abb. 107), an anderen Beispielen von Mohnkapseln bekrönt ist. Es handelt sich dabei allerdings um die etwas ungelenken Reproduktio-

Abb. 106 Die Auferstehung der Kore, Siegelabdruck aus Böotien, mykenische Periode

Abb. 107 Statuette der Kore. Kreta, Nachpalastzeit. Dorische Arbeit aus rohem Ton, um 1100 v. Chr.

Abb. 109 Weibliche Figur mit erhobenen Armen, Bronze, Höhe 8 cm, Fundstück von der Parzin-Alm, Tirol, 750–400 v. Chr.

nen aus der Zeit der dorischen Fremdherrschaft, die in ihrer künstlerischen Qualität weit hinter den Skulpturen der kretischen Blütezeit zurückbleiben. Dies zeigt ein Vergleich mit den berühmten Fayencefiguren der beiden »Schlangengöttinnen« aus der jüngeren Palastzeit von Knossos, die wir schon kennen (siehe S. 29). Die auf der Abb. 15 links stehende Figur, die als die Tochtergottheit etwas kleiner und schmäler ist, hält im typischen »Epiphanie«-Gestus die Arme abgewinkelt nach oben, zwei kleine Schlangen in beiden Händen. Gerade diese Figur läßt uns aber an ihrer majestätischen Haltung erkennen, daß die Armhaltung der jugendlichen Göttin nicht nur als Begrüßungsgestus zu interpretieren ist, sondern in Parallele zum Ka-Gestus der Isis gesehen werden muß. Die Schlangen als Symbole des Lebens in ihren Händen bezeugen die kosmische Wirkkraft der Göttin.

Wie lange die Göttinnen des Mittelmeerraums in ihrer Haltung mit emporgehobenen Armen verehrt wurden, können wir an den Gußformen aus Zypern ablesen, die aus dem 6. Jahrh. v. Chr. stammen. Diese sehr einfachen Tonformen dienten dazu, die zu Hunderten aufgefundenen Votivfiguren herzustellen, welche die Gläubigen auf der Insel der Aphrodite als Opfergaben niederlegten (Abb. 108). Sie fanden sich sowohl an den Kultstätten der Göttin als auch als Grabbeilagen, wo die Statuetten die Toten begleiten sollten.[24] Aus solchen Vorbildern sind wahrscheinlich auch die noch viel einfacheren Votivgaben der Steckkreuze hervorgegangen, wie wir sie oben auf Abb. 101 sehen. Das mittlere der oberen Reihe scheint Kopf und Hände der Göttin noch anzudeuten.

Abb. 108 Gußformen aus Ton zur Herstellung von Votivfiguren, Zypern 8./7. Jahrh. v. Chr., Höhe 22 cm

Wieder beschränkt sich das Motiv der Göttin mit erhobenen Armen nicht auf den Mittelmeerraum. Es begegnet uns auf den indianischen Felszeichnungen ebenso wie unter den gut belegten Felsbildern unserer Alpen. Ein eindrucksvolles Beispiel liefert die kleine Bronzestatuette von der Parzin-Alm in den Tiroler Bergen aus der Zeit zwischen dem 7. und 4. Jahrh. v. Chr. (Abb. 109). Mit ihrem bekrönten Kopf und den kosmischen Zeichen auf der Brust, die sich in identischer Form auf sogenannten Schalensteinen wiederholen, können wir in ihr eine Vorgängerin der großen Rehtia oder Rätia sehen, die der römischen Alpenprovinz ihren Namen gab.

In christlicher Zeit hat dann die Ostkirche in ihren Mariendarstellungen die uralte Hoheitsgeste der Göttin übernommen. Sie wird zu einem eigentlichen Madonnentypus der byzantinischen Kunst, den wir im mittelalterlichen Zypern ebenso finden wie im kleinasiatischen und südrussischen Raum. Die Abb. 110 zeigt das Apsismosaik aus der Sophienkathedrale von Kiew aus dem Jahr 1032. Hier tritt uns Maria nicht nur als die Gottesgebärerin – die theotokos – entgegen, sondern auch als die Sophia, was ja der Kathedrale ihren Namen gegeben hat. Als Maria Sophia, als »Göttin« der Weisheit vermittelt sie den Geist der Liebe, so wie sie als Muttergottes das göttliche Leben vermittelt.[25]

Zwischen diesem herrlichen Mosaik und dem ebenso eindrucksvollen Isisbildnis (siehe Abb. 103) liegt ein Zeitraum von rund zweieinhalbtausend Jahren. Und doch stehen die beiden Frauengestalten wie Schwestern nebeneinander: die göttliche Isis, aus deren Ka-Stellung die Wirkkraft des Seins entströmt, und in der gleichen Haltung Maria Sophia, die den Geist der Liebe auf die Menschen herabruft.

Das russische Mosaik zeigt uns aber noch eine Reihe von Details, die ikonographisch aufschlußreich sind. An sechs Stellen ihres Körpers ist die Mariengestalt mit kleinen gleichschenkligen (sogenannten griechischen) Kreuzen gekennzeichnet: Das erste Kreuzzeichen erscheint über der Stirn auf dem Schleiertuch, dann je eines auf beiden Brüsten und auf dem Ärmelsaum unter den erhobenen Händen. Das sechste befindet sich auf einem kleinen Tuch, das, wie zu einem »heiligen Knoten« gefaltet, in ihrem Gürtel hängt.

Das Stirnkreuz, das 1500 Jahre früher schon die Statue der Artemis von Ephesos trug, deutet wahrscheinlich auf den Besitz geistig-kosmischer Kraft hin, wie sie der Sophia zukommt. Die Kreuze auf den Brüsten betonen ihre nährende Kraft, wobei die Milch der Maria Sophia die göttliche Weisheit ist. Diese Bedeutung geht aus anderen mittelalterlichen

Abb. 110 Madonna aus dem Apsismosaik der Sophienkathedrale in Kiew, 1032 (siehe Farbtafel VIII IX)

Darstellungen hervor, welche auf sehr realistische Art Gelehrte und Könige an den Brüsten Mariens zeigen. Die Kreuze am Ärmelsaum sind ohne weiteres mit den segnenden Händen in Verbindung zu bringen, während das Kreuz auf dem Gürteltuch überrascht. Ist es zu weit hergeholt, wenn ich es mit dem fruchtbaren Schoß Mariens in Zusammenhang bringe? Das Schoßdreieck, das unmittelbar daneben durch den Faltenwurf angedeutet wird, könnte für diese Zusammengehörigkeit sprechen. Auch farblich tritt das Gürteltuch hervor, das mit seinem Weiß die Helligkeit des Gesichts und der Hände wiederholt, was kein Zufall sein kann. Alles in allem tritt uns hier die Sophia viel eher als eine Große Göttin mit allen ihren schöpferischen Potenzen entgegen denn als »Magd des Herrn«.

Wenn wir nun diesen Madonnentypus mit den Christusdarstellungen in der byzantinischen und romanischen Kunst vergleichen, so fällt auf, daß Christus nur höchst selten mit dem alten Hoheitsgestus der hochemporgehaltenen Arme dargestellt wird. Als Christus Pantokrator formt er die Rechte zum Segenszeichen, während er in der Linken die Schrift hält, oder er sitzt in majestätischer Haltung auf einem Thron, die Arme seitlich am Körper leicht angehoben.

Abb. 111   Silexfiguren in Gestalt plastischer Dreiecke und Kreuze, Grabbeilagen, frühes Neolithikum, Fundort bei Molona (Prov. Breonio), Italien

Abb. 112   Sog. Kreuzidol aus Zypern, grüner Steatit, Höhe 6,6 cm, ca. 3000 v. Chr.

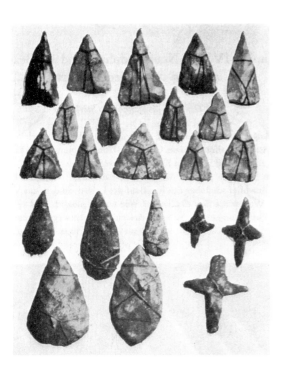

Die Haltung mit waagrecht ausgebreiteten Armen, die wir einerseits vom Kruzifixus her kennen und die uns andererseits von der nazarenischen Kunstrichtung der Spätromantik als die Gestalt des segnenden Welterlösers (mit dem »Herz Jesu« auf der Brust) vertraut ist, hat ebenfalls ihre matrizentrischen Vorläufer, die wieder bis ins Neolithikum zurückreichen. Wir konnten sie bereits an einer Variante der Gebärstellung von Çatal Hüyük beobachten (Abb. 71).

Von den plastischen Kreuzen aus dem Neolithikum, die an verschiedenen Stellen Alteuropas gefunden und wahrscheinlich als Amulette benutzt wurden, war schon die Rede. Abb. 111 zeigt kleine Silexfiguren in Dreiecks- und Kreuzform, die man als Grabbeilagen bei Molona, Provinz Breonio, Italien, fand (Neolithikum). Das Nebeneinander von Dreiecks- und Kreuzform dieser Statuetten läßt auf einen ähnlichen Symbolinhalt schließen; den des Dreiecks kennen wir aus anderen Zusammenhängen, und zwar als schematisiertes Bild für den Leib der Göttin und deren fruchtbaren Schoß. Die naheliegende Vermutung, daß es sich auch bei den plastischen Kreuzen um Präsentationen der Göttin handelt, wird durch die sogenannten »Kreuzidole« aus Zypern bestätigt. Abb. 112 und 113 geben zwei solcher Idole wieder, beide sehr klein (3,2 und 6,6 cm hoch) und aus grünem Steatit gefertigt. Die erste, fein polierte Statuette läßt die Umrisse einer weiblichen Figur deutlich erkennen, während die zweite den Körper noch stärker schematisiert und nur noch die Kopfrundung und den Beineinschnitt hervorhebt. Da diese Figur am oberen Ende eine Durchbohrung aufweist, wurde vermutlich auch sie als Amulett getragen.

An Hand dieser beiden Statuetten ergibt sich die Form des später so genannten lateinischen Kreuzes, das heißt, der Querbalken ist deutlich kürzer als der Längsbalken. Ähnliche Proportionen sehen wir auf einem kreuzförmigen Alabaster-Idol aus Sardinien (Ende 5. Jahrt. v. Chr.), das aber eine andere Armhaltung aufweist, die ebenfalls typisch ist, nämlich die unter die Brust gelegten Arme (Abb. 114).

Auf Abb. 115 sehen wir noch einmal ein Kreuzidol aus Zypern, um 3000 v. Chr., bei dem der Querbalken des Kreuzes eine zweite Figur bildet, die von der stehenden Figur in ihren Armen gehalten wird. Dieser Fund aus der Erimikultur Zyperns scheint mir deshalb bemerkenswert, weil er den weitverbreiteten geschlechtstypologischen Spekulationen entgegentreten könnte, die auch christliche Interpret/innen vertreten. Besonders in China, wo das Kreuz ebenfalls seit dem Neolithikum auftritt, hat man viel später die sexistisch inter-

Abb. 113 Kreuzidol aus Zypern, grüner Steatit, Höhe 3,2 cm. Als Anhänger durchbohrt. Ca. 3000 v. Chr.

Abb. 114 Weibliches Idol aus Alabaster, Höhe 9 cm, aus Sardinien, um 4000 v. Chr.

Abb. 115 Kreuzidol aus Zypern. Sitzende Figur mit quergelegter Figur auf ihren Armen. Höhe 3,9 cm, ca. 3000 v. Chr.

pretierten Yin-Yang-Kategorien auf das Kreuz projiziert. Nach dieser Auffassung symbolisiert der Längsbalken das männliche Geistprinzip, das den Himmel trägt wie eine Säule, während man den Querbalken den passiven Kräften des Weiblichen zuordnet.[26] Somit wäre das Kreuz als die Vereinigung der Gegensätze von Himmel und Erde, Geist und Natur und all den anderen Dualismen zu verstehen, welche die patriarchale Ideologie hervorgebracht hat. Solche Spekulationen haben jedoch mit der ursprünglichen Bedeutung des Kreuzes kaum etwas zu tun. Das vorpatriarchale Weltbild kennt weder die Spaltung zwischen Himmel und Erde noch die einseitige Zuordnung der Geschlechter zum Prinzip des Geistes oder der Natur. Auch alle sexualsymbolischen Interpretationen, wonach die Senkrechte phallisch gedeutet und die Waagrechte mit dem Passiv-Weiblichen in Zusammenhang gebracht wird, sind späte Deutungen. Bei unserem Beispiel aus Zypern ist die aufrechte Gestalt mit Sicherheit weiblich und höchst wahrscheinlich auch die kleinere horizontale Figur. Vermutlich gehört diese Komposition in den Umkreis der vielfältigen Mutter-Tochter-Figurationen.

Zur Symbolik der Säule wäre zu sagen, daß sie in allen vorpatriarchalen Kulturen die Göttin als das tragende Prinzip des Kosmos repräsentiert. Dies wird schon an jungsteinzeitlichen Idolen deutlich, deren Körper häufig als Säule gebildet ist, und wird vollends evident in Kreta und Mykene, wo die Säule als solche stellvertretend für die Göttin steht. Wir sahen dies bereits auf Abb. 51, wo die Göttin in Gestalt der Säule über dem Löwentor thront.

Verwandt mit dem Motiv der Säule ist das Motiv des Weltenbaums, das sich in allen frühen Hochkulturen mit der Göttin verbindet. Auf Abb. 116 sehen wir die ägyptische Isis als Baumgöttin: Auf dem ägyptischen Bronzegefäß von ca. 600 v. Chr. fällt der Körper der Göttin mit dem Stamm des Weltenbaums zusammen, und ihre ausgebreiteten Arme korrespondieren mit den Ästen. Aus einem Gefäß in ihrer Hand fließt eine Art Lebenswasser in die schalenförmig emporgehobenen Hände des Pharao. Daß die Göttin in Gestalt des Weltenbaums den ganzen Kosmos umspannt, bezeugt die Sonne auf ihrem Haupt.

Beide Bilder, kosmische Säule und Weltenbaum, werden schon von den Kirchenvätern auf die Kreuzestheologie übertragen. Nun erscheint das Kreuz als der neue Paradiesesbaum, an dem Christus die Sünden der ersten Menschen tilgt, und der kosmische Christus als Säule, welche die Schöpfung trägt. In den mittelalterlichen Kreuzdarstellungen hat sich die Baumsymbolik in den Motiven des Knospen und Blüten treibenden Holzes oder des rebenumrankten Weinstockes niedergeschlagen.

Abb. 116 Nut als Baumgöttin, ägyptisches Bronzegefäß, ca. 600 v. Chr.

Ob die unter den Steckkreuzen häufig vertretenen »lateinischen« Kreuze (vgl. oben Abb. 101) die Gestalt antiker Göttinnen wiedergeben oder ob es sich dabei bereits um christliche Kreuze handelt, ist schwierig zu entscheiden. Einerseits gab es unter den römischen Soldaten bereits getaufte Christen, andererseits ist eine heidnische Abkunft ebenso möglich, zumal das Kreuz als liturgischer Gegenstand vom Christentum erst relativ spät adaptiert wurde.

Wie universell die kosmische Haltung der ausgebreiteten Arme ursprünglich mit der weiblichen Gottheit verbunden war, illustriert ein Beispiel aus dem vorchristlichen Kulturgut der Philippinen. Die »Dung-dung«-Statuette (Luzon, Philippi-

Abb. 117   Dung-dung-Statuette, als Kopfmaske von vornehmen Frauen zu hohen Festen getragen. Messing, Höhe 10,5 cm, Luzon, Philippinen

Abb. 118   Kreuz zwischen Pferden. Kapitell einer Säule der Kirche San Vitale in Ravenna, vor 547

Abb. 119   Kreuz zwischen Pfauen, Teilstück einer durchbrochenen Kirchenschranke, S. Apollinare Nuovo, Ravenna, 6. Jahrh.

nen) auf Abb. 117 wird von den vornehmen Frauen bei Hochzeiten und Begräbnisfeiern auf dem Kopf getragen. Die nach oben abgewinkelten Hände der Figur erinnern an die ägyptische Ka-Stellung.

Auf einer anderen, weit entfernten Insel Indonesiens, auf Tannibar (Molukken), finden wir Hausaltäre, deren hölzerner Sockel von einer ebensolchen Figur mit ausgebreiteten Armen gebildet wird.[27]

Erst dieser weit gespannte symbolgeschichtliche Hintergrund öffnet uns die Augen für Bildkompositionen, deren Sinn uns sonst verborgen bliebe. So konnten wir bereits ein byzantinisches Grabkreuz (oben Abb. 52) als eine christliche Bildtransformation verstehen, die das typisch matrizentrische Motiv der Göttin zwischen zwei Löwen aufgreift.

Ein ganz ähnliches Motiv wiederholt sich in der Kirche von San Vitale in Ravenna aus dem 6. Jahrhundert, wo auf einem Säulenkapitell das lateinische Kreuz von zwei Pferden flankiert erscheint (Abb. 118). Auch hier drängt sich der Vergleich mit dem bekannten Vorbild der keltorömischen Göttin Epona auf, die sehr oft zwischen zwei Pferden thronend dargestellt wurde. (Siehe unten Abb. 219.)

Ebenfalls in Ravenna, in S. Apollinare Nuovo, sehen wir das Kreuz zwischen zwei Pfauen (Abb. 119), ein Motiv, das sich im 8. Jahrhundert in der spanischen Romanik wiederholt. (So im Kloster San Pere de Casserres, Provinz Barcelona.)

Auch diese Konfiguration verweist auf einen matrizentrischen Hintergrund. Im Mittelmeerraum ist der Pfau der Vogel der Göttin Juno, und als solcher flankiert er den Lebensbaum, der für die Göttin steht.[28] Nun ersetzt das Kreuz Christi den Lebensbaum, wobei auf unserer Abbildung, die den Ausschnitt einer Chorschranke zeigt, das Kreuz aus einem Rebstock herauszuwachsen scheint.

Wie nachhaltig das matrizentrische Erbe in die christliche Ikonographie eingeflossen ist, demonstrieren u. a. die keltischen Kreuze und die keltisch-irische Buchmalerei. Abb. 120 zeigt einen vergoldeten Buchdeckel aus Bronze aus dem 8. Jahrhundert. Auf dem weiblich anmutenden Priestergewand der Druiden, in das der Kruzifixus gehüllt ist, finden wir die uralten Spiralmotive der Göttin wieder, die der Erlöser wie diese auf Brust und Bauch trägt. Auf seinen Schultern haben sich zwei Engel niedergelassen, die mit ihren riesigen Flügeln ganz an die mythischen Vögel erinnern, welche die Göttin von Çatal Hüyük und viele andere Göttinnen begleiten. Die für irische Kreuze typischen Figuren am Fußende stellen zwei Männer mit Schwamm und Lanze dar.

Auch der massige Körper, hinter dem das Kreuzesholz nahezu verschwindet, und die merkwürdige Proportion zwischen Kopf und Körper wecken Assoziationen zur Sakralkunst des Mittelmeerraums, dessen Traditionen die Kelten auf ihren langen Wanderungen in sich aufnahmen. Diese Assoziationskette führt uns einerseits zu den im ersten Kapitel illustrierten Violinidolen (siehe Abb. 1–8), bei denen der Kopf der Göttin mit einem nahezu gleich großen Umriß gekennzeichnet ist wie die Rundung ihres Körpers, und andrerseits zum ägyptischen Ankh-Zeichen oder Henkelkreuz, das für die junge ägyptische Kirche eine große Rolle spielte.

Abb. 120   *Irischer Kruzifixus, Buchdeckel, Bronze, 8. Jahrh.*

3. Henkelkreuz und Venuszeichen

Das als Lebenssymbol bekannte, manchmal auch Lebensschleife genannte Ankh-Zeichen oder Henkelkreuz ist eines der großen Hoheitszeichen der ägyptischen Sakralkunst. Wir sahen es bereits in der Hand der Lebens- und Todesgöttin Toeris/Tahurt (siehe oben Abb. 16), und wir können es bei allen ägyptischen Göttinnen und Göttern finden; nicht zuletzt auch in Händen von Pharaoninnen und Pharaonen, die es zum Zeichen ihrer göttlichen Stellvertreterschaft tragen.

Ein Papyrus aus der 18. Dynastie (Abb. 121) stellt dieses Zeichen in einen bedeutsamen mythologischen Zusammenhang. Wir sehen zwei menschliche Adoranten und je drei Adoranten in Paviangestalt zu beiden Seiten eines Berges, in dessen Mitte das Henkelkreuz auf dem Djet-Pfeiler aufragt. Vom ovalen »Henkel« über dem Kreuz ausgehend, tragen zwei emporgehobene Arme die Sonnenscheibe, so daß das Oval den Kopf der kosmischen Gestalt bildet.

Erich Neumann sieht darin die Verkörperung der Göttin Nut und dies sicher zu Recht, wenn wir das Motiv der emporgehobenen Sonne mit anderen Göttinnen-Darstellungen vergleichen (siehe unten Abb. 144). Auch seine Bemerkung, daß der Djet-Pfeiler, der in der ägyptischen Mythologie als die Wirbelsäule des Osiris gilt, ursprünglich als kosmisches Rückgrat des weiblichen Lebensbaums verstanden wurde,

Abb. 121 Ankh-Zeichen auf Djet-Pfeiler. Aus dem Papyrus von Quenna, 18. Dynastie (1580–1321 v. Chr.)

Abb. 123 Fruchtbarkeitsstatuette der Ashanti, Ghana, Holz, schwarz bemalt mit Glasperlen, Höhe 20 cm

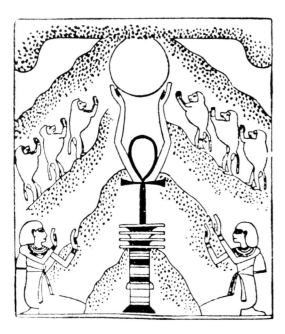

unterstreicht einmal mehr die Tatsache, daß viele weiblich besetzte Symbole im Laufe der Patriarchalisierung der Hochkulturen von männlichen Gottheiten übernommen wurden.²⁹

Es gibt aber einen noch direkteren Beweis dafür, daß es sich beim Henkelkreuz, das sich im astrologischen Signet für die Venus wiederholt und zum Zeichen für »weiblich« schlechthin geworden ist (Abb. 122), um eine archaische Darstellungsform der Göttin handelt. In Ghana, Westafrika, finden wir noch heute sogenannte Fruchtbarkeitsstatuetten bzw.

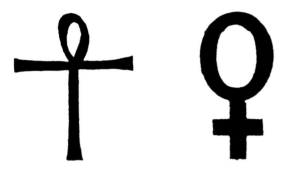

Abb. 122 Ankh-Zeichen oder Henkelkreuz und das Venus-Signet

weibliche Fetischfiguren, die in ihren Umrissen genau dem Ankh- oder Venus-Signet entsprechen. Abb. 123 zeigt eine Statuette der Ashanti aus schwarz bemaltem Holz auf einem Sockel, deren übergroßer, kreisrunder Kopf mit Perlschnüren behängt ist, um die magische Kraft der Figur zu aktivieren. Ihre Augen und die Gesichtstätowierung sind auf dem schwarzen Hintergrund schwer zu erkennen, doch treten die weiblichen Brüste unter den Armstümpfen deutlich hervor. Solche Statuetten werden mit einer Mondgöttin und mit Fruchtbarkeit in Verbindung gebracht. Die zweite Holzplastik auf Abb. 124, ebenfalls aus Ghana, ist eine sogenannte Akuaba-Puppe der Akan. Hier wird der weibliche Körper realistisch wiedergegeben, während der wiederum unverhältnismäßig große Kopf als runde Scheibe auf dem gedrechselten Hals sitzt. Das Gesicht wird deutlich durch die Augen und den Augenbrauen-Nasenschwung markiert. Auf der rechten und linken Wange sind Tätowierungen nachgebildet, deren symbolischer Gehalt nicht bekannt ist. Das vom Betrachter aus linke Zeichen erinnert an steinzeitliche Netz- und Weltordnungssymbole. Bei der kleineren Statuette (Abb. 123) sind es ein Kreuz und drei senkrechte Striche. »Akuaba« heißt wörtlich »Kind der Akua«. Die Puppe trägt auf dem Rücken (auf der Abbildung nicht sichtbar) ein Kind.

Abb. 124 Akuaba-Puppe der Akan, Ghana, Holz, Höhe 44,5 cm

Bis vor kurzer Zeit dienten solche Mutter-Kind-Figuren den Akanfrauen dazu, die Geburt einer Tochter zu bewirken, indem sie sie während der Schwangerschaft auf dem Rücken trugen. Im Tochterwunsch spiegeln sich die matrilinealen Traditionen, die in ganz Westafrika noch unvergessen sind.
Die hier gezeigte Puppe mit realistischer Körperdarstellung stammt aus der jüngeren Vergangenheit der letzten 50 Jahre, während bei den älteren Puppen die ausgebreiteten Armstümpfe und der säulenförmige Rumpf ein Kreuz bilden und nur die Brüste angedeutet sind, wie wir es bei der Ashantifigur sehen.[30]
Wie stark die sakrale Bedeutung dieses Zeichens in den ersten christlichen Jahrhunderten noch präsent war, belegen Inschriften auf Katakombengräbern und Mumienporträts. Dort steht das Henkelkreuz unmittelbar neben der lateinischen Form des Kreuzes, und beide Symbole werden offenbar als Zeichen des Lebens und der Auferstehung begriffen.[31]
Deshalb ist es auch nicht allzu überraschend, wenn auf einer frühmittelalterlichen Grabstele, die nach ihrem Fundort Faha in Niederdeutschland benannt ist, Christus in der Form des ägyptischen Henkelkreuzes abgebildet wird (Abb. 125). Zur Zeit des 6./7. Jahrhunderts, aus der der Grabstein stammt, waren die Beziehungen zwischen der ägyptisch-koptischen Kirche und den Missionaren im fränkisch-irischen Raum sehr rege. Das Christusrelief im roten Sandstein mutet wie eine Wiederholung der Nut-Darstellung in Form des Ankh-Zeichens an. Beide Male ist der ovale »Henkel« mit dem Kopf der Figur identisch. (Vgl. Abb. 123.)
Wenn wir uns die verschiedenen Entwicklungslinien von den Präsentationen der Göttin zum christlichen Kreuz noch einmal vor Augen führen, so läßt sich zusammenfassend sagen, daß ihre Verlaufsformen sehr unterschiedlich sind.
Am nahtlosesten hat sich die Präsentation der Göttin mit emporgehobenen Armen erhalten, die direkt an die Muttergottes der Ostkirche überging. Unverändert in der Gestalt blieb auch die Haltung mit ausgebreiteten Armen in der Figuration des lateinischen Kreuzes, nur daß sie ganz mit der Christusfigur verschmolz, während es nur ausnahmsweise Madonnendarstellungen in dieser Haltung gibt.
Im Gegensatz zu diesen beiden Entwicklungen bricht die Präsentation der Göttin in Gebärstellung abrupt ab, und zwar nicht erst mit der Christianisierung, sondern schon seit der Patriarchalisierung des Mittelmeerraumes. Diese ursprünglich kreativste und von ihrer numinosen Ausstrahlung her kraftvollste Vergegenwärtigung des Göttlichen erscheint

Abb. 125 Grabstein von Faha. Darstellung Christi in Form des ägyptischen Kreuzes. Roter Sandstein, 6./7. Jahrh.

seit rund zweieinhalbtausend Jahren nur noch gleichsam in getarnter Form. Einer dieser Formen sind wir in der Gestalt des doppelarmigen Kreuzes begegnet.

4. Verborgene Traditionen

Nun gibt es auch »getarnte« Bilder in der abendländischen und außereuropäischen Kunst, die bis heute weit verbreitet sind, die wir aber, weil sie für uns ihre sakrale Bedeutung längst verloren haben, weder ernst nehmen noch sie anstößig finden. Sie gelten nur noch als folkloristische Kuriositäten oder ornamentale Arabesken.
Ein solches Motiv haben wir in der doppelschwänzigen Nixe vor uns, die sich zwar literarisch, etwa in den Geschichten von der schönen Melusine, etwas von ihrem numinosen Zauber bewahren konnte, deren bildhafte Darstellung wir aber eher im Bereich des Barock-Skurrilen ansiedeln.
In den frühen Mittelmeerkulturen hatte die doppelschwänzige Nixe einen ganz anderen Stellenwert. Noch in den etruskischen Nekropolen nimmt die Sirene mit ihren beiden Fisch- oder Schlangenschwänzen einen zentralen Raum ein und bewacht als ein myhtisches Wesen die Grabstätten.
Als etruskisches Erbe aus Italien kommend, lebt sie als Motiv in der Engadiner Volkskunst fort. Ein besonders schönes Beispiel dafür liefert ein Sgraffito an der Fassade eines mehrhundertjährigen Hauses in Samedan (Abb. 126). Hier besitzt die Meerjungfrau noch einen Rest ihrer mythischen Würde, welche ihre göttliche Abkunft glaubhaft macht. Dies besonders im Gestus ihrer erhobenen Rechten, der an das Siegelbild der im Frühling auferstehenden Kore erinnert (vgl. oben Abb. 106). Aber auch das ernst blickende Gesicht, umrahmt von schlangenartig stilisierten Locken, klingt an die Darstellungen kretischer Göttinnen an. Zugleich läßt ihre Haltung mit den nach oben gehaltenen »Beinen«, die ihren Schoß freigibt, die ursprüngliche Bedeutung der doppelschwänzigen Nixe ahnen. Haben wir es da nicht in Wahrheit mit der uralten Gebärstellung der Göttin zu tun, nur eben in ihrer maritimen Version als Meeresgöttin?
Daß es sich tatsächlich um eine göttliche Gestalt handelt, bezeugt indirekt die griechische Sage von den betörenden Sirenen, wenn sie dort die patriarchale Phantasie auch als gefährliche Ungeheuer denunziert, wie es schon der großen Medusa geschah. Was die Gebärstellung anbelangt, so können uns

Abb. 126 Engadiner Meerjungfrau. Sgraffito an altem Engadinerhaus in Samedan, 16. Jahrh.

einmal mehr die westafrikanische Kunst und ihre Bildzusammenhänge einen Fingerzeig geben.

Am lebendigsten existiert die Tradition der Meeres- und Flußgöttinnen bei den Yoruba, die sie nach ihrer Verschleppung als Negersklaven auch in die Neue Welt mitbrachten: so die Mutter- und Meeresgöttin Yemanija, die noch heute im Voodoo-Kult Brasiliens eine große Rolle spielt, aber auch ihre Tochter, die Meeres- und Perlengöttin Olokun, die wir als Trägerin der Fruchtbarkeitssymbole schon kennen (siehe oben Abb. 93). Beide Göttinnen werden mit seitlich hochgezogenen Fischschwänzen dargestellt, die bei Olokun nach dem größten Süßwasserfisch der westafrikanischen Flüsse, dem Wels gebildet sind. Auf Abb. 127 sehen wir den Ausschnitt aus einem runden Wahrsagebrett aus dem 19. Jahrhundert, auf dem die Göttin – ganz ähnlich wie ihre Engadiner Schwester – diese Schwänze mit ihren Händen festhält. Die beiden Gebilde, die von ihrem Kopf ausgehen, deuten die großen Fühler des Wels an.

Obwohl das Wels-Motiv eines der beherrschendsten sakralen Motive in der Kunst der Yorubas darstellt und sowohl auf Türen mit magischer Bedeutung als auch auf Kultgefäßen und sakralen Tüchern oder, wie auf unserer Abbildung, auf Orakelbrettern auftritt, wurde es von den Forschern bis jetzt nicht in den entsprechenden mythologischen Zusammenhang gestellt.[32] Dies liegt zum Teil daran, daß die heutige Yoruba-Religion ganz von patriarchalen Vorstellungen überformt ist und die alten Motive der sakralen Kunst von den Beteiligten selbst nicht mehr verstanden werden.

Abb. 127 Motiv des doppelschwänzigen Welses mit sakraler Bedeutung. Ausschnitt aus rundem Orakel-Brett. Königreich Owo, Westafrika, 19. Jahrh.

Den eindrucksvollsten Beweis dafür, daß es sich bei der doppelschwänzigen Nixe um ein sakrales Motiv handelt, liefert seine Präsenz in frühen christlichen Kirchen. In Norditalien in der Kirche San Pietro in Gropina (oberes Arnotal) befindet sich an der Kanzel ein Flachrelief mit einer solchen Meerjungfrau (Abb. 128). Auf dieser Darstellung, die vermutlich etruskisch beeinflußt ist, sehen wir wieder die nach oben gehaltenen Fischschwänze und die weit aufgerissenen Augen, die für die frühen Schutzgöttinnen so typisch sind. Die mächtigen Haarsträhnen, die in ihrer Form an die ägyptischen Perücken erinnern, fallen bis zum Unterkörper herab und unterstreichen die vitale Energie dieser Figur.

Ähnliche Figuren finden sich auch in anderen romanischen und frühgotischen Kirchen in Norditalien und Frankreich, darunter eine im Giebel der Kirche von Maderno am Garda-See, die der Benediktiner Cyrill von Korvin-Krasinski beschrieb. Als christlicher Symbolforscher bringt auch er die Melusine mit der uralten Gebärhaltung in Zusammenhang.[33]

Außer den seltenen Fällen, in denen die Meeresgöttin Einlaß in eine christliche Kirche fand, gibt es noch eine andere christliche Adaption, die wir nicht auf den ersten Blick als solche erkennen, das sogenannte Ankerkreuz (Abb. 129).

Abb. 128 Doppelschwänzige Nixe, Steinrelief auf der Kirchenkanzel von S. Piedro in Gropina, Oberitalien, 1170–90

Wahrscheinlich hat sich die junge Kirche das in der hellenistischen Kunst gebräuchliche Motiv des Ankers aus Gründen der bewußten Tarnung angeeignet. Das Kreuz für sich allein genommen war zur damaligen Zeit nicht nur in seiner Bedeu-

Abb. 129 Ankerkreuz, Gemälde von Michael Eberle

tung als Galgen suspekt, sondern während der Christenverfolgung auch verräterisch und gefährlich. Während wir beim Fisch als Christus-Symbol den geheimen Code kennen (die Anfangsbuchstaben des griechischen Wortes für Fisch = Ichthys, wurden als »Jesus Christus« gelesen), war der ursprüngliche Symbolgehalt des Ankers vermutlich weder den damaligen Christen noch der bunt gemischten Bevölkerung der Spätantike bewußt. Der Anker, der im Zusammenhang mit dem Delphin erscheint, gehört zu den vielen Überlieferungen im Mittelmeerraum, die sich im Dunkel der Frühgeschichte verlieren. Wenn der Delphin und der Oktopus (Tintenfisch) als beliebte Motive auf römischen Mosaiken auftauchen, so waren ihren Auftraggebern wohl kaum die mythologischen Hintergründe dieser Tiere bekannt. Erst in unserem Jahrhundert, in welchem das alte Kreta aus den Trümmern gehoben wurde, fand man den Delphin als Begleittier der Göttin und den Oktopus mit seinem Medusenblick und dem Schlangen»haar« als ihr Symbolbild.

Wie der Anker in vorchristlicher Zeit zum Symbolträger wurde, läßt sich nur vermuten. Zum einen könnte sich dies aus seiner praktischen Funktion der Sicherung und des Schutzes herleiten lassen. Zum andern war die zweckentsprechende Form seiner nach oben gebogenen Haken und des in einer Kettenschlaufe endenden senkrechten Pfahls dazu geeignet, sie mit der Silhouette der Meeresgöttin in Verbindung zu bringen. Das untere Rund wäre dann als die beiden Fischbeine zu verstehen und deren spitze Enden als gezackte Flossen. Etwas Ähnliches sehen wir jedenfalls bei der Meeresgöttin Olokun (vgl. Abb. 93), deren Fischbeine in sternförmige Flossen auslaufen. Der im Ankerkreuz hinzugefügte Querbalken ergänzt die Figur im Sinne eines Armpaares. Auf Abb. 129 sehen wir die einfühlsame Darstellung des christlichen Ankerkreuzes durch einen modernen Künstler. War die metaphorische Gestalt des Ankers, zu der sich der menschenfreundliche Delphin gesellte, in vorchristlicher Zeit vermutlich das Symbol des mütterlichen Hafens, in den die Schiffe einlaufen, so wird im christlichen Verständnis Christus zu diesem Anker, welcher der menschlichen Seele Heimat und Halt verleiht.[34]

Im Kontext mit dem Ankerkreuz weist der schon genannte Cyrill von Korvin-Krasinski auf die eigenartige Gestaltung der frühen Kreuze Armeniens und Georgiens hin. Dort sind am Fußende des Längsbalkens zwei seitlich nach oben gebogene Äste angebracht, die man als stilisierte Pflanzenmotive auffassen kann, hinter denen sich aber möglicherweise gerade

Abb. 130 Isis auf dem Schwein. Terrakotta, Süditalien, hellenistisch

Abb. 131 »Gottesbraut« aus tantrischem Kult. Aquarell, 19. Jahrh.

in dieser Weltgegend die Erinnerung an die alten matrizentrischen Symbole Anatoliens verbirgt.

Nun wäre es freilich zu einseitig, in der Gestalt der Nixe nur die Mutterfigur zu sehen. Gleichzeitig geht bis heute eine starke erotische Ausstrahlung von ihr aus, und um diesem Aspekt gerecht zu werden, seien noch ein paar wichtige Hinweise hinzugefügt. Von einer puritanisch getrübten Auffassung her neigen wir dazu, die erotische Potenz der Frau von ihrer regenerativen Potenz strikt zu unterscheiden, wenn nicht sogar die mütterlichen Kräfte der Frau und ihre »verführerischen« Kräfte gegeneinander auszuspielen. Im Verständnis der matrizentrischen Frühkulturen gibt es diese Trennung nicht.

Zu Recht hat Jutta Voss die bekannte hellenistische Darstellung der »Isis auf dem Schwein« (Abb. 130) primär als die Haltung einer erotischen Exposition gedeutet und nicht als Gebärstellung, als die sie Erich Neumann verstand.[35] Diese Auffassung wird m. E. durch Praxis und Bildbelege der tantristisch-indischen Tradition bestätigt. Im Laufe der Kultfeier des sogenannten »Gottesdienstes im Kreis« exponiert die als »Gottesbraut« Erwählte im Kreise der Gläubigen und in feierlichem Ritual ihren Schoß, bevor sie in Gemeinschaft mit anderen Paaren mit einem priesterlichen Mann die Heilige Hochzeit vollzieht (Abb. 131). Dieses Ritual, das unter Anrufung der Liebesgöttin Shakti die erotisch-kreative Kraft des weiblichen Schoßes auf die anwesenden Gläubigen übertragen soll, steht dennoch in einem weiteren Sinn mit dem Fruchtbarkeitsgedanken in Verbindung. Dies erweist sich beim Abschluß des Rituals, bei dem sich die Paare in feierlicher Prozession auf die »Hochzeitsreise« begeben. Sie gehen hinaus auf die Fluren, um die gesamte Natur an der numinosen Kraft ihrer körperlichen Vereinigung teilnehmen zu lassen und die Fruchtbarkeit der Erde zu mehren.

Solche Zusammenhänge verdeutlichen einmal mehr, daß aus matrizentrischer Sicht sowohl der sexuelle Aspekt als auch der Geburtsvorgang nie auf ihre biologischen Funktionen beschränkt bleiben. Immer ist mit der vitalen Potenz die rauschhafte Erhöhung des Lebensgefühls ebenso verbunden wie das Wandlungsmysterium der Wiedergeburt, das über das individuelle Leben hinausweist. Heinz Hunger, dessen Studie über die Heilige Hochzeit die Abb. 131 entnommen ist, spricht deshalb zu Recht von der »archaischen Sexualfrömmigkeit« weiblich geprägter Frühkulturen. Davon haben wir uns im Laufe der patriarchalen Kulturgeschichte unendlich weit entfernt.[36]

Zum Abschluß unserer Betrachtung verborgener Traditionen sei noch auf scheinbar nebensächliche »Transportwege« alter, von den Hochkulturen verdrängter Symbole verwiesen, und zwar in erster Linie auf das weibliche Handwerk.

Bis zur Gegenwart werden etwa in Backformen oder Stickmotiven uralte kultische Bedeutungen tradiert, ohne daß wir uns dessen bewußt sind: der Stern, der Mond, das Kreuz, Baum und Rose, Hase und Hirsch, Schwan und Adler. In Kreta stellt man noch heute Buttergebäck in Gestalt des Tintenfischs her und in Südfrankreich das Ostergebäck in Gestalt der Colombe, der Taube der Göttin.

Dasselbe ist vom Textilhandwerk zu sagen, das in seinen »Mustern« die Mythengeschichte über Jahrtausende hinweg konserviert hat. Im Orient ist es die Teppichkunst, von der

Abb. 132 »Elibelinde«-Motiv auf anatolischem Kelim

viel zu wenig bekannt ist, daß sie fast ausschließlich von Frauen ausgeführt wurde und wird. Dies gilt im besonderen für die Webkunst der alten Kelims, deren großartiger Musterschatz seit jeher von Frauen entwickelt und von der Mutter auf die Tochter weitergegeben wurde. J. Mellaart glaubt darin viele Motive aus den Wandmalereien von Çatal Hüyük wiederzuerkennen[37], u. a. die Gebärstellung und die Gestalt der Göttin mit in rundem Bogen zur Brust geführten Armen.

Die Weberinnen selbst haben allerdings kaum noch oder nur sehr bruchstückhafte Vorstellungen von den Bedeutungen ihrer Vorlagen. Abb. 132 zeigt den Motivausschnitt eines Kelims, auf dem wir eine weibliche Figur in der genannten Armhaltung sehen, ein Motiv, das im Türkischen »elibelinde« (»Hände an den Hüften«) heißt. Auf Abb. 133 läßt sich auf einem alten Kelim die Figuration der Gebärstellung erkennen. Bei dieser in Originalgröße immerhin 10 cm großen Figur ist das runde Gebilde unterhalb der Gebärenden sogar als das Geborene zu deuten. Auch dazu finden sich genaue Vorbilder auf den Wandmalereien in Çatal Hüyük. Im übrigen sind solche gut erkennbaren Darstellungen auf Teppichen selten. Viel häufiger finden wir das Gebärmotiv in stark abstrahierter Form. Hingegen können wir im Webmuster eines indonesischen Frauensarongs (Abb. 134) die Gebärstellung wieder mühelos entdecken.

Noch verborgener, weil noch unbeachteter, blieb der Symboltransport durch das Vehikel des Spielzeugs. Daß die Spiele der Erwachsenen einen spirituellen Hintergrund haben wie das chinesische Majong, das Schachspiel oder das Tarot, zie-

Abb. 133 Motiv der Gebärhaltung auf anatolischem Kelim, 18. Jahrh. (siehe Farbtafel IX)

Abb. 134 Frauensarong aus Indonesien mit Figuren, die an die Gebärhaltung erinnern

hen wir noch eher in Betracht, doch wissen wir kaum, daß auch die meisten Kinderspiele »herabgesunkene« Kultrituale sind, so wie unsere Kindermärchen das mythologische Glaubensgut der Vergangenheit tradieren.

Mit Gewißheit können wir davon ausgehen, daß die Marionettenfiguren des Fernen Ostens und anderer Kulturen ursprünglich kultischen Zwecken dienten. Die Kunst, durch gezogene Fäden eine sakrale Figur lebendig erscheinen zu lassen, kannten auch die Indianer, u. a. bewegliche Vogelmasken oder kleine Kultwagen mit sakralen Tieren, die – wie die Nachziehtiere unserer Kleinkinder – auf Rädern bewegt werden konnten.[38]

Eine der Marionetten, die auch in Mitteleuropa in alle Kinderstuben Einzug hielt, ist der scheinbar unsterbliche Hampelmann. Im Gegensatz zur Kasperlefigur bleibt er aber in seiner Wesensart seltsam unbestimmt. Was ihn auszeichnet, ist einzig seine Beweglichkeit, mit der er die Körperhaltung der hochgezogenen Arme und Beine einnehmen kann.

Vor unserem weitgespannten symbolgeschichtlichen Hintergrund erscheint die Frage, die sich mir dabei stellte, vielleicht nicht so abwegig, wie sie im ersten Augenblick erscheinen mag: War der Hampelmann in archaischer Zeit einst eine Hampelfrau? Wird nicht durch das Ziehen an der »magischen« Schnur die Exposition eines ursprünglich weiblich gedachten Schoßes bzw. die Gebärstellung hervorgerufen? Von der männlichen Anatomie her gesehen macht das »Hampeln« jedenfalls wenig Sinn. Es wäre aber immerhin möglich, daß der patriarchale Zensor diese Figur in Hosen gesteckt hat, um ihre vermeintliche Obszönität zu überdecken. Dieser Frage nachzugehen hätte einen gewissen Reiz, wenn sie auch, wenn überhaupt, nur auf sehr verschlungenen Wegen zu einem greifbaren Ergebnis kommen könnte.[39]

Anmerkungen Kapitel II

1. König, M. E. P., Am Anfang der Kultur. Die Zeichensprache des frühen Menschen, Wien 1981
Gimbutas, M., The Language Of The Goddess, London 1989
2. Neumann, E., Die Große Mutter. Eine Phänomenologie der weiblichen Gestaltungen des Unbewußten, Olten 1974
3. Maringer, J., Das Kreuz als Zeichen und Symbol in der vorchristlichen Welt, St. Augustin bei Bonn 1980
Vergl. auch Schwarzenau, P., Das Kreuz. Die Geheimlehre Jesu, Stuttgart 1990
4. Maringer, J., a. a. O., S. 53 und S. 91ff.
5. derselbe, S. 109
6. Lurker, M., Wörterbuch der Symbolik, Stuttgart 1983, Stichwort »Kreuz«
Danielou, J., Geschichte der Kirche, Zürich 1963, Bd. 1, S. 144ff.
7. Mellaart, J., Çatal Hüyük. Stadt aus der Steinzeit, Bergisch Gladbach 1967
8. Inschrift am Neith-Tempel in Sais, vgl. Ermann, A., Die ägyptische Religion, Berlin 1905, S. 14
9. Neumann, E., a. a. O., S. 136
10. Stein, R. A., Le Monde En Petit. Jardins En Miniature Et Habitations Dans La Pensée Religieuse D'Extrême-Orient, Paris 1987, S. 211ff.
11. Schindler, H. (Hrsg.), Archäologische Funde aus Ecuador, Staatliches Museum für Völkerkunde, München 1990
12. Griaule, M., Schwarze Genesis. Ein afrikanischer Schöpfungsbericht, Frankfurt 1980, S. 199f.
13. Johnson, B., Die Große Mutter in ihren Tieren. Göttinnen alter Kulturen, Olten 1990, S. 46/47
Schmalenbach, W. (Hrsg.), Afrikanische Kunst aus der Sammlung Barbier-Mueller, München 1989, S. 102
14. Kirschbaum, E., Lexikon der christlichen Ikonographie, Freiburg i. Br. 1970, Stichwort »Kreuz«
15. Stemberger, G., 2000 Jahre Christentum. Illustrierte Kirchengeschichte, Hersching 1983, S. 198
16. Kirschbaum, E., a. a. O., Stichwort »Kreuz«
17. Dannheimer, H., Prähistorische Staatssammlung. Frühes Mittelalter, München 1976, S. 30
18. Diese Übersetzung stellte mir freundlicherweise Gerhard Wehr, München, zur Verfügung
19. Kirschbaum, E., a. a. O.
20. Sieper, J., Das Mysterium des Kreuzes in der Typologie der alten Kirche, in: Kyrios, Berlin 1969, S. 24f.
21. Giedion, S., Ewige Gegenwart. Ein Beitrag zu Konstanz und Wechsel, Band 2, Der Beginn der Architektur, Köln 1964, S. 90f.
22. Ermann, A., Reden, Rufe und Lieder im alten Ägypten, Berlin 1919, S. 48
23. Duerr, H. P., Sedna oder die Liebe zum Leben, Frankfurt 1984, S. 185f.
24. Ganslmayr, H. (Hrsg.), Aphrodites Schwestern und christliches Zypern. 9000 Jahre Kultur Zyperns, Frankfurt/M. 1987, S. 90ff. und S. 131

25 Schipflinger, Th., Maria-Sophia. Eine ganzheitliche Vision der Schöpfung, München 1988, S. 180ff
26 Herder Lexikon der Symbole, Freiburg i. Br. 1978, S. 93
Cooper, J. C., Illustriertes Lexikon der traditionellen Symbole, Leipzig 1986, S. 99ff.
27 Barbier-Mueller, Power And Gold, Jewelry From Indonesia, Malaysia And The Philippines, Sammlung Genf 1985, S. 219
28 Vgl. Cooper, J. C., a. a. O., S. 136f.
29 Neumann, E., a. a. O., S. 231ff.
30 Schmalenbach, W. (Hrsg.), Afrikanische Kunst aus der Sammlung Barbier-Mueller, a. a. O., S. 140
31 Danielou, J., a. a. O., Bd. I, Tafel 7, Text S. 513
32 Vgl. Homberger, L. (Hrsg.), Yoruba-Kunst und Ästhetik in Nigeria, Museum Rietberg Zürich 1991
33 Korvin-Krasinski, C., Vorchristliche matriarchalische Einflüsse in der Gestaltung ältester koptischer und armenischer Kreuze, in: Trina Mundi Machina. Ausgewählte Schriften, Mainz 1986, S. 230–265
34 Sieper, J., a. a. O., S. 19f.
35 Voss, J., Das Schwarzmond-Tabu. Die kulturelle Bedeutung des weiblichen Zyklus, Stuttgart 1988, S. 188ff.
36 Hunger, H., Die heilige Hochzeit. Vorgeschichtliche Sexualkulte und -mythen, Wiesbaden 1984, S. 26ff.
37 Mellaart, J., Hirsch U., Balpinar B., The Goddess From Anatolia, Adenau 1989
38 Johnson, B., a. a. O., S. 57
Marschall, W., Transpazifische Kulturbeziehungen, München 1972, S. 191
39 Herodot berichtet von den ägyptischen Osirisfesten, daß die Prozessionsteilnehmer bewegliche Phalli aus Holz mit sich führten, was das männliche Pendant zur »Hampelfrau« im Rahmen eines archaischen Fruchtbarkeitskultes darstellen könnte. Herodotos, Geschichten, 2. Band, Abs. 47.
Andererseits bildet der Ägyptologe A. Ermann in seinem 1885 erschienenen Werk »Ägypten und ägyptisches Leben im Altertum« ein »Kinderspielzeug« ab, das aus einer beweglichen Holzpuppe in Gestalt einer kornmahlenden Sklavin besteht. Wenn die nackte Figur, die sich bei ihrer Tätigkeit stark vornüberbeugt, durch eine Schnur immer wieder in diese Haltung gebracht wird, so ist das laszive Moment dieser Stellung nicht zu übersehen. Noch heute schmücken die Yoruba ihre Gelede-Masken auf dem großen Fest zu Ehren der Mütter mit ähnlich aufreizenden Figuren. Von da aus gesehen scheint es mir nicht unmöglich, daß es auch einmal bewegliche Figuren in Gebärstellung gegeben hat.

Kapitel III:
Von der Mutter-Tochter-Göttin zu Gottvater und Sohn

Ein nicht unwesentlicher Teil der uns bekannten religiösen Überlieferungen aus aller Welt beschäftigt sich mit den sogenannten Göttergenealogien. Sie beziehen sich auf den Ursprung des jeweils herrschenden Göttergeschlechts und auf die Weitergabe der Göttlichkeit auf die nächste Generation. Die berühmteste dieser Göttergenealogien, das Lehrgedicht des Griechen Hesiod (700 v. Chr.), setzt an den Anfang der Göttergeschichte weibliche Gottheiten: Nyx, die Göttin der Nacht, und die Erdgöttin Gaia, die Hesiod »Mutter aller Götter« nennt. Doch diese Göttinnen des Anfangs werden in Hesiods theologischem System von männlichen Gottheiten überstrahlt, deren Macht vom Vater auf den Sohn übergeht: vom Himmelsgott Uranos an Kronos, den Gott der Zeit, und von ihm auf seinen Sohn Zeus, der zum Hochgott und Göttervater des Olymp proklamiert wird. Dafür hatte Zeus seine eigenen Vorfahren, das Titanengeschlecht, in einem mörderischen Kampf vernichtet und sich die Schöpferkraft und die »chthonischen« (erdhaften) Mächte, die bis dahin vor allem in den Händen großer Göttinnen lagen, gewaltsam angeeignet. So verschlang Zeus die Weisheitsgöttin Metis, als sie mit ihrer Tochter Athene schwanger ging, um dann mit Hilfe von Hephaistos als schädelspaltender Hebamme die Göttin Athene als Kopfgeburt seinem Haupte entspringen zu lassen. Damit war ein Dreifaches geschehen: Erstens hatte Zeus die weibliche Weisheit annektiert, zweitens bewies er sich als gebärender Göttervater, und drittens stellte er damit die alte Ordnung buchstäblich auf den Kopf. War doch nach alter Überlieferung Athene mindestens 1000 Jahre vor Zeus eine Große Göttin auf dem griechischen Festland und auf den Inseln, noch bevor die indoeuropäischen Eroberer mit ihren Göttern in Griechenland einfielen. Diese Verfälschung der Religionsgeschichte, bei der universale weibliche Gottheiten zu Töchtern eines männlichen Hochgotts umfunktioniert werden, findet in allen uns bekannten Hochkulturen statt. Die babylonische Ischtar/Inanna teilt das Schicksal der Athene, indem sie zur Tochter des Himmelsgottes An zurückgestuft wurde, und die Kosmogonie von Heliopolis machte die ägyptischen Himmelsgöttinen zu Töchtern und

Enkelinnen des blassen Hochgotts Atum, der später in Gestalt des Sonnengottes Re das Pantheon beherrscht.
Daneben gibt es noch die andere, nicht minder patriarchale Umstrukturierung der Genealogie, die Große Göttinnen zu Ehefrauen eines Hochgotts erklärt. Auf diese Weise wurde Isis zur Gattin des Osiris, und Hera, deren Heiligtum in Olympia lange vor dem dortigen Zeustempel stand, zur Gemahlin des Zeus.
Dieser bewußten Umwandlung der Göttergenealogie entspricht die patriarchale Zeugungstheorie, wie sie uns Aeschylos im letzten Teil der Orestie beredt vermittelt:

»Die man wohl Mutter heißt, ist des Gezeugten Zeugerin nicht, ist Amme nur des frisch gesetzten Keims. Es zeugt, der sie befruchtet; sie hütet Anvertrautes nur, dem Gut des Gastfreunds gleich . . .
Ich gebe gleich Euch den Beweis, daß Vaterschaft auch ohne Mutter sein kann: Als lebendiges Zeugnis steht vor Euch die Tochter Zeus'. Kein dunkler Schoß hat sie gebildet, und doch ist so herrlich sie geschaffen wie kein Götterkind.«

Die Eumeniden, Rede des Apollon

In diesen wenigen Zeilen ist die patriarchale Ideologie mit ihrer Abwertung des Weiblichen und der kompensatorischen Selbsterhöhung des Männlichen wie in geballter Ladung enthalten. Freilich spiegelt sich darin auch die genaue Umkehrung der vorausgehenden Zeugungstheorie, die ihrerseits einseitig war. Im matrizentrischen Weltbild gelten die Kinder als nur mit der Mutter blutsverwandt, abgeleitet von der Vorstellung, daß sich der Embryo vom – mit der Schwangerschaft aussetzenden – Menstruationsblut ernährt. Demgegenüber bleibt die männliche Zeugungsrolle unklar. Der Sexualakt mit dem Mann wird zwar als Stimulans und Unterstützung für die weibliche Fruchtbarkeit verstanden, ohne aber als deren eigentliche Ursache zu gelten. Zudem kann diese Stimulierung auch von außermenschlichen Kräften ausgehen wie von den Strahlen des Mondes oder den kosmischen Kräften von Wasser und Wind. Aus diesem Grund spielt in den ältesten Mythen die Vorstellung von der Parthenogenese, das heißt einer ohne einen Mann zustande gekommenen Schwangerschaft, eine bedeutende Rolle. Die Große Mutter ist ja die erste Ursache alles Geborenen und Geschaffenen, weshalb es von der ägyptischen Neith/Nut auf einer Inschrift an ihrem Kultort Sais heißt: »Sie, die die Sonne gebar, die zuerst gebar, ehe denn geboren wurde.«[1]
Es ist gar nicht leicht, durch die jahrtausendealte Kruste pa-

triarchaler Überformungen an die ursprünglichen religiösen und gesellschaftlichen Vorstellungen heranzukommen. Eine dieser Möglichkeiten liegt in der Betrachtung der Bilderwelt, wie sie uns in den Kunstwerken seit ältester Zeit erhalten geblieben ist. Inschriften können ausgelöscht und überschrieben werden, wie dies in Ägypten wiederholt geschah, historische Texte können lügen – und sie haben dies zu allen Geschichtsperioden kräftig getan – die Bildmonumente aber bleiben selbst dann bestehen, wenn sie längst nicht mehr verstanden oder wissentlich uminterpretiert worden sind.

1. Die Mutter-Tochter-Dyade

Die folgende erste Bildserie zum Thema Göttergenealogie reicht bis ins frühe Neolithikum zurück und reflektiert das Motiv der göttlichen Mutter-Tochter-Zweiheit, wie es in Çatal Hüyük am klarsten hervortritt. Wir verfolgen dieses Motiv dann im gesamten antiken Mittelmeerraum bis weit in die historische Zeit und stoßen dabei auf bisher kaum dokumentiertes Material.
Wie schon in den beiden ersten Kapiteln des Buches die Bilder aus den frühen Hochkulturen ihre Entsprechung in den sogenannten Primitivkulturen fanden, so gilt dies auch für das Mutter-Tochter-Motiv, und hierfür bietet einmal mehr die westafrikanische Kunst interessante Beispiele.
Abb. 135 zeigt ein Wandrelief aus Çatal Hüyük – leider nur in Form einer rekonstruierenden Skizze –, das uns eine erste Vorstellung vom sakralen Mutter-Tochter-Motiv vermittelt. Auf den ersten Blick scheint es sich hier um eine Verdoppelung ein und derselben Gestalt zu handeln, von der jeweils nur der obere Teil erhalten ist. Doch sind an der linken Figur die Brüste betont, was bei der rechten Figur nicht der Fall ist. Der Vergleich mit den uns schon bekannten vollplastischen Figuren (oben Abb. 41 u. 42) macht deutlich, daß diese Unterscheidung bewußt die Mutter- bzw. die Tochtergöttin kennzeichnet. Auch der V-förmige Halsausschnitt der jugendlichen Göttin auf der Schemazeichnung rechts erinnert an das dreieckige Halstuch der Tochterstatuette mit Leopard. Nun gibt es sowohl bei vollplastischen Figuren als auch bei einem der größten Wandreliefs von Çatal Hüyük eine merkwürdige künstlerische Fassung des Mutter-Tochter-Motivs, welche die Zusammengehörigkeit beider Figuren in die Form einer »Dualunion« bringt. Auf Abb. 136 sehen wir ein gut erhaltenes Marmoridol mit zwei Köpfen – von denen der eine

Abb. 135 Schemazeichnung eines Kultraums in Çatal Hüyük. Links Relief einer Doppelgöttin, 6. Jahrt. v. Chr.

Abb. 137 Schemazeichnung eines monumentalen Wandreliefs in Çatal Hüyük, Höhe 220 cm, 6. Jahrt. v. Chr.

Abb. 136 Doppelgöttin aus Çatal Hüyük, Marmor, Höhe 16,4 cm, 6. Jahrt. v. Chr.

etwas tiefer sitzt – mit zwei Brustpaaren, aber nur einem gemeinsamen Armpaar und einem gemeinsamen Unterleib. Eine ähnliche Konfiguration wiederholt sich auf Abb. 137, der Rekonstruktion eines Reliefs. Wieder ruhen zwei Köpfe auf einem gemeinsamen Armpaar, hier aber in stark schematisierter Form. Ganz unten deutet ein mächtiger Querbalken das gemeinsame Beinpaar in Gebärstellung an, aus dem zwei Tierköpfe hervortreten, die ihrerseits in ihrer Größenordnung zwei Generationen symbolisieren. Wie in der späteren Architektursymbolik, bei der der Pfeiler oder die Säule für die Göttin steht, sind hier die Körper beider Figuren durch zwei vertikale Flächen markiert, begrenzt von schmalen, erhabenen Pfeilern.

Dieses merkwürdige Doppelwesen ist keineswegs nur eine Besonderheit des Fundorts Çatal Hüyük. Marija Gimbutas fand dasselbe Motiv an Tonidolen der Vinča-Kultur aus dem 5. Jahrtausend v. Chr. in Rumänien und Jugoslawien, aus einem Zeitraum also, der mit der neolithischen Kultur Anatoliens vergleichbar ist. Die Abbildungen 138 und 139 geben

Abb. 138 Doppelköpfiges weibliches Idol aus der Vinča-Kultur, Gomolava (Nord-Jugoslawien), 5. Jahrt. v. Chr., Terrakotta

Abb. 139 Doppelköpfiges weibliches Idol aus der Vinča-Kultur, (südwestl. Rumänien) um 5000 v. Chr., Terrakotta, Höhe 7 cm

Abb. 140 Doppelköpfiges Marmoridol aus Kültepe, Höhe 10,2 cm, um 2000 v. Chr.

Abb. 141 Doppelidol, hethitisch, Gold, Alaça Hüyük, 3. vorchristl. Jahrt.

zwei Varianten solcher Idole wieder. Bei beiden bemerken wir einen feinen Unterschied in der Gestaltung der Köpfe, von denen jeweils der rechte etwas kleiner gehalten ist. Die Linienführung der zickzackartigen Inkrustationen auf dem gemeinsamen Leib betont dabei die Einheit in der Zweiheit. 3000 Jahre später, im hethitischen Anatolien des zweiten vorchristlichen Jahrtausends, ist das Motiv noch immer lebendig. Das Marmoridol auf Abb. 140 bringt den gemeinsamen Leib der Doppelgöttin in runder Form zur Darstellung, der wieder mit den symbolischen Dreieckslinien und mit konzentrischen Kreisen als Fruchtbarkeits- und Wiedergeburtszeichen versehen ist.

Die beiden Hälse und dreieckigen Köpfe scheinen fast identisch, doch ist auch hier ein feiner Unterschied im Augenabstand zu beobachten. Dies wiederholt sich auf dem Doppelidol aus Gold (Abb. 141), bei dem auch die Brüste einen breiteren oder schmaleren Abstand haben. In kunsthistorischen Werken werden beide Idole irrtümlicherweise als ein göttliches Urelternpaar interpretiert, obwohl die weiblichen Brüste auf dem Metallidol nicht zu übersehen sind. Zudem taucht die mythische Vorstellung von einem Urelternpaar erst relativ spät auf und steht schon mit patriarchalen Religionsbegriffen in Zusammenhang. Die sogenannte »Heilige Hochzeit« der früheren Hochkulturen spielt sich zwischen der Muttergöttin und einem Jünglingsgeliebten (bzw. ihren irdischen Stellvertretern) ab. Götter-Väter bzw. feste göttliche »Ehe«-Verhältnisse entstehen erst im Laufe des zweiten oder ersten Jahrtausends v. Chr.

Neolithische Idole von den ägäischen Inseln und von Zypern bringen das Mutter-Tochter-Motiv wieder deutlich zum Ausdruck und variieren die Stellung von Mutter- und Tochtergöttin zueinander. Abb. 142 zeigt eine kleine Marmorstatuette aus dem 2. Jahrtausend v. Chr., bei der die deutlich kleinere Tochter auf dem Kopf der Mutter steht; beide in der typischen Haltung früher Muttergöttinnen mit den Händen unter den Brüsten. Hier spiegelt sich die unmittelbare Weitergabe des Lebens von der Mutter zur Tochter, die schon wieder bereit ist, die nächste Generation an ihren Brüsten zu nähren. Die gleiche Position des Übereinanderstehens sehen wir bei der mittleren Figur in einer Gruppe zypriotischer Kreuzidole (Abb. 143), von denen wir schon einige kennen. Beide Figuren werden sitzend mit ausgebreiteten Armen dargestellt und unterscheiden sich kaum merklich in ihrer Größe. Rechts davon steht ein Kreuzidol, dessen Deutung bis jetzt Rätsel aufgibt. Wie schon erwähnt, wurde es als Mann-

Farbtafel IX

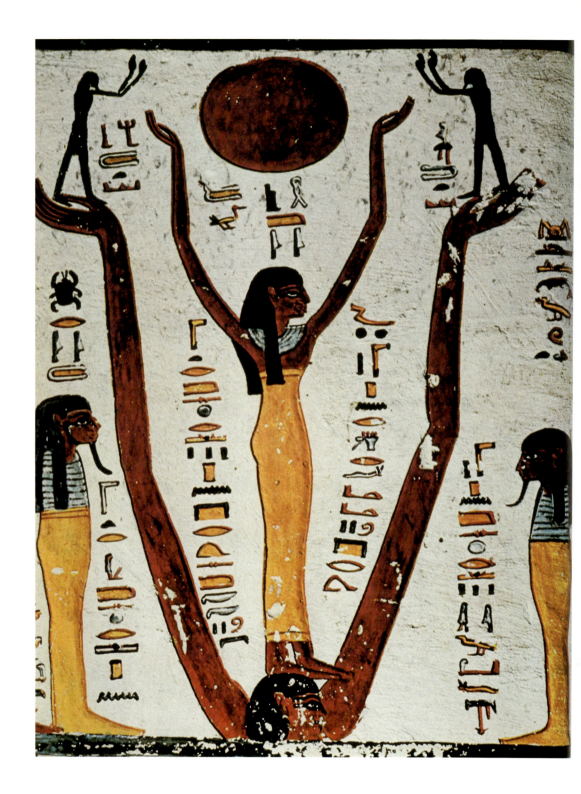

Farbtafel X

Frau-Paar interpretiert (vgl. oben, S. 118), wobei aber in diesem Fall die Deutung von Mutter-Sohn (und nicht von Mann-Frau) näher läge, weil die quergelegte Figur, welche die sitzende Muttergottheit in ihren Armen hält, deutlich kleiner ist als sie selbst. Vor dem Hintergrund der religiösen Tradition des Neolithikums und im Hinblick auf spätere Demeter-Kore-Darstellungen wäre es aber weit plausibler, diese Doppelfigur als Mutter-Tochter-Gottheit zu verstehen.

Aus dem späten zweiten Jahrtausend v. Chr. stammt eine Wandbemalung im Grab Ramses II. (Abb. 144), deren Inschrift auf die ägyptische Göttin Nut/Neith hinweist. Sie, die die Sonne gebiert, erscheint hier in doppelter Gestalt: als Göttin des Westens, in der die Sonne versinkt (»Jene, die zerstört«, heißt es im Text), und auf ihrem Kopf die junge Göttin, die mit dem gleichen Gestus der erhobenen Arme die Sonnenscheibe über sich hält bzw. aus ihren Armen entläßt. Dieses Bild ist ein gutes Beispiel dafür, wie lange in Kunstdenkmälern frühe religiöse Vorstellungen weiterleben. Die spätere ägyptische Mythologie hat die Sonne so stark mit dem Sonnengott Re identifiziert, daß wir darüber vergessen haben, daß auch in Ägypten – wie im Hethiterreich, im frühen Indien und am längsten in Japan – hinter der Sonne eine weibliche Gottheit stand.

Ein Sprung nach Kreta führt uns die Mutter-Tochter-Göttin in einer ersten künstlerischen Vollendung und in erstaunlicher Vielfalt vor Augen. Mit den beiden Fayencen unter dem Titel »Schlangengöttinnen« machten wir uns bereits vertraut (siehe Abb. 15); zuerst im Kontext mit dem Motiv des Schlangenknotens, später im Hinblick auf den »Ka«-Gestus der linksstehenden Figur.

Wenn wir sie als Mutter- und Tochtergottheit interpretierten, so folgen wir darin dem kompetentesten kretischen Archäologen J. A. Sakellarakis.[2] Er sieht in ihnen die Verkörperung der »zwei Herrinnen von Knossos«, von denen in den griechisch geschriebenen Schrifttafeln die Rede ist. Beide Figuren tragen die typisch kretische Tracht, welche die Brüste freiläßt. Die größere und etwas fülligere Frauengestalt, mit hoher Tiara bekrönt, ist unschwer als Muttergöttin zu erkennen; links von ihr die etwas kleinere Figur mit einem katzenartigen Tier auf dem Kopf und zwei Schlangen in Händen, als Tochter. Der Körper der Muttergottheit scheint ganz mit Schlangen übersät zu sein, von der Kopfbedeckung bis zu den vorgestreckten Armen, und in ihrem Schoß verschlingen sich die Tiere zu einem geheimnisvollen Knoten.

Die beiden Herrinnen des kretischen Pantheons zeigen sich

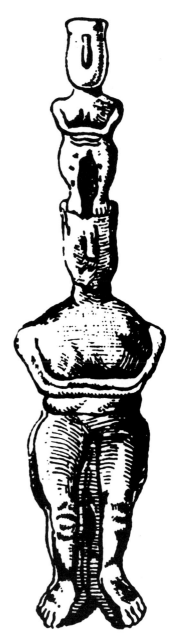

Abb. 144 Wandbemalung aus dem Grab Ramses VI., 20. Dynastie, 12. Jahrh. v. Chr. (siehe Farbtafel X)

Abb. 142 Mutter-Tochter-Statuette, Marmor, ägäische Inseln, ca. 16. Jahr. v. Chr.

Abb. 143   Kreuzidole aus Zypern, Pikrit, Höhe 3,9–7,5 cm, ca. 3000 v. Chr.

Abb. 145   Opferstein aus dem Palast von Knossos, Kreta, mit eingravierten Tauben. Alte Palastzeit, 2000–1700 v. Chr.

aber nicht nur in ihrer menschlichen Gestalt eng miteinander verbunden, sondern auch in Form ihrer Tiersymbole. Sakellarakis deutet die beiden Vögel, wahrscheinlich Tauben, auf einem steinernen Opfertisch (Abb. 145) als symbolische Darstellung von Mutter- und Tochter-Göttin.[3] Dieselbe Interpretation liegt für eines der kostbarsten kretischen Schmuckstücke nahe, den goldenen Bienenanhänger aus dem Palast von Malia (Abb. 146). Die um 2000 v. Chr. entstandene hervorragende Goldschmiedearbeit besteht aus zwei einander zugewandten Bienenkörpern, die in ihren Vorderbeinen eine Honigwabe halten. Wenn wir uns an die Beispiele von Çatal Hüyük erinnern, so bemerken wir, daß sich hier die Grundidee der Dualunion von Mutter und Tochter wiederholt: Die beiden Bienenkörper besitzen nur ein gemeinsames Flügelpaar, und ihre Köpfe tragen gemeinsam einen kronenartigen Gegenstand, der als kunstvoll eingerahmter Honigtropfen zu deuten ist.

Die Wahl beider Symboltiere – der Taube und der Biene – ist nicht zufällig. Die Taube ist Begleittier vieler Großer Göttinnen im Alten Orient und in den Mittelmeerkulturen. Als solche war sie keineswegs nur der gurrende Liebesvogel, den die Spätantike in ihm sieht, sondern verkörpert bei Ischtar und Astarte, Athene und Aphrodite gleichermaßen Weisheit, Mütterlichkeit und Liebe. Wenn im Christentum die Taube

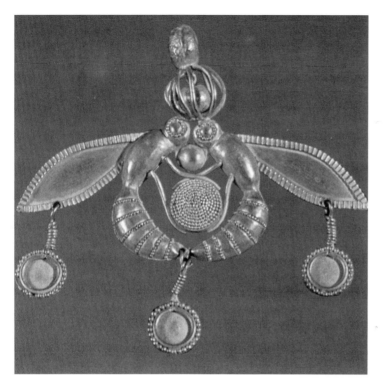

Abb. 146 Goldener Bienenanhänger aus Malia, Kreta, um 2000 v. Chr.

als Symboltier des Heiligen Geistes erscheint, so ist dies das Erbe der gnostischen Weisheitsgöttin Sophia.

Die Biene spielt im kretischen Zeus-Mythos neben der Ziegengöttin Amaltheia eine mütterlich-nährende Rolle. Wenn der Zeusknabe in seinem Versteck in Kreta mit Milch und Honig aufgezogen wurde, so können wir in diesem Bild eine Parallele zum biblischen »Land, wo Milch und Honig fließt«, erkennen. Es ist das heimatliche Land der alten Muttergöttinnen bzw. der matrizentrisch organisierten Gesellschaften.

Seit der kretischen Palastzeit war die Biene in der griechischen Antike eines der beliebtesten Schmuckmotive, das seinen Höhepunkt in der Kunst des Inselateliers von Rhodos und Delos im 7. vorchristlichen Jahrhundert fand. Unter ihren berühmten Goldschmiedearbeiten nehmen die »Melissai«, die geflügelten Göttinnen mit dem Bienenleib, einen nicht wegzudenkenden Platz ein. Die Brücke zwischen Kreta und der frühgriechischen Kunst schlägt die mykenische Kunst, genannt nach der Burg Mykene, welche die Achäer als die ersten griechischen Eroberer von kretischen Künstlern ausgestalten ließen. Zu Recht oder zu Unrecht wird auch die Kunst Zyperns aus dem 13. Jahrhundert v. Chr. als myke-

Abb. 147 »Falkenzepter« aus Zypern, Gold und Email, Höhe 16,5 cm, 13. Jahrh. v. Chr. (siehe Farbtafel XIII)

nisch etikettiert, wovon Abb. 147 eine herausragende Gold- und Emaillearbeit zeigt. In diesem sogenannten »Falkenzepter« sahen griechische Schriftsteller das Vorbild für das Zepter der Zeusstatue in Olympia, die Phidias mehrere Jahrhunderte später schuf.[4] Allerdings ersetzte der griechische Bildhauer die beiden Falken durch den Adler des Zeus. Zwischen den beiden Werken liegt die Epoche der Umformung im Pantheon, das heißt der Aufstieg der männlichen, olympischen Götter, die an die Stelle der alten matriarchalen Gottheiten traten. Wenn wir die ausdrucksstarken Vogelgestalten betrachten, von denen die linke etwas kleiner und schmaler ist, so erinnern sie uns ganz an die symbolischen Mutter-Tochter-Kompositionen in Kreta. Dazu gehört auch der Hinweis, daß neben der Taube der Falke ein altes Symboltier der Göttin ist, wie wir es besonders von der ägyptischen Hathor kennen.

Die Deutung, daß es sich beim Falkenzepter einmal mehr um die Gestaltung der Mutter-Tochter-Gottheit handelt, liegt um so näher, als gerade Zypern als die Insel der Aphrodite auf eine Jahrtausende alte matrizentrische Tradition zurückblickt.

Mit der griechischen Kunst, die seit dem 8. vorchristlichen Jahrhundert ihren Einfluß auf den kleinasiatischen Raum ausdehnt, tritt die Darstellung der menschlichen Gestalt in der Sakralkunst in den Vordergrund, und die zoomorphen Figuren verblassen allmählich zu bloßen Attributen von Göttinnen und Göttern.

Aus der vorklassischen und klassischen Stilperiode sind uns eine Fülle von Demeter-Kore-Skulpturen erhalten, welche offensichtlich vorgriechische Traditionen aufnehmen und die Mutter-Tochter-Gottheit in den verschiedensten Positionen zueinander darstellen. Bevor wir eine Auswahl dieser Bildnisse betrachten, sei aber auf einen Zusammenhang verwiesen, der bis jetzt unbeachtet blieb, nämlich auf die Verwandtschaft des Demeter-Kore-Motivs mit den sogenannten Doppelbildnissen der Göttin Kybele. Die phrygische Kybele, die in hellenistischer Zeit unter dem Namen »Magna Mater« zu neuem Leben erweckt wurde, hat in Kleinasien eine sehr alte Tradition und geht auf die Muttergottheit Kubaba zurück, die als Berggöttin verehrt wurde. Das eindrucksvollste Zeugnis für den Kult der Kybele sind die altphrygischen Felsfassaden aus dem 8. und 7. Jahrhundert v. Chr., deren Reste über ganz Westanatolien verstreut sind. In solche Felsfassaden sind Kultnischen eingelassen, die Reliefs und halbplastische Statuen der Göttin Kybele enthielten, so daß ihr Bildnis weit über das Land sichtbar war. Am bekanntesten sind die Heiligtümer rund um die alte Midasstadt, worunter sich auch eine Reihe von Doppelidolen befinden. Auf Abb. 148 sehen wir ein Stufenmonument, bei dem drei Stufen zu einem Podest führen. Darüber sind zwei stark plastische, scheibenförmige Köpfe aus der Felswand herausgearbeitet. Auf Abb. 149 sehen wir nur eine Stufe, die gleichsam eine Bank mit Lehne bildet, vor der wieder die beiden Köpfe hervortreten. Daneben befindet sich ein kleineres Gebilde, das Experten als Opferstein auffassen. Die dazugehörigen Inschriften sind nur zum Teil entzifferbar, belegen jedoch den Namen Kybele. Die inhaltliche Zuordnung der Doppelidole bereitet den Forscher/innen nach eigener Aussage deshalb große Schwierigkeiten, weil kein (männlicher!) Begleiter der Kybele je mit ihr zusammen dargestellt wurde. Wenn sie in Begleitung erscheint, so mit ihrem Symboltier, dem Löwen.[5]

Das Rätsel wäre aber gelöst, wenn wir die »Doppelgöttin« als Mutter-Tochter-Gottheit interpretieren, wozu Vergleiche mit den ein bis zwei Jahrhunderte jüngeren Demeter-Kore-Bildnissen ermutigen. Auf Abb. 150 sehen wir ein Terrakotta-Idol aus dem 5. Jahrhundert v. Chr., das in mehr als einer Hinsicht an die Stufenbildnisse der Kybele erinnert. Auch hier sitzen die beiden Göttinnen auf einem gemeinsamen Thron, und der gemeinsame Schleier, der über die beiden Köpfe gezogen ist, betont ihre enge Verbundenheit.

In diesem Zusammenhang ist interessant, daß im Altgriechischen für Demeter-Kore, oder wie der eigentliche Name der Tochtergöttin lautet, Persephone (Kore heißt einfach »Mädchen«), die sogenannte Dualform gebraucht wird und nicht der Plural. Das unterstreicht rein sprachlich die Dualunion zwischen Mutter und Tochter.[6]

Die nun folgenden Skulpturen aus der Zeit vom Ende des siebten bis zur Mitte des fünften Jahrhunderts v. Chr. variieren das Demeter-Kore Motiv und reflektieren dabei auch einen stilistischen Wandel. Abb. 151 und 152 zeigen archaisch anmutende Gestaltungen: Einmal sitzen die Göttinnen in steifer Haltung auf einem Brett (bereit, Räder und Deichsel eines Wagens zu empfangen), mit netzartig ornamentierten Gewändern und einer polosartigen Kopfbedeckung, beide nahezu identisch in Größe und Ausdruck; ein andermal erscheinen sie mit deutlichem Größenunterschied, beide auf einer Cista (Behälter zur Aufbewahrung von Kultgegenständen) sitzend (Abb. 152).

Immerhin fällt auch bei den nahezu gleichgroßen Göttinnen ein feiner Unterschied in Größe und Körperfülle auf, wobei

Abb. 148 Doppelidol der Kybele, Nachzeichnung eines phrygischen Stufenmonuments, eingehauen in Felsfassade bei Findik Asar Kaya (Türkmenberge), ca. 700–600 v. Chr.

Abb. 149 Doppelidol der Kybele, Relief in Felsfassade bei Midasstadt, ca. 700–600 v. Chr.

Abb. 150 Doppelbildnis der Demeter-Kore, Terrakotta, Mitte 5. Jahrh. v. Chr. Griechenland

Abb. 151 Demeter und Kore, auf einem Brett sitzend, Terrakotta aus Theben, Griechenland, 620–600 v. Chr.

die Mutterfigur links einen Gürtel mit laufenden Hunden trägt, die Tochter Kore rechts ein Taillenband mit Meandermuster.

Zwei weitere Varianten im eher schon klassischen Stil zeigen die »Demeter Kourotrophos«, die ihre Kore auf der Schulter trägt (Abb. 153) – wie viel, viel später Christopherus den Jesusknaben –, und den Torso einer sitzenden Mutterfigur mit der halberwachsenen Kore auf ihrem Schoß (Abb. 154). Bei beiden Darstellungen fällt auf, daß die getragene Kore als junge Frau und nicht als Kleinkind gestaltet ist, wie dies bei den späteren Mutter-Sohn-Darstellungen die Regel wird. Auf dem Schoß oder der Schulter der Mutter zu sitzen bedeutet im Hinblick auf die Tochter offenbar mehr, als großgezogen zu werden. Wie das Auf-dem-Kopf-Stehen scheint es die unmittelbare Nachfolge der Tochter zu symbolisieren. Abb. 155 gibt das Relief eines dorischen Tempelfrieses in Selinunt (Unteritalien) wieder, das noch einmal archaische Züge trägt. Es zeigt die beiden Göttinnen auf ihrem triumphalen Einzug in den Olymp, umgeben von einer Quadriga von Pferden, den Begleittieren der Demeter. Die Art, wie die bei-

Abb. 152 Demeter und Kore auf einer Cista, Terrakotta, Melos, Griechenland, 450 v. Chr.

den Göttinnen das Wagengespann führen, erinnert ganz an die altkretische Darstellung auf den Schmalseiten des Sarkophags aus Hagia Triada, auf denen die beiden Herrinnen von Knossos einen mit Pferden bzw. mit Sphingen bespannten Wagen lenken (Abb. 156).

Ein ebenfalls frühes Keramikbild aus Eleusis stellt die beiden Göttinnen sich gegenüberstehend im Profil dar, beide mit einer hoheitlichen Kopfbedeckung (Abb. 157). Die rechtsste-

hende Demeter ist offensichtlich die handelnde Figur mit erhobener Rechten und dem sehr typischen Gestus des erhobenen Zeigefingers. Barbara Walker nennt ihn den Gestus des Grüßens, des Segnens oder der Beschwörung. Jedenfalls übermittelt die Mutter der Tochter eine bedeutsame Botschaft. Schließlich zeigt eines der bekanntesten Marmorreliefs aus Eleusis (Abb. 158) das klassische Bild einer hoheitsvollen Demeter auf dem Thron mit Speer und Ähren, zu der von rechts eine jugendliche Kore in lebhafter Bewegung

Abb. 153 Demeter Kourotrophos, Tonstatuette, attischer Stil, 440–430 v. Chr., Griechenland

Abb. 154 Demeter mit Kore auf ihrem Schoß. Marmorskulptur aus Parthenon-Giebel, 4. Jahrh. v. Chr.

Abb. 155 Demeter und Kore, eine Quadriga führend, Akropolis von Selinunt, Tempelfries, 580/570 v. Chr.

Abb. 156 Zwei Göttinnen auf von Sphingen gezogenem Wagen. Schmalseite des Sarkophags von Hagia Triada, Kreta, mykenisches Fresko, 1600–1400 v. Chr.

Abb. 157 Demeter und Kore in Gegenüberstellung, Keramik aus Eleusis, 550 v. Chr.

Abb. 158 Demeter und Kore, Marmorrelief aus Eleusis, 460 v. Chr.

hinzutritt, Fackeln in beiden Händen. Dieses großartige Bild scheint die Weitergabe der mütterlich-göttlichen Kräfte zu reflektieren, an denen die neue Generation ihre Lebensflamme entzündet.

Das psychische Motiv der mütterlich-töchterlichen Unterstützung war offenbar so stark, daß es bis in die jüngste Vergangenheit auch in die christliche Ikonographie hineingewirkt hat. Das Paar der Mutter Anna und ihrer Tochter Maria bleibt ein fester Bestandteil der christlichen Kunst, ergänzt durch die Gestaltung der biblischen Erzählung von der Begegnung Mariens mit ihrer älteren Base Elisabeth, als beide Frauen in guter Hoffnung waren. Abb. 159 zeigt eine barok-

Abb. 159 Unterweisung Mariens, span. Arbeit, frühes 17. Jahrh. auf Seitenaltar der Klosterkirche St. Anna im Lehel, München

ke Altarskulptur aus der Klosterkirche Lehel in München, wo die Hl. Anna ihre jugendliche Tochter in der Schrift unterweist. Diese greift nach dem Heiligen Buch, wie um von ihrer Mutter das Erbe der Weisheit zu empfangen.

Die hochgotische Skulptur an einer Säule im Regensburger Dom macht die sogenannte »Heimsuchung Mariens« zum Thema und stellt die ältere Elisabeth und die jüngere Maria in herzlicher Umarmung dar (Abb. 160).

Spätestens an dieser Stelle wird klar, daß die gemeinsame Sorge für das künftige Leben und die Kontinuität der weiblichen Tradition nicht nur an das Mutter-Tochter-Verhältnis gebunden ist. Wie wir in Kap. II auf einem australischen Rinden-

Abb. 160 Maria und Elisabeth, Pfeilerskulptur im Dom zu Regensburg, 14./15. Jahrh.

Abb. 161 Motiv der Mutter-Tochter-Göttin auf anatolischem Kelim

Abb. 162 »Elibelinde«-Motiv mit zwei Köpfen als Zickzackband auf anatolischem Kelim (siehe Farbtafel IX) VIII unten

bild sahen (siehe oben Abb. 76), sind es dort zwei Schwestern, die das Menschengeschlecht hervorbringen, und zu den Schwestern zählen im alten Sippenverständnis auch Cousinen mütterlicherseits.

Am erstaunlichsten aber ist, daß das neolithische Motiv der Doppelgöttin bis in die Gegenwart in Form von Kelimmustern existiert. Das »Elibelinde«-Motiv, das die Göttin mit den »Händen an den Hüften« darstellt und das wir bereits kennen, erscheint auf Abb. 161 in Form zweier Figuren nebeneinander, wovon die eine kleiner ist. Dasselbe Motiv gibt es auch als Figur mit zwei Köpfen, wie wir es auf Abb. 162 sehen. Es erscheint hier als Randbordüre und bildet in abwechselnd aufrechter und spiegelbildlicher Form eine breite Zickzacklinie. Hier leben die zwei Herrinnen von Çatal Hüyük noch nach 8000 Jahren!

Zum Abschluß unserer Betrachtung der göttlichen Mutter-Tochter-Dyade sei noch eine theoretische Überlegung angefügt, die nach dem Bezug dieser Konstellation zum bekannteren Motiv der dreifaltigen Göttin fragt.

Zunächst ist zu sagen, daß die mythische Dreiheit der Göttin, wie sie in der keltischen Mythologie am klarsten erhalten und auch bildhaft gestaltet wurde (Die drei Matronen), im griechisch-kleinasiatischen Raum seltener bildhaft überliefert ist. Die klassischen Kunstwerke begreifen die Dreiheit bereits als Gruppe dreier verschiedener Göttinnen, wenn auch auf einem Vasenbild mit dem Sujet der Wahl des Paris (siehe unten Abb. 210) die drei Göttinnen Athene, Hera und Aphrodite einander auffallend gleichen. Eine Sonderstellung nimmt die Göttin Hekate ein, die öfters mit drei Köpfen und sechs Armen zur Darstellung kommt, mit drei Köpfen notabene, die in drei verschiedene Richtungen zeigen (Abb. 163). Sie entsprechen den drei Mondphasen, wobei die beiden nach links und rechts zeigenden Profilköpfe für den zu- und abnehmenden, der frontale Kopf für den Vollmond stehen. Gleichzeitig ist Hekate wie alle Großen Göttinnen Herrin des Himmels, fruchtbare Mutter der Erde und Todesgöttin der Unterwelt.

Die Dreigestalt der Göttin repräsentiert also die kosmische Ganzheit und die zyklische Abfolge der Gestirne, wie auch das zyklische Werden und Vergehen im Rhythmus der Jahreszeiten und im individuellen Leben von Jugend, Reife und Alter. Die patriarchale Überlieferung hat diese Aspekte getrennt und aus den jeweiligen Beinamen der Göttin drei verschiedene Göttinnen gemacht. R. v. Ranke-Graves und, auf ihn aufbauend, H. Göttner-Abenroth haben die Zusammengehörigkeit von jeweils drei Gestalten für die antike Mythenwelt zu rekonstruieren versucht, was bei der Vielfalt der überlieferten Namen und Mythenversionen kein einfaches Unterfangen ist.

Abb. 163 *Dreiköpfige Hekate, nach drei verschiedenen Himmelsrichtungen blickend*

Jedenfalls aber handelt es sich bei der dreifaltigen Göttin nicht in erster Linie um eine genealogische Aussage, nicht um einen göttlichen Stammbaum, sondern um die Ganzheit der matrizentrischen Gottesidee. In ihr werden Himmel und Erde, Oben und Unten, Leben und Tod noch nicht auseinandergerissen, sondern werden, räumlich gesehen, als ein zusammenhängendes, kosmisches Gewebe oder, zeitlich gesehen, als ein Nacheinander im rhythmischen Wechsel begriffen.

Wenn wir den genealogischen Aspekt weiterverfolgen, so treffen wir noch innerhalb des matrizentrischen Weltbildes auf eine Erweiterung der Mutter-Tochter-Dyade durch das Hinzutreten eines göttlichen Sohnes.

2. Die Mutter-Tochter-Sohn-Triade

Schon im Laufe der 800jährigen Kultgeschichte von Çatal Hüyük tritt zu den beiden Herrinnen des Kosmos eine dritte göttliche Figur in Menschengestalt, nämlich der göttliche Sohn. Wir können davon ausgehen, daß das männlich-göttliche Prinzip primär im Bild des Tieres erscheint, vor allem in Gestalt des Stieres, wofür das große Stierbild auf Abb. 135 ein Beispiel unter vielen ist. Nun gehört aber zu den bereits vorgestellten Tonstatuetten der Mutter- und Tochtergöttin noch eine dritte Figur: ein Knabe, der auf einem jungen Leo-

Abb. 164 Gruppe dreier Statuetten aus einem Heiligtum in Çatal Hüyük, 6. vorchristl. Jahrt., aus braunem und blauem Kalkstein, bemalt. Höhe 11,0; 10,5; 5,5 cm

parden reitet. Die braune Farbgebung weist ihn der auf Abb. 164 rechts stehenden Mutterfigur zu, die in den gleichen Tönen gehalten ist, während die Tochterstatuette blau gefärbt ist. Das alle drei Figuren verbindende Motiv ist der Leopard bzw. die Leopardin als das in Çatal Hüyük der Göttin zugeordnete Symboltier. Wie eng diese Zuordnung ist, geht aus der Stellung beider Göttinnen hervor, die hinter dem Tier stehen und ihre Arme auf den Körper des Tieres legen, wie um es zu streicheln. Ebenso selbstverständlich und entspannt reitet der Knabe auf dem Tier seiner Mutter und wächst unter dem Schutz der beiden Göttinnen heran.

Eine ähnliche Figurengruppe findet sich – mit einem Abstand von mehreren tausend Jahren – im Heiligtum von Mykene in Form einer Elfenbeinschnitzerei (Abb. 165). Hier sitzen die beiden Göttinnen im typisch kretischen Stufenrock eng aneinandergeschmiegt, sich die Arme gegenseitig auf die Schultern legend. Kunsthistoriker haben in dieser Gruppe ein frühes Vorbild der Demeter-Kore-Pluto-Konstellation gesehen. Von der Position des Knaben her ist es unklar, zu welcher der beiden Göttinnen er gehört; ob zur linken Gestalt als der älteren Mutterfigur, an deren Brust seine Linke greift, oder zur jüngeren Figur rechts, die ihre Brüste ebenfalls unverhüllt zeigt und auf deren Schoß er sich mit der rechten Hand stützt. Ziehen wir ein bekanntes Bild aus Eleusis zum Vergleich heran (Abb. 166), so sehen wir zwischen Demeter und

Farbtafel XI

Farbtafel XII

Kore einen schon herangewachsenen Knaben, der in den Mysterienspielen von Eleusis nicht Pluto (der Reiche), sondern Triptolemos heißt. Dieser Name spielt auf einen jungen Königssohn an, der als der erste Eingeweihte gilt, weshalb ihn auf unserem Weiherelief die rechts stehende Kore mit dem Kranz der Einweihung bekrönt. Der junge König, in dem wir eine Erinnerung an den sakralen Priesterkönig und Jünglingsgeliebten der Göttin sehen dürfen, empfängt von Demeter die Ähre, das heißt, er wird von ihr in der Kunst des Akkerbaus unterwiesen, die er an alle Menschen weitergeben soll. Zugleich ist dieser Triptolemos – wie auch Pluto – der wiedergeborene Knabe, den Demeter nach seinem Verschwinden im Reich der Unterwelt im Frühling zu neuem Leben erweckt.
Auch im Kultvollzug der eleusinischen Mysterien bleibt unklar, ob Pluto-Triptolemos der wiedergeborene Sohn der Demeter oder der Kore ist, was zu verschiedenen Spekulationen Anlaß gab. Auf dem Höhepunkt der Weihenacht in Eleusis scheinen den Mysten zwei miteinander verbundene Geheimnisse nahegebracht worden zu sein. Einmal das glückliche Wiederfinden der in der Unterwelt verschwundenen Kore durch ihre Mutter Demeter – die Demeterpriesterin kommt aus dem Inneren des Heiligtums als jugendlich gekleidete Kore zurück. Dieser Teil des Mysteriums spiegelt das innergöttliche Geschehen wider, bei dem sich die Große Göttin mit jedem Jahr aufs neue verjüngt. Zum andern erscheint diese Kore mit einem Knaben unter dem Jubelruf der Priester: »Einen heiligen Knaben gebar die Herrin Brimo, den Brimos.« Brimo ist der uralte Name der Muttergöttin, und wieder bleibt offen, ob damit Demeter oder Kore gemeint sei. Wahrscheinlich ist dies auch eine müßige Frage, weil Demeter und Kore als Einheit aufzufassen sind, die beide das Leben weitergeben, und zwar nicht nur in weiblicher, sondern auch in männlicher Gestalt. Dabei erscheint die Tatsache, daß die Göttin das Männliche – als das Andere – gebiert, als das noch größere Mysterium als die Weitergabe des Lebens in der weiblichen Linie. Deshalb identifizieren sich die Männer, die in Eleusis die Weihen empfangen, mit dem heiligen Knaben in der Hoffnung, selbst einmal aus dem Schoß der göttlichen Mutter wiedergeboren zu werden.[7]
Eindeutig wird die genealogische Abfolge der Mutter-Tochter-Sohn-Triade erst in der christlichen Interpretation, bei welcher ganz klar die Reihe Mutter-Tochter-Enkel entsteht. Im Mittelalter und in der Renaissance taucht in der christlichen Ikonographie wiederholt das Motiv der sogenannten

Abb. 165 Kleine Elfenbeingruppe aus der Akropolis von Mykene. Demeter-Kore-Pluto (?) Höhe 7,8 cm, 14. vorchristl. Jahrh.

Abb. 166 Demeter, Kore und Triptolemos, Relief aus Eleusis, attisch, 430–420 v. Chr.

Abb. 167   Leonardo da Vinci, Hl. Anna Selbdritt, Carton von London, um 1500

»Anna Selbdritt« auf, das Leonardo da Vinci in zwei seiner berühmtesten Gemälde zur Darstellung brachte. Abb. 167 zeigt den Carton von London, der – sehen wir vom Johannesknaben im Bild rechts außen ab – wie eine späte Kopie des mykenischen Werkes anmutet, obwohl dazwischen eine Zeitspanne von fast 3000 Jahren liegt. Die Haltung des Jesusknaben entspricht genau derjenigen des kleinen »Pluto«, während der Platz der eng nebeneinandersitzenden Frauen vertauscht ist. Die Mutter Anna sitzt rechts im Bild und halb auf ihrem Schoß zu ihrer Linken die Tochter Maria, nun eindeutig die Mutter des Jesusknaben. Auch diesmal berührt der Knabe mit der Hand die Große Mutter Anna, aber nicht ihre Brust – im Gegensatz zu denen Mariens bleiben ihre Brüste ganz verborgen –, sondern ihren Arm, dessen übergroße

163

Hand sich zu einem bedeutsamen Gestus formt. Es ist die gleiche Segens- und Hoheitsgeste, die wir an einem Demeter-Kore-Fresko sahen (s. Abb. 157 oben) und es ist der ähnlich intensive Blick, den die Mutter auf die Tochter wirft.

Abb. 168 und 169 geben zwei Altarbilder wieder, eine spanische Holzskulptur aus dem 14. und ein italienisches Gemälde aus dem 15. Jahrhundert. Beide Kompositionen sind in ihrem

Abb. 168 Heilige Anna Selbdritt, Skulptur aus bemaltem und vergoldetem Nußholz, Spanien, 14. Jahrh.

Aufbau sehr ähnlich. Als größte Figur, bei der Skulptur sogar übergroß, erscheint die Mutter Anna, beide Male auf einem Stuhl thronend.

Betrachten wir zuerst Abb. 168. Maria sitzt als sehr viel kleinere Figur auf dem Schoß der Hl. Anna, so daß der Eindruck erweckt wird, die Groß(e)mutter halte beide, Tochter und Enkel, auf ihrem linken Arm. Ihre Rechte ist erhoben, doch läßt sich wegen der abgebrochenen Finger nicht mehr sagen, ob es sich dabei wieder um die Geste mit erhobenem Zeigefinger handelt, oder ob sie ursprünglich einen Gegenstand in der Hand hielt.

Abb. 169 Heilige Anna Selbdritt, Gemälde von Masaccio (1401–1428), Florentinische Schule

Auf dem italienischen Gemälde (Abb. 169) erscheint Maria ungefähr gleich groß, aber vor dem Schoß ihrer Mutter wie auf einer tieferen Stufe sitzend. Während Anna die rechte Hand auf die Schulter der Tochter legt, hält sie die Linke segnend über den Jesusknaben.

Wenn wir den Ausdruck in den Gesichtern beider Frauenfiguren in den zwei Werken miteinander vergleichen, so wirkt das spanische Bild weit archaischer, indem es die ganze Kraft des psychischen Ausdrucks in die Gestalt der Anna verlegt. Auf dem italienischen Gemälde bilden dagegen die hell erleuchteten Gesichter Mariens und Jesu den ausdruckstärksten Bildmittelpunkt, hinter dem die Mutter Anna als hoheitsvolle aber demütige Gestalt zurücktritt.

Unabhängig von solchen Unterschieden zeigen diese Beispiele einmal mehr, wie stark die matrizentrischen Unterströmungen innerhalb des volksnahen Christentums immer geblieben sind.

3. Die Mutter-Sohn-Dyade

Wieder beginnt die erste uns bekannte künstlerische Gestaltung des Mutter-Sohn-Verhältnisses in Çatal Hüyük. Ein Hochrelief auf grünem Schiefer (Abb. 170) hält nebeneinander zwei Szenen fest, von denen die linke als Urbild der später so oft dargestellten »Heiligen Hochzeit« gilt. Die rechte Szene zeigt – wie als Frucht dieser Verbindung – die Muttergöttin mit Kind, vermutlich mit Sohn. Nun wäre es aber voreilig, daraus zu schließen, wir hätten hier schon gewissermaßen ein Abbild der Kleinfamilie vor uns, das heißt ein Vater-Mutter-Paar mit Kind. Wenn wir die in Çatal Hüyük – im Vergleich zu den weiblichen Figuren – verschwindend kleine Anzahl männlicher Figuren betrachten, so sind es vorwiegend jugendliche und nur selten bärtige, das heißt voll erwachsene Männer. Was in der Szene der Heiligen Hochzeit dargestellt wird, ist vermutlich die Vereinigung der Göttin mit einem Jünglingsgeliebten, wie sie im ganzen kleinasiatischen Raum mehrere Jahrtausende hindurch in Kultliedern und Festen gefeiert wurde. Dabei ist an die göttlichen Paare Inanna und Tammuz, Kybele und Attis oder Astarte und Adonis zu erinnern. Von diesen und anderen göttlichen Paaren wissen wir sehr genau, daß es sich um die Vereinigung einer Großen Göttin mit dem jeweiligen Vegetationsgott handelt, der als jugendliche Gestalt nur ein kosmisches Jahr durchlebt, um mit dem Ende der Vegetationsperiode zu ster-

Abb. 170 »Heilige Hochzeit«, Relief auf einer Schieferplatte in Çatal Hüyük, Höhe 11,5 cm, 6. vorchristl. Jahrt.

ben und im Frühling als junger Gott wiedergeboren zu werden. Erich Neumann hat diesen mythischen Liebhaber, welcher zusammen mit der Göttin die Fruchtbarkeit des Landes garantiert, als Sohngeliebten bezeichnet, ein Ausdruck, der auch mißverstanden werden kann. Obwohl nicht völlig auszuschließen ist, daß zwischen den stellvertretenden Akteuren der Heiligen Hochzeit, nämlich zwischen Hohepriesterin und sakralem König, im Ausnahmefall auch ein leibliches Mutter-Sohn-Verhältnis bestand, so konnte der Mutter-Sohn-Inzest doch niemals die Regel gewesen sein.
Vielmehr wurde in allen matrizentrischen Kulturen das Exogamiegebot strikt befolgt, was sexuelle Beziehungen innerhalb der eigenen Sippe tabuisiert. Der Begriff Sohngeliebter oder Jünglingsgeliebter ist nicht als biologische Bestimmung zu verstehen, sondern als eine ontologische, das heißt seinsmäßige Definition: Da die Große Göttin Mutter aller Götter und Menschen ist, sind auch ihre göttlichen oder menschlichen Partner allesamt ihre Söhne und steht sie im Seinsrang über ihnen.
Dieses ungleiche Verhältnis wirkt sich auch auf das sakrale Königtum und die Stellung von Königin und König aus, worauf wir im nächsten Abschnitt eingehen werden.

Besonders in der ägyptischen Ikonographie der hellenistischen Zeit rückt die Mutter-Sohn-Dyade immer stärker ins Zentrum, das heißt die Gestalt der Göttin Isis mit ihrem Sohn Horus. Ursprünglich stand Isis in einer Reihe mit den universellen Göttinnen Nut/Neith, Hathor und Nechbet, für die es zwar göttliche Partner gab, nie aber einen festen göttlichen Gemahl. Erst allmählich kommt Osiris diese Rolle zu, der sich vom Vegetationsgott zum Totengott, dann zum Bruder und schließlich zum Gatten der Isis wandelte. Dennoch werden die beiden nie als Elternpaar mit Kind dargestellt, sondern immer nur die göttliche Mutter mit dem Ho-

Abb. 171 Isis mit dem Horusknaben, Bronze, Ägypten, 8.–6. Jahrh. v. Chr.

rusknaben an ihrer Brust, ein Bildmotiv, das nachweislich das Vorbild für die christlichen Madonnendarstellungen abgab (Abb. 171).
Auch bei der Gottesmutter und Jungfrau Maria wirkt die matrizentrische Vorstellung von der unabhängigen Frau noch nach, wenn nun auch ihre »Jungfräulichkeit« völlig anders verstanden wird.
Was das göttliche Vater-Sohn-Verhältnis anbelangt, so wird es in der sakralen Kunst erst sehr spät thematisiert. Der griechische Mythos berichtet zwar von der Kopfgeburt und der Schenkelgeburt des Zeus (aus letzterer soll Dionysos hervorgegangen sein), aber von diesen komplizierten Männergeburten gibt es nur wenige bildhafte Darstellungen. Zudem gab es in der antiken Welt das zärtliche Verhältnis des Vaters zum Kind so gut wie nicht. Die emotionale Bindung bestand vielmehr zum homoerotisch erwählten Knaben. So gibt es ein paar sehr schöne Darstellungen von der Entführung des Jünglings Ganymed durch Zeus, u. a. von Michelangelo.
In der christlichen Kunst sehen wir entweder den Gekreuzigten zu Füßen des himmlischen Vaters oder in der endzeitlichen Szene des Jüngsten Gerichts den auferstandenen Christus zur Rechten Gottes. Beide Male erscheint der Sohn als der Vollstrecker des väterlichen Willens, zuerst als der in letztem Gehorsam Leidende, schließlich als der Triumphierende, der das Richteramt des Vaters erbt.
Meines Wissens gibt es nur ein einziges Bild, welches das liebende und anteilnehmende Verhältnis zwischen göttlichem Vater und (menschlichem) Sohn spiegelt: die Erschaffung Adams in der Sixtinischen Kapelle, die uns Michelangelo als eines seiner unsterblichen Werke hinterließ. Dennoch wird dem aufmerksamen Blick nicht entgehen, daß auch diese idealtypische Gestaltung eine homoerotische Komponente enthält.

4. Die Konsequenzen für das Priester- und sakrale Königtum

Die Göttergenealogien, wie sie uns Mythen und sakrale Kunst überliefern, haben ihre genaue Entsprechung bei der Entwicklung gesellschaftlicher Autorität und Macht, weil sich in den Frühkulturen Autorität aus sakralen Funktionen herleitet. Historisch gesehen geht das sakrale Königtum der patriarchalen Monarchie voraus, weshalb man die frühen Hochkulturen auch als Theokratien bezeichnet hat. Nur ist dieser Begriff erst für die Spätphasen der alten Hochkulturen korrekt, während wir vom Ägypten des Alten Reiches oder von Mesopotamien vor Hammurapi und erst recht vom alten Kreta als von Theakratien zu sprechen hätten. Als himmlische und irdische Herrin steht an der Spitze dieser Staatsgebilde eine Göttin: Im Hethiterland trägt die Sonnengöttin Arinna ausdrücklich den Titel einer Staatsgöttin, und die Hethiterkönige legen die Staatsverträge in ihrem Tempel nieder. Dabei amtieren Königin und König als die Stellvertreter/innen der Göttin und beziehen daraus auch ihre jeweils spezifische Autorität. Die unmittelbare Verkörperung der Göttin kann nur weiblichen Geschlechts sein und steht deshalb der Oberpriesterin zu, ein Amt, das ursprünglich mit dem der sakralen Königin identisch ist. Sie leitet die großen Rituale, um die Kräfte der Göttin, die auf sie übergehen, dem Land, aber auch dem König zu übermitteln. Der König ist der irdische Vertreter des mythischen Jünglingsgeliebten der Göttin; wie dieser von ihr erwählt und ausersehen zum Vollzug der Heiligen Hochzeit, bei der die Oberpriesterin an die Stelle der Göttin tritt. Erst durch diesen Vollzug gilt der sumerische König als inthronisiert, während der Thron selbst sich in weiblicher Linie vererbt. Aus diesem Grund wäre es angemessener, von Königin und König zu sprechen statt umgekehrt. Die ältesten Kultlieder lassen die Hohepriesterin/Königin in Ich-Form im Namen der Göttin sprechen, während sich der sumerische König als »Bräutigam der Inanna« bezeichnet.

Von der Argolis, dem ältesten Teil des antiken Griechenlands, ist uns eine Liste der Herapriesterinnen mit den dazugehörigen Regierungszeiten erhalten, wie sie den männlichen Königslisten patriarchaler Kulturen entspricht. So gesehen macht es auch Sinn, daß bei einem der ältesten Brettspiele, dem königlichen Schachspiel, bis heute die mächtigste und handlungsfähigste Figur die Königin ist, während der König bloße Repräsentationsfigur bleibt.[8]

Den alten ägyptischen und sumerischen Königen oblag es, durch sakrale Prozessionen für die Fruchtbarkeit der Felder zu sorgen, den Wasserstand der großen Flüsse zu kontrollieren und die Viehherden vor wilden Tieren und Nomaden zu schützen. Die letztgenannte Aufgabe trug ihnen den Ehrentitel »Der gute Hirte« ein, der, vom Christentum übernommen, bis heute seinen sakralen Klang bewahrte.

»Theakratie« und später »Theokratie« heißt aber auch, daß die Verwaltung der frühen Stadtstaaten vom Tempel aus erfolgte, was bedeutet, daß Priesterinnen und später immer mehr Priester sämtliche Staats- und Verwaltungsaufgaben wahrnahmen. Dazu gehörten die Naturalwirtschaft des tempeleigenen, kollektiven Bodenbesitzes, die »Buchhaltung« mit Hilfe von Siegeln und Schrift und die richterlichen Funktionen. Wie wir vom Alten Reich Ägyptens und vom frühen Sumer wissen, bildeten die Tempelschulen die Mädchen in gleicher Weise aus wie die Knaben und waren Priesterinnen mit höchsten Verwaltungsämtern betraut.

Erst wenn wir diese ganzen Zusammenhänge berücksichtigen, finden wir einen Zugang zur gesellschaftlichen Bedeutung der frühesten Kunstwerke, die zum größten Teil in einem sakralen Kontext stehen. Das allererste menschliche Portrait, das wir aus der Altsteinzeit besitzen, ist das Elfenbeinköpfchen einer Priesterin auf Abb. 172, deren leicht ver-

Abb. 172 Kopf einer Priesterin, Mammutelfenbein, Höhe 4,8 cm, Dolni Vestonice, Gravettien (27000–20000 v. heute)

schobene Gesichtszüge mit dem Schädel einer Einzelbestattung identifiziert werden konnten. Die eindrucksvolle Schnitzerei aus einem Mammutzahn stammt aus der slowakischen Fundstelle Dolni Vestonice, die unter anderem wegen ihrer hervorragenden Keramikwerkstatt bekannt wurde. Der Kopf läuft oben in eine stilisierte Frisur oder eine polosartige Kopfbedeckung aus, wie wir sie von den Priesterinnen der frühen Hochkulturen, aber auch von den Würdenträgerinnen vieler Naturvölker kennen. Dazu fand sich eine kleine, einfach gearbeitete Gesichtsmaske aus Elfenbein, die den Zügen der Priesterin entspricht und die man als Kultmaske deutete.

Abb. 173 Die »Göttin« von Uruk, Maske aus weißem Marmor, Höhe 20,1 cm, aus dem Inanna-Heiligtum, 3200–2900 v. Chr.

Wahrscheinlich stellt auch die berühmte »Göttin von Uruk« (Abb. 173), ein Marmorkopf aus dem Tempel der Inanna des 3. vorchristlichen Jahrtausends, die Maske einer Hohenpriesterin dar, hinter der sie bei festlichen Anlässen die Göttin selbst verkörperte – wie noch 2000 Jahre später, wenn die Athenepriesterin beim großen Athenefest im vollen Ornat der Pallas Athene auftrat.

Abb. 174 zeigt den Kopfschmuck der Königin Schubad aus dem Königsfriedhof von Ur, ebenfalls aus dem 3. Jahrtausend v. Chr. Der hervorragend gearbeitete Goldschmuck weist die Trägerin nicht nur als Königin aus, die mit den höchstmöglichen Ehrungen bestattet wurde, sondern zugleich als Priesterin der Göttin Inanna/Ischtar, deren Wahrzeichen u. a. ein Blütenstrauch mit achtblättrigen Blüten ist. Die Priesterinnen, die ihrer geistigen Mutter freiwillig in den Tod nachfolgten und im Zufahrtsschacht der Grabkammer lagen, trugen einen etwas einfacheren, aber dem Motiv nach gleichen Kopfschmuck, nur mit weniger Blüten am stilisierten Strauch. Im gleichen Grabkomplex fanden sich zwei sumerische Kultstandarten (Abb. 175), die aus einem Widder oder Ziegenbock bestehen, der sich, hochaufgerichtet, an einem solchen Blütenstrauch festhält. In der herrlichen Arbeit aus Gold und Lapislazuli haben wir das Symboltier des göttlichen Geliebten Damuzi (Tammuz) vor uns, der sich mit der Göttin vereint.

Das Bildnis von der Krönung Königin Nofretaris im Tempel von Abu Simbel (13. Jahrh. v. Chr.) auf Abb. 176 vermittelt einen letzten Glanz von der göttlichen Stellung der Königin. Nofretaris, die nach ihrem Ableben in dem für sie erbauten Tempel als in die Göttlichkeit Eingegangene verehrt wurde, steht hier zwischen den Göttinnen Hathor und Isis, die ihr die Federkrone der Ma'at, der Göttin der Gerechtigkeit, aufs Haupt setzen. Alle drei Frauen tragen das Ankh-Zeichen als Symbol ihrer Lebensmacht, ein Hoheitszeichen, das wir auch in den Händen regierender Pharaonen und Pharaoninnen sehen. Nicht zuletzt ist es dieses Zeichen, welches das ägyptische Herrscheramt als ein Königtum »von Göttin Gnaden« ausweist.

Die Ablösung des matrizentrischen König/innentums durch die patriarchale Monarchie läßt sich historisch wenigstens anhand einiger wichtiger Stichdaten rekonstruieren. In Mesopotamien fällt das entscheidende Stichwort im ersten Drittel des 2. Jahrtausends mit der Abschaffung der Oberpriesterin durch König Hammurapi. Dem geht allerdings eine lange Periode des Umbruchs voraus, der durch die indoeuropäischen

Abb. 174 Kopfschmuck der Königin Schubad aus dem Königsfriedhof in Ur, erste Hälfte 3. Jahrt. v. Chr. (siehe Farbtafel XII) XI

Abb. 175 Der »Widder auf der Blütenstaude«, Kultstatuette aus dem Königsfriedhof von Ur, erste Hälfte 3. Jahrt. v. Chr. (siehe Farbtafel XIII) XII

Abb. 176 Krönung der Pharaonin Nofretari, Darstellung im kleinen Tempel von Abu Simbel, 13. Jahrh. v. Chr.

Wanderbewegungen wenn nicht verursacht, so doch wesentlich beschleunigt wurde. Die einbrechenden Landsucher etablierten eine Kriegerkaste, von denen einzelne Gestalten wie der sagenumwobene Gilgamesch zu Königen emporstiegen. Im Gilgameschepos wird auch schon der religiöse Umbruch deutlich, wenn darin zornige und abwertende Worte gegen die Göttin Ischtar fallen. Dennoch dauerte es noch mindestens 1500 Jahre, bis sich der patriarchale Staatsgott Marduk und mit ihm die patriarchale Monarchie und Familienstruktur durchsetzen konnten. Zunächst versuchten die durch Kriegszüge erstarkten Könige, das Amt der Oberpriesterin mit ihren weiblichen Verwandten – Schwestern, Töchtern oder Nichten – zu besetzten, um sich deren Einfluß zu sichern. Nach der Abschaffung dieses Amtes machten sie die Gattin ihrer Wahl zur Königin.[9]

In Ägypten verlief der Übergang zur patriarchalen Monarchie etwas anders. Hier blieb die Königin immer Oberpriesterin, aber seit dem Aufstieg des Sonnengottes Re zum Staatsgott galt sie nicht mehr als irdische Verkörperung der Hathor oder Isis, sondern als »Gottesbraut« des Re, der mit ihr auf mystische Weise den jungen Pharao zeugt. Diese Vorstellung findet ihre Parallele in der christlichen Theologie, wenn der männlich gedachte Heilige Geist den Gottessohn in Maria zeugt. Auf diese Weise wird die göttliche Vater-Sohnschaft garantiert, nur daß im ägyptischen Verständnis der Pharao seine männlich-sexuelle Rolle im Dienste des Gottes tatsächlich spielt.

Merkwürdigerweise lassen sich berühmte Pharaonen auch nach dieser offiziellen Doktrin auf ihren Denkmälern in Begleitung von Göttinnen darstellen und nicht, wie zu erwarten wäre, im Schutze ihres göttlichen Vaters Re. Abb. 177 zeigt König Mykerinos von der 4. Dynastie zwischen den Göttin-

Abb. 177 König Mykerinos, 4. Dynastie, zwischen den Göttinnen Hathor und Nechbet, ca. 2500 v. Chr.

Abb. 178 Baumgöttin als nährende Mutter für den ägyptischen König, Grabmalerei, 18. Dynastie (1502–1448)

Abb. 179 Ägyptischer Pharao Amenophis II., 18. Dynastie (1448–1422 v. Chr.) als »Säugling« der Göttin Hathor in Kuhgestalt, Bildwerk aus dem Tempel der Hatschepsut (siehe Farbtafel V)

nen Hathor (mit der Sonne zwischen Kuhhörnern) und Nechbeth (mit dem Anubishund auf dem Haupt), die beide den König umfassen. Ein ähnliches Denkmal existiert von Ramses II., viele Jahrhunderte später gearbeitet, auf dem er zwischen den Göttinnen Hathor und Isis thront. Noch um 1250 v. Chr. läßt der dazugehörige Text die Hathor sprechen: »Ich bin Deine Mutter, die Deine Vollkommenheit geschaffen hat«, und Isis fügt hinzu: »Ich bin Deine Mutter, groß an Zauberkraft. Ich habe Platz genommen an Deiner Stirn für ewig«, womit sie auf das Symbol der Uräusschlange anspielt, das die Pharaonen als Diadem tragen.[10]

Noch deutlicher wird der primäre Bezug des Pharao zu seinen göttlichen Müttern auf jenen Bildnissen, die ihn als Säugling an der Mutterbrust der Göttin zeigen. Auf Abb. 178 sehen wir eine Malerei aus dem Grab Thutmosis III., auf der Isis als Baumgöttin dem Pharao die Brust reicht, auf Abb. 179 Hathor als monumentale Himmelskuh und kniend darunter den Pharao an ihrem Euter saugend. Auch diese Darstellungen aus der 18. und 19. Dynastie stammen aus einer Zeit, in der offiziell die himmlische Macht des Sonnengottes Re ihren Höhepunkt erreicht.

Wenn wir von hier aus einen Sprung nach Schwarzafrika tun, so wird vor allem in der westafrikanischen Kunst eine matrizentrische Kulturtradition manifest, wie wir sie zum Teil schon in den beiden ersten Kapiteln kennenlernten. Im folgenden geht es um die Stellung der afrikanischen Priesterin im Kult und ihre Beziehung zum Königtum, das bis heute seine sakralen Hintergründe bewahrte.

Freilich haben auch die westafrikanischen Stammeskulturen seit den im 8. und 9. Jahrhundert einsetzenden islamischen Einflüssen viel von patriarchalem Gedankengut aufgenommen, was sich sowohl auf ihre religiösen Vorstellungen als auch auf die sozialen Strukturen auswirkte. So können wir beobachten, daß relativ junge männliche Gottheiten die alten Muttergöttinnen in den Hintergrund drängten, ohne allerdings deren Präsenz zum Verschwinden zu bringen. Selbst wenn die Erklärungen einzelner Rituale durch heutige Afrikaner patriarchale Vorstellungen wiedergeben, so sprechen die Bilder selbst eine andere Sprache.

Als erstes Beispiel afrikanischer Sakralkunst sehen wir auf Abb. 180 einen Karyatiden-Hocker aus Zaire (Westl. Zentralafrika). Es handelt sich dabei um einen Häuptlingsstuhl, der in seiner Funktion einem königlichen Thronsessel entspricht. Die Figur, die diesen Thron trägt – also im wahrsten Sinn des Wortes die Thron-Halterin –, ist fast immer eine

Abb. 180 sog. Karyatidenhocker, sakraler Gegenstand der Luba-Hemba in Zaire, Holzskulptur

weibliche Figur, hier eine Stammesmutter in monumentalem Stil. Wie aus dem unteren Teil der Figur herauswachsend, erscheint der Häuptlingskopf auf einem Sockel und wendet sich den betonten Brüsten der Stammesmutter zu. Wenn wir an den Pharao an der Mutterbrust der Göttin denken, so ist die Identität des Bildmotivs augenfällig, wobei sogar ein direkter ägyptischer Einfluß nicht unwahrscheinlich wäre. Solche Einflüsse haben vor der arabischen Kulturdrift nachweislich bestanden.

Abb. 181 Sakraltrommel des Simo-Bundes, Holzplastik, Guinea, Westafrika

Abb. 182 Schango-Schrein-Figur mit Darstellung von Mutter, Tochter und Tanzstab. Holzplastik des Bildhauers Abogunde von Ede, Westafrika, Höhe 54,6 cm

Ein zweites Beispiel auf Abb. 181 haben wir in Form einer Sakraltrommel des Simo-Bundes in Guinea vor uns, die ebenfalls von einer weiblichen Figur getragen wird. Dieses Motiv steht in frappantem Widerspruch zum heutigen Gebrauch der Trommeln, der nur den Männern vorbehalten ist und die männliche Macht in Staat und Gesellschaft repräsentiert. Der Kontrast ist um so größer, als die Frauenfigur (eine Älteste?) ihre Hände auf die Schultern einer kleineren weiblichen Figur legt, die wir als ihre Tochter oder Nachfolgerin interpretieren können. Dies jedenfalls dann, wenn wir den Kontext zu anderen sakralen und sozialen Vorstellungen Westafrikas herstellen. Sowohl bei den Akan, wie wir dies anhand des Gebrauchs ihrer Akuaba-Puppen schon sahen, (siehe oben S. 125), als auch bei den Yoruba in Nigeria[11] gilt die Geburt einer Tochter bis heute als besonders erstrebenswert. In der Sakralkunst der Yoruba schlägt sich dies in der großen Zahl weiblicher Statuetten nieder, die ein weibliches Kind auf dem Rücken tragen. Abb. 182 zeigt eine solche Kultfigur in kniender Haltung, was der bei Yoruba-Frauen üblichen Gebärstellung entspricht. Die Tochter auf dem Rücken wird auffallenderweise stets als ziemlich erwachsenes Kind dargestellt, was eine Parallele zum Mutter-Tochter-Motiv in den Hochkulturen bildet. Hier hält die Mutter aber noch eine kleinere weibliche Figur vor sich an den Schultern, die unschwer als Tanzstabfigur zu erkennen ist, wie sie die Yorubafrauen zu hohen Festen mit sich führen. Wie schon erwähnt (vgl. S. 45), sind solche Tanzstäbe heute dem Gott Schango geweiht, aus dessen Schrein auch unsere Kultfigur stammt. Hier sehen wir stilisierte Doppeläxte in etwas anderer Form auf den Köpfen der Mutter- und der Tanzstabfigur. Wie wir wissen, gelten diese als Waffen des Donnergottes, obwohl das Motiv der Doppelaxt in Afrika sehr viel älter ist und einen matrizentrischen Hintergrund hat. In unserem Zusammenhang ist ein anderes Detail der wundervoll gearbeiteten Skulptur von Belang, nämlich der Gestus des »Handauflegens«, der in vielen Kulturen ein Zeichen kultischer Erwählung oder Weitergabe eines Priesteramtes ist. Wir sehen ihn noch einmal auf Abb. 183. Diese Holzskulptur zeigt wieder eine Würdenträgerin in kniender Haltung, diesmal mit hoher, helmartiger Frisur, die ein als Vogel gebildetes Kultgefäß hält. Der Vogel ist hier von großer Bedeutung, weil er in den verschiedensten Ritualen der Yoruba die Präsenz der weiblichen Gottheit symbolisiert. Die rechte Hand der priesterlichen Frau ruht auf einer kleinen, ebenfalls knienden weiblichen Figur, und zwar so, daß der geöffnete Schnabel

des göttlichen Vogels, die aufgelegte Hand und der Kopf der kleinen Figur eine Linie von oben nach unten bilden.

Abb. 184 dokumentiert das Zwillingsmotiv, das in der Yoruba-Gesellschaft einen einzigartigen religiösen und sozialen Stellenwert hat. Wir sehen es auf einer Gesichtsmaske, wie sie für die großen Stammesfeste hergestellt werden. Der männliche Träger unserer Maske nennt sich »Besitzer der Kämme«, was auf die kammartigen Frisuren der weiblichen Zwillingsfiguren anspielt. Schon bei den Kämmen stoßen wir auf ein uraltes Symbol weiblich-göttlicher Macht, das wir von neolithischen Idolen her kennen.[12] Aber auch die Art, wie die Zwillinge einander umarmen und eine ihrer Hände an die Brust legen, erinnert ganz an die Mutter-Tochter-Figurationen der alten matrizentrischen Kulturen.

Besonders auffallend ist, daß am wichtigsten Fest der Yoruba, dem sogenannten Gelede-Fest, die Masken nicht nur alle weiblich sind, sondern daß sie immer paarweise, in identischer Ausführung, auftreten. Das Fest gilt ja auch »den Müttern« im Plural, wofür es einen mythologischen Hintergrund geben muß, auch wenn dieser heute nicht mehr bewußt ist.

Abb. 183 Kniende mit Vogelgefäß, Schnitzerei eines Meisters von Ekiti, Westafrika, Höhe 39,4 cm, 20. Jahrh.

Abb. 184 Olojufoforo-Maske, Kultmaske eines Meisters von Epe, Westafrika, Holz, Höhe 72 cm, 20. Jahrh.

Abb. 185 Krone eines Yoruba-Königs, Perlenstickerei, Gegend von Ijebu, Höhe 45 cm, 20. Jahrh.

Tatsächlich aber stehen nach der mythologischen Überlieferung die Meeres- und Flußgöttinnen der Yoruba im Mutter-Tochter-Verhältnis zueinander: die schon genannte Wels-Göttin Olokun ist die Tochter der Meeres- und Muttergöttin Yemanija, die ihrerseits als Tochter der auch weiblich verstandenen Gottheit Oduduwa gilt.

Vor diesem Hintergrund erstaunt es nicht, daß sich die Yorubafrauen bis heute als Erstgeburt eine Tochter wünschen und daß die kultische Bedeutung der Frauen nach wie vor ungebrochen ist. Nach der Vorstellung der Yoruba fällt ohne ihren Segen kein Regen, wachsen keine Früchte, gelingt keine Heilung. Nicht nur ist das Oberhaupt der Gelede-Gesellschaft eine Priestern mit dem Titel Iyalasche (= Die Mutter, die die Zukunft beherrscht), sondern eine Frau muß als Älteste immer auch in der königlichen Ogboni-Gesellschaft vertreten sein. Freilich umgibt, wie in allen patriarchalen Kulturen, die männlichen Würdenträger der größte Pomp, doch kann uns auch das Königsritual der Yoruba viel von seinen matrizentrischen Wurzeln verraten.

Im Zentrum dieses Rituals steht die Königskrone, von der es viele Varianten gibt, die aber immer als konisch zulaufende Hauben mit Perlenstickerei gearbeitet sind (Abb. 185). Der Kopf des königlichen Trägers verschwindet zur Hälfte darin, und die Perlenschnüre, in die das Gebilde ausläuft, bedecken sein Gesicht. Statt dessen sehen wir zwei ausdrucksstarke Gesichter an der Vorderseite der Krone, deren Bedeutung nicht ganz klar ist. Jedenfalls symbolisieren sie die göttliche Präsenz, in deren Stellvertretung der König regieren soll. Heute glaubt man, es handle sich um das Gesicht Oduduwas, des ersten Königs der herrschenden Dynastie, der wie Schango vergöttlicht und zum Schöpfergott erhoben wurde. Beim Aufstieg beider patriarchaler Gottheiten spielten die gleichen Mechanismen wie anderswo: Die alten Göttinnen wurden zu Töchtern oder Ehefrauen männlicher Ersatzfiguren; Yemanija zur Tochter Oduduwas, Oya, die Göttin des Niger-Flusses, zur Gattin Schangos. Da aber die »adania« genannte Krone sehr viel älter ist als das patriarchale Herrschergeschlecht und bis zur Gründung der heiligen Stadt Ife im 9. Jahrhundert zurückgehen soll, ist die Frage erlaubt, ob nicht ursprünglich die beiden Gesichter eine Mutter-Tochter-Gottheit repräsentierten. Immerhin steht außer Zweifel, daß der Vogel an der Spitze der Krone die Macht der Mütter symbolisiert, wobei es auch Kronen mit zwei Vögeln gibt wie diejenige, die der König am Fest der Göttin Otin trägt, oder eine Krone mit Brüsten, mit der der König um Kindersegen fleht.

Abgesehen davon gab es unter den Yorubagruppen wiederholt Königinnen, die ihre eigenen Reiche gründeten, und bis heute ist eine Tochter des Königs Thronhalterin, solange kein männlicher Erbe vorhanden ist. Dazu kommt, daß die beiden göttlichen Kronzeugen der patriarchalen Herrschaft, Oduduwa und Schango, in Küstengebieten unter den gleichen Namen als Göttinnen verehrt werden. Oduduwa heißt wörtlich: »die, die aus sich besteht«.

Noch einmal begegnet uns das Motiv der zwei Vögel auf den Kultstäben am Altar der Heilgottheit (die heute einen männlichen Namen trägt). Abb. 186 zeigt einen Ritualstab aus Eisen von besonderer künstlerischer Qualität. Die beiden großartig gestalteten Vögel, von denen der eine wieder etwas größer als der andere ist und die beide auf einer Art Zepter sitzen, rufen unsere Erinnerung an das Falkenzepter von Zypern wach (siehe Farbtafel XI).

Im Anschluß an die Bilddokumente, die das sakrale Königtum in einen matrizentrischen Zusammenhang stellen, soll wenigstens stichwortartig der Weg nachgezeichnet werden, auf dem sich die männliche Priesterschaft und Herrschermacht aus diesen Zusammenhängen löste, um einen patriarchal begründeten Kult zu entwickeln.

Mary Dalys bekanntes Werk »Beyond Godfather«, das in der deutschen Übersetzung unter dem provokanten Titel »Jenseits von Gottvater, Sohn & Co« erschien, hatte zum erstenmal die Religionsgeschichte nach ihren soziologischen Konsequenzen befragt. Seitdem erkennen wir immer deutlicher, daß die patriarchalen Herrschaftsverhältnisse historisch und psychologisch mit der männlich dominierten Theologie und Philosophie in direktem Zusammenhang stehen. Ich selbst sehe die kollektivpsychologischen Wurzeln der patriarchalen Kultur in der Identitätssuche der Männergruppe, die sich in der matrizentrisch geprägten Kultur als zweitrangig empfand.

Das männliche Grunderlebnis, das nicht gebärende Geschlecht und daher weniger kreativ und unbedeutender für die Gruppe zu sein, liefert den Schlüssel für die männlichen Initiationsriten ebenso wie für die patriarchale Mythengeschichte. Während weibliche Initiationsriten weltweit die erste Menstruation der Mädchen zum Inhalt haben, wodurch diese in den Kreis der lebenspendenden Mütter eintreten, geht es in den Männerriten um eine »zweite Geburt«. Dabei soll der natürlichen Geburt aus dem Schoß der Frau eine spezifisch männliche Geburt entgegengesetzt werden, die in einer höheren Geistgeburt besteht.

Abb. 186 Kultstab für die Gottheit der Heilkräuter, südliche oder zentrale Yoruba-Region, Eisen, Höhe 141 cm, 19./20. Jahrh.

Diese männliche Identitätsfindung nimmt ihren Weg zum einen über die asketische Ablösung von den Müttern und zum andern über einen transzendenten Bezugspunkt männlich verstandener Naturkräfte und neu geschaffener männlicher Götter und Kulturheroen. Meist gelingt diese männliche Selbstfindung aber nur, wenn die primäre weibliche Kultur abgewertet und die Frauen aus der neu geschaffenen männlichen Kultur ausgesperrt werden. Jedenfalls trifft dies für alle uns bekannten sogenannten Hochkulturen zu. Gerade die rigorose Verteidigung männlichen Priestertums macht deutlich, daß männliche Kultgesellschaften nirgends ursprünglich gewachsene, selbstverständliche Gemeinschaften sind, wie es die der Frauen waren, sondern immer bewußt gestiftete Vereinigungen, an die ganz bestimmte Aufnahmebedingungen geknüpft sind. Die Mitgliedschaft in solchen geistigen Männerbünden setzt einerseits bestimmte Leistungen und Männlichkeitsbeweise voraus, wie sie im Initiationsritus geprüft und abverlangt werden, und fordert andererseits den Gehorsam gegenüber dem geistigen Credo und oft auch dessen Geheimhaltung. Die Mitglieder patriarchaler Religionen müssen ihre Inhalte gerade deshalb so kompromißlos vertreten, weil ihr Zusammenhalt mit der Anerkennung der »Lehre« steht und fällt.

Dieser dogmatische Zug prägt auch das Meister-Jünger-Verhältnis, das dem Vater-Sohn-Verhältnis nachgebildet ist und wie dieses des Beweises bedarf. Bei den geistigen Sohnschaften tritt der Gefolgschaftsbeweis an die Stelle des Vaterschaftsnachweises, und deshalb neigen alle Männerbünde – seien es Priesterschaften oder Philosophenschulen, Zunftgesellschaften, Künstlergruppen, Forschungsinstitute oder Kaderschulen – zur hierarchischen Struktur mit Führern und Geführten, Insidern und Outsidern. Nach ungeschriebenen Gesetzen werden heranwachsende Schüler adoptiert und zu Nachfolgern bestimmt, ein geistiger Werdegang und politischer Karriereweg, der den Frauen bis heute mehr oder weniger verschlossen ist. Der Ruf der heutigen Studentinnen nach »Doktormüttern« ist nicht nur eine feministische Kaprize, sondern beruht auf der Einsicht, daß die Kultur-Weitergabe seit vielen Jahrhunderten nur in der männlichen Linie erfolgt, während die uralten Traditionen der Priesterinnen, Heilerinnen und weisen Frauen entweder ausgemerzt oder ins gesellschaftliche Abseits gestoßen wurden. Zum Teil gerieten sie aber auch einfach in Vergessenheit, woran nicht zuletzt unsere »Männersprache« schuld ist: Sie spricht von kreativen Leistungen immer nur in der maskulinen Form:

vom Handwerker, vom Künstler, vom Erfinder, und macht damit die schöpferischen Leistungen der Frauen unsichtbar. Dies gilt sogar für jene Kulturzweige, welche immer die Domäne von Frauen geblieben sind, wie die schon genannte Kunst des Teppichwebens und -knüpfens, oder für das keramische Handwerk. So wie die Teppichkünstlerinnen hinter dem männlichen Management und dem männlichen Kunstbetrieb verschwinden, so auch die Keramikkünstlerinnen, die seit Jahrtausenden eines der wichtigsten Sakralhandwerke betreiben. In der Yorubakunst Westafrikas sind uns wenigstens einige Namen der bedeutenden Töpferinnen bekannt, so wie wir auch wissen, daß die sakralen Wandmalereien von Frauen stammen – die allerdings in unseren Museen nie gezeigt werden. So blieben die meisten Künstlerinnen immer anonym, während die männlichen Künstler ihre Namen in das Gedächtnis der maskulinen Kulturtradition einschrieben.

Anmerkungen Kapitel III

1 Ermann, A., Die ägyptische Religion, Berlin 1905, S. 14
2 Sakellarakis, J. A., Illustrierter Führer durch das Museum Heraklion, Athen 1986, S. 30
3 derselbe, S. 37ff.
4 Hampe, R., Simon E., Tausend Jahre frühgriechische Kunst, Zürich 1980, S. 97f.
5 Naumann, F., Die Ikonographie der Kybele in der phrygischen und der griechischen Kunst, Tübingen 1983
6 Giebel, M., Das Geheimnis der Mysterien. Antike Kulte in Griechenland, Rom und Ägypten, Zürich 1990, S. 28
7 dieselbe, S. 44f.
8 Vgl. zum ganzen Abschnitt Meier-Seethaler C., Ursprünge und Befreiungen. Eine dissidente Kulturtheorie, Zürich 1988, Frankfurt 1992, S. 154ff.
9 Vgl. Lerner, G., Die Entstehung des Patriarchats, Frankfurt 1991, Kapitel 3, 6, 7
10 Wildung, D. (Hrsg.), Nofret – Die Schöne. Die Frau im Alten Ägypten, Mainz 1984, S. 170
11 Vgl. zu allen Beispielen aus der Yorubakunst:
Homberger, L. (Hrsg.), Yoruba-Kunst und Ästhetik in Nigeria, Museum Rietberg, Zürich 1991
Beier, U., Yoruba. Das Überleben einer westafrikanischen Kultur. Begleitschrift zur Ausstellung in Bayreuth. Schriften des Historischen Museums Bamberg 1991
Bellinger, G. J., Knaurs Lexikon der Mythologie, München 1989
12 Gimbutas, M., The Language Of The Goddess, London 1989

Kapitel IV:
Ursprung und Wandel der Leben-Tod-Symbole

In gewissem Sinne lassen sich alle matrizentrischen Symbole um das große Thema Leben-Tod-Wiedergeburt gruppieren. Es gibt aber, besonders unter den Ornamentalsymbolen, die wir nur noch als Verzierungen wahrnehmen, eine ganze Reihe uralter Sinn-Zeichen, die ganz unmittelbar die Wandlung vom Leben zum Tod und wieder zum Leben reflektieren.
Dabei ist eine scheinbare Nebensächlichkeit in der Überschrift dieses Kapitels von essentieller Bedeutung. Es heißt dort nicht Leben- **und** Tod-Symbole, sondern Leben-Tod-Symbole, wobei der Bindestrich die Gleichzeitigkeit meint und nicht das Nebeneinander oder Nacheinander, das durch das Bindewort »und« ausgedrückt wird. Dieser sprachliche Unterschied bezeichnet genau die Differenz zwischen dem Symbolverständnis der Frühzeit und unserem heutigen Denken. Auch wir kennen ja noch Lebenssymbole und Todessymbole, aber beide unabhängig voneinander. So sind etwa Lichterbaum und Osterei für uns eindeutige Lebenssymbole, während das Kreuzzeichen für die meisten von uns ein eindeutiges Todeszeichen ist, das wir als Symbol für »gestorben« hinter einen Personennamen setzen.
Aber auch schon für das patriarchale Bewußtsein der klassischen Antike war der Tod gleichbedeutend mit dem Reich der Schatten, das heißt mit der Negation des Lebens, und auf den mittelalterlichen Holzschnitten erscheint der Tod als der Knochenmann mit der Sense, der das grausame, letzte Wort hat. Zwar stellte das Christentum dieser Auffassung die Verheißung von der Auferstehung entgegen, doch blieb die Einlösung dieser Verheißung immer an ein gottgefälliges Leben im Sinne eines patriarchalen Moralkodex gebunden.
Im zweiten Kapitel konnten wir nachvollziehen, daß gerade das Kreuz ursprünglich vor allem ein Lebenszeichen war, das erst in seiner Bedeutung als Wiedergeburtszeichen mit dem Tod in Verbindung gebracht wurde. Am augenfälligsten ist der zyklische Charakter der Leben-Tod-Symbole bei den Bandmustern zu beobachten, denen wir uns im ersten Abschnitt zuwenden.

1. Zickzackband, Spirale und »laufender Hund«

Eine der ältesten uns bekannten neolithischen Kulturen in Mittel- und Südosteuropa trägt die Bezeichnung »Bandkeramiker«, weil den Donauländischen Kulturkreis, wie er auch genannt wird, ein gemeinsames Merkmal verbindet, nämlich seine bandartigen Ornamente an Keramik- und anderen Gegenständen. Es handelt sich dabei um gemalte und gestichelte Muster, die in »endloser« Wiederholung um runde Gefäße laufen, sei es als Wellenlinie, als Zickzackband, als Mäander oder andere spiralförmige Linienverbindungen.

Abgesehen von der Wellenlinie, die Marija Gimbutas wohl zu Recht als ein Wasser- und Regensymbol gedeutet hat – eine Deutung, die wir auf Abb. 6 auf einem Tonidol und auf dem sumerischen Siegel mit der Regengöttin (Abb. 47) bestätigt sahen –, finden wir die übrigen Bandmuster nicht selten auf Grabstelen, was ihren Zusammenhang mit der Leben-Tod-Symbolik nahelegt. Außerdem sind sie keineswegs nur auf den genannten Kulturkreis beschränkt, sondern bilden universelle Symbole, die Marie E. P. König zum Teil schon unter den Ideogrammen der Eiszeithöhlen nachweisen konnte.[1] Nehmen wir die Zickzacklinie zum Ausgangspunkt, so bilden die sogenannten Bayerischen Zeichensteine geradezu ein

Abb. 187 Grabstele aus Bayerischem »Zeichenstein«-grab der Urnenfelderkultur, 13.–8. Jahrh. v. Chr.

Lehrbeispiel für die Vielseitigkeit und Hintergründigkeit dieses Grundornaments. Es handelt sich dabei um Grabstelen der Urnenfelderkultur im letzten Viertel des 2. vorchristlichen Jahrtausends aus dem Raum Mittelfranken.[2] Zeichensteine heißen sie deshalb, weil auf den ca. 50 cm hohen und 30 cm breiten Sandsteintafeln, die einen großen Grabhügel (Durchmesser 9 m) mit kollektiver Brandbestattung säumten, sehr sorgfältig geometrische Zeichen eingeritzt sind. Die Mehrzahl von ihnen besteht aus Zickzacklinien und sogenannten Tannenzweig- oder Fischgrätmustern, daneben aus Netzornamenten und vereinzelt aus Kreisen und Spiralen. Die folgenden Abbildungen zeigen jeweils das Original und darüber die Transkription des Zeichens. Dabei sehen wir auf Abb. 187 und 188 Zickzacklinien, die Dreiecksformen entstehen lassen, auf Abb. 189 und 190 Beispiele für das Tannenzweigmuster, das durch flächige Anordnung von Zickzackmustern entlang von Längsachsen entsteht. Die Deutung dieses Ornaments als Leben-Tod-Symbolik verdanken wir Marie E. P. König, die entsprechende Ideogramme in den jungpaläolithischen Kulthöhlen mit keltischen Grabstelen und Münzprägungen in Zusammenhang brachte. Abb. 191 gibt uns ein Beispiel aus einer eiszeitlichen Kulthöhle mit der praktisch identischen Musterung wie auf dem Zeichenstein der Abb. 190. Gehen wir von den Längsachsen der »Tannenzweige« aus, so können wir feststellen, daß das Muster mit aufwärts strebenden Seitenstrichen beginnt, um bei der nächsten Senkrechten in abwärts gerichtete »Nadeln« überzugehen. Dabei ist aber der rechte Teil des ersten Tannenzweiges zugleich der linke Teil des folgenden, und somit sind die aufsteigenden Nadeln des einen Zweiges zugleich die absteigenden des nächsten.

Wenn, wie uns dies die Figurationen der Lebensrune und der Todesrune bestätigen, die aufstrebenden Seitenlinien mit Wachstum und Leben in Verbindung zu bringen sind und die fallenden Linien mit Lebensrückgang und Tod, so drückt das Tannenzweig-Muster die nahtlose Verbindung von beidem aus. Damit wird es zum Symbol des Werdens und Vergehens im Sinne des Wandels und der fortwährenden Wiedergeburt. Auf den Abbildungen 192 und 193 sehen wir noch einmal zwei Bayerische Zeichensteine. Beim ersten verläuft die Achse für die »Nadeln« nicht vertikal, sondern horizontal, und zwar von der Mitte aus gegenläufig in einen linksgerichteten und einen rechtsgerichteten Zweig.

Der zweite zeigt das V, das Marija Gimbutas so häufig auf jungsteinzeitlichen Idolen eingeritzt fand und das sie zum ei-

Abb. 188 »Zeichenstein« aus Urnenfeld-Grabanlage, 13.–8. Jahrh. v. Chr.

Abb. 189 »Zeichenstein« aus Urnenfeld-Grabanlage, 13.–8. Jahrh. v. Chr.

Abb. 190 »Zeichenstein« aus Urnenfeld-Grabanlage, 13.–8. Jahrh. v. Chr.

Abb. 191 Ideogramme in Form von Inzisionen aus einer Kulthöhle bei Larchant, Jungpaläolithikum

Abb. 192 »Zeichenstein« aus Urnenfeld-Grabanlage, 13.–8. Jahrh. v. Chr.

nen als Vulvazeichen und zum anderen als Grundform der Zickzacklinie versteht.³ Wenn sie die Zickzacklinie auf dem Körper der Idole als Symbol für die fruchtbaren Lebenswasser der Muttergöttin deutet, so scheint diese Auffassung durch ein schon oben gezeigtes Beispiel (Abb. 6) bestätigt zu werden. Das kretische Idol aus der Vorpalastzeit trägt die Zickzacklinie diagonal über den Körper gezogen, an der linken Brust beginnend und rechts unten im Schoßdreieck endend.

Einen ähnlichen Symbolzusammenhang scheinen mir die mythischen Malereien in den Kulthäusern und auf Kultgegenständen der Abelam auf Neuguinea zu beinhalten. Wie wir auf dem Tontopf auf Abb. 194 sehen, verbindet sich hier das Zickzackornament mit figürlichen Darstellungen von Menschen mit angewinkelten Armen und Beinen. Nach allem, was wir im zweiten Kapitel kennenlernten, müßten wir das eigentlich als Gebärstellung deuten, wobei die in Zickzacklinien verlaufenden Arme und Beine, die sich gewissermaßen die Hände reichen, die Weitergabe des Lebens über Generationen hinweg versinnbildlichen würden. Die heutigen, männlichen Kultträger verstehen die sog. Hockfiguren als Ahnengeister, deren Geschlecht auf den Malereien zwar oft eindeutig weiblich ist, die sie aber, wenn eine solche Eindeutigkeit fehlt, als männliche Ahnen deuten. Die auf den Malereien durchwegs fehlenden männlichen Geschlechtsmerkmale werden auf den von Männern geschnitzten Figuren um so deutlicher hervorgehoben.⁴

188

Nun aber zurück zum abstrakten Zickzackmuster in seiner flächendeckenden Form. Wenn wir die sogenannten Inkrustationen auf neolithischen Idolen betrachten, so finden wir dort häufig eine dem Tannenzweig-Muster ähnliche Linienstruktur. Die Abb. 195 zeigt drei Tonidole aus Anatolien aus dem 3. vorchristlichen Jahrtausend. Am kleinsten Idol rechts sehen wir zweimal die einfache Zickzacklinie über und unter der Taille und die horizontale Anordnung des Tannenzweig-Musters auf der Brustpartie. Das mittlere Idol in Violinform zeigt abfallende Linien links und rechts einer vertikalen Achse und darüber links- und rechtsläufige um eine horizontale Achse. Schließlich sind die Inkrustationen auf dem Idol links auf ein oberes und ein unteres Feld verteilt, auf denen beide Male die »Tannenzweige« um eine Längsachse angeordnet sind, und zwar oben aufsteigend, unten abfallend.

Am rumänischen Idol auf Abb. 196 aus dem 4. Jahrtausend v. Chr. können wir eine Verbindung der aufstrebenden und abwärts gerichteten Linien mit dem Motiv der Doppelspirale beobachten. Da der Symbolgehalt der Doppelspirale als ein Leben-Tod-Zeichen weitgehend gesichert ist, scheinen sich hier beide Muster in ihrem Sinngehalt gegenseitig zu verstärken.

Ein sehr viel jüngeres Beispiel haben wir auf Abb. 197 in Form eines Votiv-Goldblechs aus dem 2./3. nachchristlichen Jahrhundert Kleinasiens vor uns. Auch in dieser Votivgabe sind Umrisse der Göttin zu erkennen, deren Körper mit Inkrustationen bedeckt ist. Hier geht das Linienmuster wie von

Abb. 193 »Zeichenstein« aus Urnenfeld-Grabanlage, 13.–8. Jahrh. v. Chr.

Abb. 194 Bemalter Tontopf mit sakraler Bedeutung, Asmat, Neuguinea

189

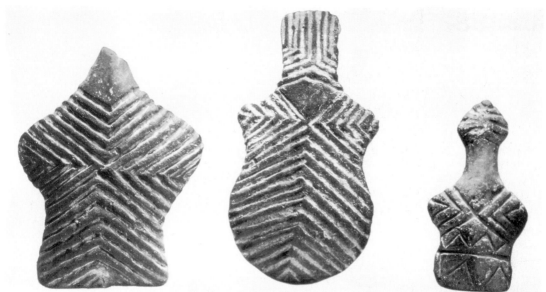

Abb. 195 Tonidole aus Anatolien mit Inkrustationen, 3. Jahrt. v. Chr., Höhe 4,7–6,8 cm

Abb. 196 Tonidol aus Rumänien mit Inkrustationen, Höhe 13,5 cm, Mitte 4. Jahrt. v. Chr.

Abb. 197 Goldenes Votivblech, wahrscheinlich aus orientalischem Kult des 2. oder 3. Jahrh. n. Chr., Höhe 6,2 cm

einem Nabel als Mittelpunkt aus, um sich in zwei vertikale und zwei horizontale Quadranten auszudehnen, jeweils im gegenläufigen Sinn.

Eine wieder andere Variante von Muster-Kombination weist ein sumerisches Rollsiegel um 3200 v. Chr. auf (Abb. 198). Hier sehen wir Idolfiguren abwechselnd aufrecht und auf dem Kopf stehend, wobei auch das Linienornament am Kleid seine Richtung wechselt: zeigt die aufrechte Figur aufstrebende Striche, so die auf dem Kopf stehende dieselben Streifen in abfallender Richtung. Außerdem sind die beiden Figuren nicht identisch. Während die aufrechte Figur an der Haarlockenspirale als weibliche Figur identifizierbar ist, könnte die umgekehrte auch männlich sein. Wie auch immer, so deutet jedenfalls der vertikale Richtungswechsel auf die Leben-Tod-Symbolik hin. Bekanntlich war noch bei den römischen Gladiatorenspielen das entscheidende Zeichen über Leben und Tod der erhobene oder nach unten zeigende Daumen der Cäsaren.

Als technisches Detail sei erwähnt, daß rechts im Bild der zylinderförmige Rollsiegel steht, mit dem das Bildmotiv auf die Tafel abgerollt wurde.

Wie viele sakrale Symbole der spätantiken Kulturen, so wur-

Abb. 198 Siegelabrollung aus Uruk, Mesopotamien, um 3200 v. Chr.

Abb. 199 »Santa Maria de Lara«, Steinrelief aus Quintanilla de las Vinas (Burgos), Spanien, 7. Jahrh.

den auch die Motive der Spirale und der Zickzack-Linien von der christlichen Ikonographie übernommen. Im 7. Jahrhundert entstand in der Nähe von Burgos/Spanien ein Madonnenbild, das am Ort seiner Verehrung »Santa Maria de Lara«, also »Maria, die Leuchtende« genannt wird. Auf dem Relief auf Abb. 199 halten zwei Engelsfiguren ein Medaillon, auf dem das Porträt Mariens im Strahlenkranz erscheint. Darunter ist das Wort »sol« zu lesen. Schon dies erinnert an die Darstellung alter Sonnengöttinnen, was durch die »Hathorlocken« noch unterstrichen wird. An ihrem Kleid und an den

Abb. 200   Säulenkapitell im Kloster Sandau bei Landsberg, Oberbayern, um 800

Gewändern der Engel aber scheinen sich die uralten Inkrustationsmuster der Herrin über Leben und Tod zu wiederholen. Ebenfalls aus romanischer Zeit (um 800) stammt das Säulenkapitell aus dem Kloster Sandau bei Landsberg (Abb. 200), auf dem das Tannenzweig-Motiv in Verbindung mit Spiralen auftritt, wenn auch Rhythmus und Bedeutung des Ornaments wohl nicht mehr ganz verstanden wurden.
Auch im profanen Bereich werden die alten Muster unglaublich zäh tradiert, was im besonderen für alle klassischen Stoffmuster gilt. So lebt das »Fischgratmuster« wie eh und je in den englischen Wollstoffen fort, aber auch die Streifen, Karos und Tupfen haben sich als unsterblich erwiesen, ohne daß wir uns im geringsten der Zusammenhänge bewußt wären. Wer würde bei den gepunkteten Stoffen an das angedeutete Leopardenfell denken, wie es schon in Çatal Hüyük an den Statuetten der Göttin zu sehen ist? Ganz abgesehen davon, daß das Leopardenmuster selbst, wenn auch lange Zeit nur in der Szene der Demimonde, seit Jahrtausenden überlebt, und zwar ganz explizit als Kleidung der Frauen.
Ähnlich verhält es sich mit den Farben und Motiven unserer Nationalfahnen. So erscheint das englische »Union-Jack«-Emblem bereits in den Eiszeithöhlen als kosmisches Symbol (siehe unten Abb. 208), und die amerikanischen »Stars and Stripes« oder der türkische Halbmond mit dem Venusstern haben ihre Vorbilder in den frühen Hochkulturen. Von den Mondfarben sprachen wir schon. Sie treten als Trinität von schwarz-weiß-rot, blau-weiß-rot oder schwarz-rot-gold auf oder als Dualität von schwarz/weiß und blau/weiß. In Euro-

pa ist die Kombination der Farben Blau/Weiß in der Kleidung der Madonna immer erhalten geblieben, was sie als Erbin der alten Mondgöttinnen ausweist. Die alte bayerische Fahne verbindet das Blau/Weiß mit dem Rautenmotiv, was schon auf unser nächstes Thema hinweist.

Vorher wollen wir noch einen Blick auf die Spiralmuster werfen. Abb. 201 zeigt eine der vollendet schönen, ein wenig prosaisch als »Brillenspiralen« bezeichneten Kunstgegenstände aus der Bronzezeit, die wahrscheinlich eine kultische Bedeutung im Sinne von Opfergaben hatten. Unser Beispiel gehört zu den Fundstücken Mittelfrankens aus der Urnenfelderzeit (7. Jahrh. v. Chr.), wie sie in der Nähe von Quellen oder an landschaftlich exponierten Stellen vergraben waren.[5]

Über den Symbolgehalt der Spirale ist viel geschrieben worden. Übereinstimmung besteht darin, daß die Wicklung von

Abb. 201 Sog. Brillenspirale aus vierkantigem Bronzedraht, Breite 16,5 cm, Hortfund aus Mittelfranken, Urnenfelderkultur, 13.–8. Jahrh. v. Chr.

innen nach außen mit dem Wachstum und dem sich entwickelnden Leben zu tun hat, während die Wicklung von außen nach innen den Rückgang zum Ursprung und somit die Todesspirale darstellt. Manche glauben auch in der Links- und Rechtsläufigkeit der Wicklung einen gewollten Sinn zu erkennen, was bei unserem nächsten Beispiel der Fall sein könnte (Abb. 202).

Die Terrakotta-Vase aus einem etruskischen Grab des frühen 7. Jahrh. v. Chr. – also aus der gleichen Zeit wie die »Brillenspirale« – trägt als zentrales Inzisionsornament eine etwas lockerer gewickelte Doppelspirale. Hier besteht nicht nur der gleiche Wechsel in der Richtung von innen nach außen bei der linken und in der Richtung von außen nach innen bei der rechten Spirale, sondern gleichzeitig ein Unterschied im Uhrzeigersinn. Das sich ausrollende Band links läuft gegen den Uhrzeiger, ist also linksläufig, das sich einrollende Band rechts geht mit dem Uhrzeiger, ist also rechtsläufig. Sollte dem tatsächlich eine Bedeutung unterliegen, so wäre das ein nicht uninteressanter Hinweis auf eine andere Bewertung der Seiten links und rechts durch die Frühkultur. Hier würde die linke Seite plus Linksläufigkeit mit der Lebensspirale und die rechte Seite plus Rechtsläufigkeit mit der Todesspirale korrespondieren, während man in der patriarchalen Kultur die linke Seite – u. a. als Frauenseite – immer negativ bewertet und die rechte Seite einseitig als die richtige betont hat. (Wodurch es auch zur Diskriminierung der Linkshändigkeit kam.)

Abb. 202 Spiralmuster auf etruskischer Vase, Terrakotta aus Grabschatz, 1. Hälfte 7. Jahrh. v. Chr.

Abb. 203 Pektorale, präkolumbianisch, Gold, Tairona- und Sinu-Kultur, Kolumbien

Das Beispiel auf Abb. 203 soll die globale Universalität des Spiralornaments demonstrieren, hier in Form eines präkolumbianischen Pektorales aus der Tairona- und Sinu-Kultur in Kolumbien. Diese kostbare südamerikanische Goldarbeit wickelt beide Spiralen im Uhrzeigersinn, doch wieder die linke von innen nach außen, die rechte von außen nach innen. Das gleiche wiederholt sich an den Ohrringen der wahrscheinlich weiblichen Figur, deren Stellung einmal mehr die

Abb. 204 »Laufender Hund«, Marmorfragmente der Chorschranken, Klosterkirche Müstair, Graubünden, CH, 7./8. Jahrh.

Gebärstellung wiedergeben könnte, nachdem das Geburtsmotiv in diesen präkolumbischen Kulturen einen sehr breiten Raum einnimmt. Im übrigen ist das Spiralmotiv, auch in Form wertvoller Goldarbeiten, in Indonesien ebenso zu Hause wie auch in Ozeanien und fast allen Teilen der Welt.

Als letztes Beispiel wollen wir eines der Spiralbänder betrachten, von denen der Mäander in seiner viereckigen Spiralform am bekanntesten ist. Im ganzen alten Europa, besonders in Griechenland, ist er als Bortenmotiv an Kleidungsstücken oder als ornamentaler Schmuck in der Architektur und der Sakralkunst nicht wegzudenken. Abb. 204 zeigt die fortlaufende Spirale in runder Form, die man als »laufenden Hund« bezeichnet. Das Marmorfragment aus dem 7./8. Jahr. n. Chr. stammt von den Chorschranken der Kirche von Müstair, Graubünden, und führt uns den Wortsinn dieses Ausdrucks ganz konkret vor Augen. Hier läuft wirklich ein Hundekopf mit, der einmal nach oben und einmal nach unten blickt. Dabei ist die Wahl des Hundes als Symbolfigur nicht zufällig. Seit dem klassischen Altertum gilt der Hund als Todestier und als Begleiter der Todesgöttin Hekate oder des Fährmanns Charon, der die Toten über den Grenzfluß ins Totenreich übersetzt. Allerdings ist die einseitige Betonung der Todesseite, von der es keine Wiederkehr gibt, schon die patriarchal gefärbte Interpretation des ursprünglich viel umfassenderen Themenkreises. Der »Höllenhund« begegnete uns schon auf Farbtafel III im Zusammenhang mit Totengott und Doppelaxt, und zwar nicht eindimensional, sondern trinitarisch: mit drei Köpfen in den Mondfarben gelb-rot-schwarz. Nur der schwarze Kopf, der dem Schwarzmond entspricht, ist hier ein Todessymbol, während der helle und rote Kopf wie Jungmond und Vollmond das Werden und den Höhepunkt des Lebens kennzeichnen. Daß zum Hund als Begleittier der Göttin ursprünglich auch die Lebensseite gehörte, beweist eine frühgriechische Darstellung der Artemis als gebärende Hündin (Abb. 205). Dieser Schmuckstein in archaischem Stil zeigt die in der späteren griechischen Kunst kaum noch gestaltete Gebärstellung.

Von diesem erweiterten Verständnis her erweist sich das Motiv des laufenden Hundes als ein Leben-Tod- und Wiedergeburtssymbol wie jedes andere Spiral- oder Zickzackband. Ein in seinem Symbolcharakter mit dem Hund verwandtes Tier, der Wolf, unterlag im übrigen einem ähnlichen Bedeutungswechsel. In der Spätantike und im Märchen tritt er uns nur noch als Todestier entgegen, während das etruskische Rom die großartige Gestalt der Wölfin zu seiner mütterlichen Schutzfigur erkor.

Abb. 205 Hekate-Artemis als gebärende Hündin, schwarzer Stein, archaischer ionischer Stil

2. Das Netz und die Botschaft des schwarz-weißen Karos[6]

Wieder war es Marie E. P. König, die das Netzmuster als immer wiederkehrendes Ideogramm in den Eiszeithöhlen wahrnahm und es als Zeichen für die Idee der Weltordnung interpretierte. Sie konnte dies um so entschiedener, als sie die universelle Bedeutung des Netzmusters in den alten Hochkulturen wiederfand, sei es in China in Form des »magischen Quadrats« oder als Panzerzeichnung der heiligen Schildkröte, sei es als Netzmuster auf den Königsmänteln vom Alten Sumer bis zum Mittelalter.

Abb. 206 Netzmuster, Inzisionen in franz. Eiszeithöhle, Jungpaläolithikum

Abb. 208 »Union-Jack«-Ideogramm, Inzisionen in französischer Eiszeithöhle, Jungpaläolithikum

Abb. 207 Stele der Becherkultur mit reliefartigem Dreiecksnetz, bei Kassel, 1800 v. Chr.

Auf Abb. 206 sehen wir die äußerst sorgfältigen Netzritzungen einer eiszeitlichen Kulthöhle, auf Abb. 207 eine neolithische Grabstele mit dem Muster des Dreiecksnetzes. Die Idee des Netzes scheint verschiedene Variationen zuzulassen: neben fortlaufenden Quadraten auch flächendeckende Dreiecke und Rauten. Viereck und Quadrat oder das schon genannte Union-Jack-Muster (Abb. 208) sind mit den vier Himmelsrichtungen und, wenn von Diagonalen durchzogen, mit den Weltkoordinaten des Kreuzes in Verbindung zu bringen. Dem letzteren »Muster« begegnen wir auch in Gestalt von flächendeckenden Malereien in Çatal Hüyük. Die Dreiecksnetze nehmen die Dreiphasenzahl des Mondes auf und zugleich das Lebenszeichen des weiblichen Deltas. In der Raute, die seit ältester Zeit zu den matrizentrischen Symbolen gehört und die wir am Mantel der Göttin von Çatal Hüyük sahen (vgl. Abb. 72), scheinen verschiedene Vorstellungen zusammenzufließen: die vier Eckpunkte der kosmischen Ordnung und das Vulvazeichen bzw. der umschlossene Raum der Gebärmutter.

Nun spielt aber, wie wir wiederholt feststellen konnten, die äußerst komplexe Ornamentalsymbolik nicht nur mit Formen, sondern auch mit Farben. Dabei kommt auch dem Gegensatz von hell-dunkel eine wichtige Rolle zu, und zwar sowohl in Form des schärfsten Kontrastes zwischen schwarz und weiß als auch in milderen hell-dunkel-Schattierungen oder in Form von Komplementärfarben. Das gezeigte Dreiecksnetz auf der neolithischen Stele aus der Zeit der Becherkultur um 1800 v. Chr. (Abb. 207) erzielt durch seine reliefartige Hervorhebung bereits einen Hell-dunkel-Effekt, der dann im Schachbrettmuster zur vollsten Wirkung kommt.

Abb. 209 Die Göttin Athene in schwarz-weiß-karierter Gewandung. Protokorinthische Vasenmalerei aus Theben, 7. Jahrh. v. Chr.

Um die Botschaft des schwarz-weißen Karos in ihrer weltweiten Bedeutung zu verstehen, wollen wir wieder Beispiele aus verschiedenen Kontinenten und Kulturen betrachten. Auf Abb. 209 sehen wir eine sehr frühe, protokorinthische Vasenmalerei aus dem 7. Jahrhundert v. Chr. aus Griechenland. Sie gibt eine mythologische Szene wieder, in welcher Athene mit Lanze und Schild zwischen zwei unbekannten weiblichen Figuren steht. Dabei trägt Athene ein streng rechtwinkliges Gewand mit schwarz-weißer Karo-Musterung, die so auffallend ist, daß ihr symbolische Bedeutung zugesprochen werden muß. Vielleicht kommen wir dieser Bedeutung näher, wenn wir eine spätere griechische Keramikschale zum Vergleich heranziehen, die das Motiv ebenfalls verwendet. Abb. 210 zeigt die im 6. Jahrhundert v. Chr. in lydischem Stil gemalte Szene von der Wahl des Paris. Links die drei Göttinnen Hera, Athene und Aphrodite, die mit erhobenen Armen unter ihren weiten Ärmelgewändern nach rechts weisen. Ganz rechts steht Paris, der sich mit lebhafter Geste den drei Göttinnen zuwendet, dazwischen, wie als Vermittler, die Gestalt des Hermes. Diese Szene ist eingebettet in einen schachbrettartigen Hintergrund, der oben und unten als breites Halbkreissegment erscheint. Daß damit keine Decken- oder Fußbodendekoration wiedergegeben werden soll, geht aus dem kleinen Bäumchen links hervor, das die Landschaft andeutet, in welcher die Szene spielt. So liegt es nahe, in diesem Hintergrund eine symbolische Bedeutung zu erkennen, eine, die den schicksalsschweren Augenblick der mythischen Entscheidung unterstreicht. Es geht ja hier um die Wahl zwischen drei Schicksalsmächten: zwischen der Macht des Mütterlichen in Gestalt der Hera, der Faszination

Abb. 210 Wahl des Paris, Dekoration eines Tellers aus etruskischem Grab in Cortona, lydische Schule, Durchmesser 29 cm, 550–540 v. Chr.

Abb. 211 Nwantanty-Brettmaske, Holz, schwarz/weiß/rot bemalt, Höhe 263 cm, Obervolta

durch die erotische Liebe in Gestalt der Aphrodite und dem Weisheitsaspekt, den Athene verkörpert. Einmal abgesehen davon, daß es ein patriarchales Mißverständnis ist, zwischen diesen drei Größen überhaupt wählen zu können, die ja nur drei Aspekte der einen, umfassenden Lebensmacht darstellen, so verstehen wir, daß Paris vor einer schicksalsträchtigen Entscheidung steht, die ja dann in die Katastrophe des Trojanischen Krieges führt.

Das nächste Beispiel (Abb. 211) stammt aus Afrika. In der Vorstellung der Bwa in Obervolta, Westafrika, stellt diese ausdrucksstarke Brettmaske einen fliegenden Buschgeist dar. Solche Masken, wie sie bei Initiationsriten und Begräbnisfeiern gebraucht werden, verkörpern überirdische Kräfte, und auch dem uneingeweihten Betrachter teilt sich die kosmische Dimension der Symbolik mit. Dies allein schon durch das Mondzeichen an der Spitze des Brettes und die sonnenhafte Augenmaske an seiner Basis, nicht weniger aber durch die streng geometrische Komposition seines Mittelteils, der das Thema des schwarz-weißen Karos auch in Form schwarz-weißer Dreiecke abwandelt. Es ist, als wäre ein unausweichliches, ewiges Gesetz in diese Musterung eingeschrieben, ein Gesetz, das in den großen Einschnitten des Lebensablaufes am deutlichsten zur Wirkung kommt. Wir sahen ein ähnliches Karomuster bereits auf der Priesterinnentasche der Yoruba, wo es als Träger von großer Energie gilt (Farbtafel II).

Ist der mythische Kontext der afrikanischen Beispiele im heutigen Afrika nur noch verschwommen rekonstruierbar, so sind in Indonesien die mythischen Bezüge der sakralen Stoffmuster noch volle Gegenwart. Unser drittes Beispiel auf Abb. 212 zeigt eine Wächterfigur vor einem balinesischen Tempel, die zum Jahresfest in ein sakrales Tuch gehüllt wurde. Textilien mit schwarz-weißem Karo-Muster wie Tücher, Bänder oder Schirme werden auf Bali polèng genannt und fehlen auf keinem der großen Feste. Erst in jüngster Zeit hat ein Ethnologen-Team aus Basel den indonesischen Ritualstoffen eine umfassende Feldstudie gewidmet und deren mythische Bezüge untersucht.[7] Dabei ergaben sich sehr komplexe Zusammenhänge, weil sich die balinesische Religion aus ganz

Abb. 212 Wächterfigur vor Tempeleingang in Bali, mit »polèng«-Tuch drapiert.

verschiedenen Elementen zusammensetzt. Dank ihres hinduistischen Erbes hat sie viele archaische Züge bewahrt, andererseits wurden ihre Glaubensvorstellungen von der brahmanischen Hochreligion überformt.

In unserer Wächterfigur mit den dämonischen Gesichtszügen und der heraushängenden Zunge können wir Anklänge an die indische Göttin Durga/Kali bzw. an ihre balinesische Version in Gestalt der Göttin Rangda erkennen. Dem polèng-Tuch über dem Schoß der Wächterin entspricht die schwarz-weiß karierte Musterung an den Seitenpfosten des Wächterhäuschens, was dessen apotropäische Bedeutung unterstreicht.

Auch der zweite Verwendungszweck der schwarz-weiß karierten Stoffe weist auf archaische Vorstellungen hin, wenn nämlich Göttersitze in alten Bäumen oder in Form aufgeschichteter Steinaltäre mit polèng-Schirmen und -Tüchern geschmückt werden. Dazu kommt seine Verwendung auf Friedhöfen, die den weiblichen Erdgottheiten unterstehen. Hingegen erscheint polèng nie in den Tempelbereichen, die den brahmanischen Hochgottheiten geweiht und von denen die »niederweltlichen« Gottheiten strikt getrennt sind. Aber diese Hierarchisierung, wie sie der patriarchal geprägte Brahmanismus vornimmt, besteht nur an der Oberfläche. An den Ritualhandlungen selbst und an den Priestern und Priesterinnen, die den niederweltlichen Gottheiten dienen, wird offenkundig, daß die Erdgottheit – wie die chthonische Medusa im alten Griechenland – nicht einfach dämonische Schreckgestalten sind, die Krankheit und Tod bringen, sondern zugleich Schutz- und Heilgottheiten, die ihre heilenden Kräfte auf ihre Verehrer übertragen. Brigitte Hauser-Schäublin, die sich am intensivsten mit dem Gebrauch der polèng-Tücher für Götter und Menschen in priesterlicher Funktion beschäftigte, kommt zu dem Ergebnis, daß alle jene Wesen das schwarz-weiße Karo tragen, die sich nicht fürchten vor der Totalität des Lebens. Dazu gehören immer Licht **und** Schatten, Freude **und** Schmerz, Werden **und** Vergehen.

Kehren wir von diesem Ausflug in den Fernen Osten in den Kulturkreis des alten Europa und des Vorderen Orients zurück, so erhalten die scheinbar formalen Musterungen der uralten Brettspiele, deren Nachfolgerin das heutige Schachspiel ist, eine neue und tiefgründigere Bedeutung. Dann wird auch verständlich, warum die Spielbretter sowohl in den Königsgräbern von Ur als auch in den ägyptischen Pharaonengräbern als Grabbeilage aufgefunden wurden. Mit Sicherheit war damals das »königliche Spiel« nicht einfach ein aristokratischer Zeitvertreib, sondern ein Spiel mit sakralem Hintergrund, auf dem die irdischen Läufer das große Spiel des Lebens in Einsatz brachten und dafür den Schutz der großen Schicksalsmächte beschworen. Daß dabei noch in unserem Schachspiel die Königin die Figur mit der größten Wirkungsmacht darstellt – während der König bloße Repräsentationsfigur bleibt –, spiegelt m. E. die Tatsache, daß über Jahrtausende hinweg die Göttin als die schicksalhafte Macht über Leben und Tod entschied.

Es gibt aber noch eine vitalere Spur, die uns den Geist des schwarz-weißen Karos nahebringt, und diese Spur nimmt ihren Ausgang von den etruskischen Nekropolen. Schon im Grab der Löwinnen sind wir dem Schachbrettmuster als Bemalung des Deckengewölbes begegnet (vgl. Abb. 56). Dazu gibt es in verschiedenen Gräbern noch eine geheimnisvolle etruskische Gestalt, die in Zusammenhang mit Totenspielen unter dem Namen »Phersu« auftritt. Sie wird stets mit Gesichtsmaske und spitzem Hut dargestellt und trägt ein auffälliges Kostüm: im Grab der Auguren eine rote Jacke, die mit kleinen, hellen Stoffetzen besetzt ist, im sogenannten »Pulcinella«-Grab eine Jacke aus schwarz-weißen Karos, weshalb die Ausgräber diesem Teil der Nekropole den Namen des neapolitanischen Arlecino gaben. In der etruskischen Mythologie muß Phersu eine Art Totengott gewesen sein, denn die Person, die bei den Totenspielen in seiner Maske auftrat, war Teil eines Opferrituals, das an die späteren Gladiatorenspiele erinnert. Auf Abb. 213 sehen wir einen fast nackten Mann, nur mit einer Keule bewaffnet und durch eine Kapuze über dem Kopf der Sicht beraubt, einem wilden Hund gegenüberstehen. Dabei hält der Phersu den Hund an einer langen

Abb. 213 Das Phersu-Spiel. Fresko aus dem Grab der Auguren, Tarquinia, um 530 v. Chr.

Leine, in der sich das Opfer unweigerlich verfängt und damit dem aufs äußerste gereizten Tier ausgeliefert ist. Die Grabmalereien zeigen den Mann von Bißwunden blutüberströmt. Zwischen dieser Szene und der comedia dell'arte scheinen Welten zu liegen und dazu eine Zeitspanne von rund 2000 Jahren. Dennoch glaubt einer der besten Kenner der etruskischen Kultur, der französische Archäologe J. Heurgon[8], eine Verbindungslinie herstellen zu können. Er weist darauf hin, daß im römischen Zirkus die etruskischen Tänzer und Schausteller noch lange beliebt waren, darunter besonders die tragikomischen Figuren, welche die Menge teils ängstigten, teils belustigten. Römische Schriftsteller um die Zeitenwende be-

Abb. 214 Harlekin, Gemälde von Paul Cezanne, entstanden 1888/90

schreiben die sogenannten Atellane, das sind unteritalienische Possenspiele, bei denen Schauspieler im Harlekinkostüm auftraten. Somit wäre der neapolitanische Pulcinella nur eine späte Wiedergeburt dieser frühen volkstümlichen Gestalten aus dem etruskisch beeinflußten Kampanien. Von da aus ist die Verbindungslinie zu den römischen und venezianischen Karnevalsfiguren ebenso herzustellen wie zu den französischen und englischen Harlequins, deren dämonische Hintergründigkeit ihrerseits aus dem keltischen Sagengut gespeist wurde.

Selbst im mitteleuropäischen Zirkus lebt die Figur als Clown, Hanswurst oder dummer August fort, nicht selten im Kostüm des schwarz-weiß gewürfelten Dominos. Und wenn er zum vergnüglichen Schauder der Zuschauer hoch oben auf dem Seil balanciert, ist er noch immer ein Sinnbild für den Wanderer zwischen beiden Welten, der über dem Abgrund das Spiel des Lebens wagt.

Wie so oft erfaßt die Hellsichtigkeit des Künstlers solche Zusammenhänge auch ohne genaue Kenntnis der historischen und mythologischen Hintergründe. Wenn wir das Bild des Harlekin auf einem um 1890 entstandenen Gemälde von Paul Cézanne betrachten (Abb. 214), so erscheint der Narr im schwarz-weißen Kleid tatsächlich wie ein Wanderer zwischen Himmel und Erde. Sein Kopf reicht bis zur Wolkendecke, und der Mond ist sein Hut, während sein vorgesetzter Fuß bis an den unteren Bildrand stößt und direkt auf uns zuzuschreiten scheint.

3. Der Januskopf und seine Verwandten: die zweiköpfigen Tiere

Unter allen mehrköpfigen Gestalten, die wir aus der Mythologie kennen, hat sich der Gott Janus am meisten in unser Bewußtsein eingeprägt. Der römische »Gott der Tür«, der dem Januar als dem ersten Monat des Jahres seinen Namen gab, steht nicht nur für den Aus- und Eingang des Jahres, sondern für Anfang und Ende überhaupt. Seine Attribute waren Schlüssel und Pförtnerstab – die der Hl. Petrus von ihm erbte –, und als dem göttlichen Pförtner waren ihm alle öffentlichen Tordurchgänge geweiht. Nehmen wir hinzu, daß sein Tempel auf dem forum romanum in Kriegszeiten offenstand – was der Normalfall war – und im Frieden geschlossen war, so muß er uns als der Inbegriff eines patriarchalen Gottes erscheinen.

Doch verrät schon sein Name eine ganz andere Herkunft. Barbara Walker[9] macht auf die Verwandtschaft des lateinischen Wortes ianua Tür, Eingang, mit dem altindischen yoni aufmerksam. Demnach waren Aus- und Eingang ursprünglich die Lebens- und Todespforte des weiblichen Schoßes, und lange vor Janus war die altrömische Göttin Juno (etruskisch Uno) die Göttin der Pforte, die an ihrem Fest zu Jahresbeginn als Antevorta und Postvorta, als die Zurückblickende und Vorausschauende, angerufen wurde. Schon sie soll mit den zwei Gesichtern dargestellt worden sein. Janus ist also nur die Vermännlichung dieser Gottheit, während das lateinische Wort für das Tor immer weiblich blieb und die christliche Madonna in der Lauretanischen Litanei immer noch den Titel »Janua coeli«, Himmelspforte, trägt.

Wenn wir uns die Darstellung des zweiköpfigen Gottes auf Abb. 215 ansehen, so erinnern die beiden Profile ganz deutlich an die beiden »Mondgesichter« des zunehmenden und abnehmenden Mondes. Tatsächlich gehörte Juno zu den alten Mondgöttinnen, von denen wir nicht nur zweiköpfige, sondern häufiger noch dreiköpfige Darstellungen kennen wie von der griechischen Hekate (vgl. oben Abb. 163). Ja, es gibt sogar vierköpfige sogenannte Gefäßfiguren, an denen vier Köpfe der Göttin in die vier Himmelsrichtungen blicken. Daran ist einmal mehr abzulesen, daß im matrizentrischen Verständnis Eingang und Ausgang, Leben und Tod, keine Antithesen darstellen, sondern Phasen der Wandlung, die wie die Mondphasen entweder durch die zwei Himmelsgestalten des Werdens und Vergehens oder durch drei Gestalten, die den Höhepunkt des Vollmonds einschließen, bzw. durch vier Mondphasen, welche die »tote« Zeit des Leermonds mitzählen, symbolisiert werden können.

Diesem Muster folgt auch die Mehrköpfigkeit des Hundes. Wir sahen ihn bereits als dreiköpfiges Tier in den drei Mondfarben, doch bildet ihn die griechische Kunst auch als zweiköpfigen Kerberos ab, wie ein berühmtes Vasenbild auf Abb. 216 belegt. Es illustriert die letzte der zwölf Arbeiten des Herkules, bei der er in den Hades eindringt, um den Höllenhund zu entführen. Hinter ihm steht Athene, die ihm Schutz gewährt. Auch das ägyptische Pendant zum Kerberos, der Anubishund, der uns als Träger des Heiligen Knotens schon begegnet ist, wird manchmal mit zwei Köpfen dargestellt. Auf Abb. 17 ist dies an den vier Ohren des Tieres zu erkennen. Bei dieser Anordnung der beiden Köpfe nebeneinander können wir in einem formalen Sinn noch nicht von Janusköpfigkeit sprechen. Es gibt aber, wenn auch beim

Abb. 215   Der lateinische Gott Janus mit dem Doppelgesicht

Hund eher selten, Tiersymbole, deren Köpfe an den beiden Enden des Körpers in verschiedene Richtungen weisen. So bei einem Nagelfetisch aus Schwarzafrika, der im Kongo als Hund bezeichnet wird (Abb. 217).
Wir werden im folgenden drei verschiedene Variationen zum Thema Janusköpfigkeit sehen, und zwar bei verschiedenen Tierarten, die zu den bekannten Symboltieren gehören.

Abb. 216   Zweiköpfiger Kerberos, Vasenbild des Malers Andokides, um 515 v. Chr.

Abb. 217   Doppelköpfiger Hund, Nagelfetisch aus dem Kongo, Zaire

Abb. 218 Janusköpfig angeordnete Pferde, Wandmalerei aus Pylos, mykenisch, 13. Jahrh. v. Chr.

Abb. 218 zeigt eine besonders schöne mykenische Malerei (13. Jahrh. v. Chr.), auf der zwei Pferde in janusköpfiger Haltung dargestellt sind. Dabei ist daran zu erinnern, daß das Pferd das heilige Tier der Demeter war wie später das der keltischen Göttin Epona. Abb. 219 gibt ein keltoromanisches Relief aus Köngen wieder, auf dem Epona zwischen zwei janusköpfig angeordneten Pferden thront. Die Art ihrer Hal-

Abb. 219 Relief von Köngen, Württemberg, keltoromanische Darstellung der Göttin Epona, 1./2. Jahrh.

Farbtafel XIII

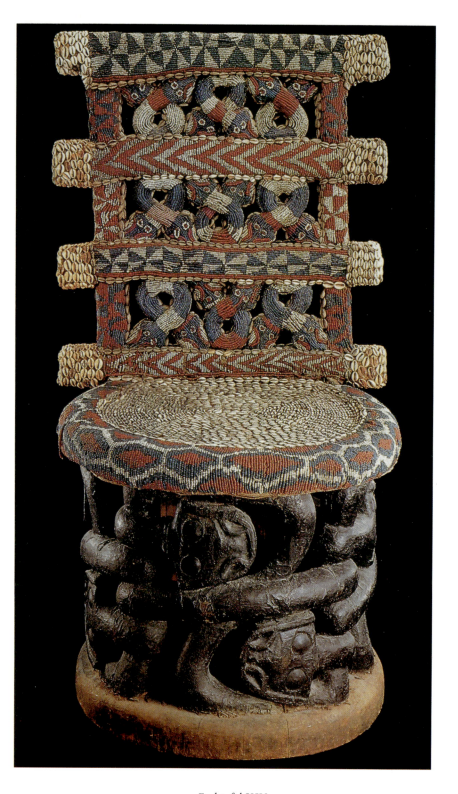

Farbtafel XIV

tung mit dem Korb der Lebensfülle auf ihrem Schoß weist sie als eine Große Göttin aus, die viel mehr war als die Schutzpatronin der Pferde für die römischen Soldaten.¹⁰ In der keltischen Mythologie reitet Epona auf dem fuchsfarbenen Pferd oder auf dem Schimmel, wobei hier das fahle Weiß die Todesfarbe ist. Dieses Motiv klingt noch in Theodor Storms Novelle »Der Schimmelreiter« nach.

Im übrigen kennt auch die Mythologie Chinas das zweiköpfige Pferd im regelrechten Sinn eines Tieres mit zwei Köpfen, und auch dort galt das Pferd lange Zeit als ein weibliches Symboltier.¹¹

Auf Abb. 220 sehen wir einen Bronze-Anhänger aus Luristan im Iran (1200–600 v. Chr.) in Form eines janusköpfigen Ziegenbocks. Die Ziegenböcke als Begleittiere der Göttin kennen wir schon von früheren Abbildungen (vgl. oben Abb. 82), welche die Göttin aus Luristan in Gebärstellung zeigt, flankiert von zwei Wildziegen.

Auch unter den doppelköpfigen Vögeln ist uns schon ein Beispiel begegnet: der janusköpfige Adler, auf dem die beiden Korngöttinnen von Hattusa stehen (vgl. oben Abb. 48). Später von patriarchalen Herrschern zum Wappentier erkoren, gilt der doppelköpfige Adler bis heute als Zeichen des Scharfblicks und unbeschränkter Macht. Damit hat sich der Sinn des Symbols ganz veräußerlicht und von seinen mythischen Bezügen entfernt.

Relativ unverfälscht sind diese Bezüge beim janusköpfigen Geier auf Abb. 221 auf den Schultern der ägyptischen Göttin Mut. Die späte Darstellung aus hellenistischer Zeit stellt die

Abb. 220   Doppelköpfiger Bock, Bronze-Anhänger aus Luristan (Iran), 1200–600 v. Chr.

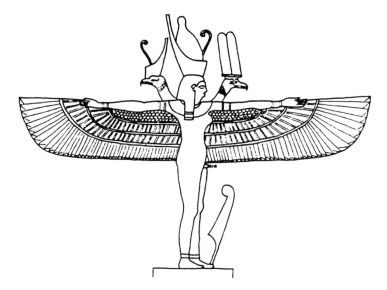

Abb. 221   Doppelköpfiger Geier als Vergegenwärtigung der Göttin Mut, ägyptische Spätzeit

Schöpfergöttin androgyn mit Phallus dar zum Zeichen ihrer autochthonen Kreativität. Der doppelköpfige Geier macht sie zur Herrin über Leben und Tod, und doch bemerken wir auch hier die staatspolitische Ebene, wenn die beiden Köpfe die Krone von Ober- und Unterägypten tragen.

Dagegen wirkt die doppelköpfige Ente als hethitisches Tongefäß aus dem 15. Jahrh. v. Chr. noch ganz unberührt von solchen Zweckentfremdungen (Abb. 222). Mit aller Liebe zum Detail ist hier der Vogel der Göttin gestaltet, diesmal aber nicht janusköpfig, sondern zueinandergewandt, so daß wir in ihm vielleicht nicht ein Leben-Tod-Symbol, sondern die Mutter-Tochter-Gottheit erkennen können. Freilich schließen sich beide Deutungsmöglichkeiten gegenseitig nicht aus: ist doch die Tochter als wiederauferstehende »Kore« zugleich die verjüngte Mutter. Wahrscheinlich stehen die beiden hethitischen Göttinnen in Hattusa in einem ähnlichen Symbolzusammenhang, wenn sie beide gemeinsam auf dem doppelköpfigen Adler erscheinen.

Der chinesische Paukenständer auf Abb. 223 beschließt die Reihe der janusköpfigen Vögel und leitet über zum Motiv der doppelköpfigen Schlange. Wir erkennen zwei langhalsige

Abb. 222 Zweiköpfige Ente, Tongefäß, Höhe 20,2 cm, hethitisch, 15. Jahrh. v. Chr.

Abb. 223 Chinesischer Paukenständer, Holz gelackt, Höhe 131,5 cm, Spät-Chou-Zeit (5.–3. Jahrh. v. Chr.)

Kraniche, in zwei entgegengesetzte Richtungen blickend, die als Halterung für eine sakrale Trommel dienten. Über die Bedeutung des Kranichs in dieser Zeit (Spät-Chou, 5.–3. Jahrh. v. Chr.) wissen wir nichts, doch verweist uns der Zusammenhang mit dem uralten Muttersymbol der Trommel auf vorpatriarchale Vorstellungen. Die Basis der Holzfigur wird von zwei ineinander gewickelten Schlangen gebildet, deren breite Köpfe betont nach vorne blicken. Die doppelköpfige Schlange im späteren China wird uns im nächsten Abschnitt noch ausführlich beschäftigen. Zunächst wollen wir das Motiv der janusköpfigen Schlange in seiner universellen Verbreitung betrachten.

Weitaus am bekanntesten ist die beid-end-köpfige Schlange aus Mexiko, die bei den patriarchalen Azteken bereits das Symbol der Macht und der Klugheit war. In den alten Codices wird sie hingegen als Weltenschlange beschrieben.[12] Bemerkenswert an der Darstellung auf Abb. 224 sind die drachenähnlichen Köpfe, was uns die Symbolverwandtschaft von Drache und Schlange vor Augen führt, eine Verwandtschaft, die dann in China bis zur Auswechselbarkeit geht.

Abb. 224 Türkis-Brustschmuck aus der Mixtekischen Kultur, Mexiko, 14./15. Jahrh. n. Chr.

Abb. 225 Kultstandarte aus Alaça Hüyük aus (weibl.?) Fürstengrab, 3. Jahrt. v. Chr.

Eines der ältesten Dokumente für die Symbolik der doppelköpfigen Schlange finden wir auf einer Kultstandarte aus dem 3. vorchristlichen Jahrtausend, die aus einem hethitischen Fürstengrab, möglicherweise auch aus einem Fürstinnengrab, stammt. In der Literatur wurde sie als »Kultstandarte mit Hirsch« bekannt, und zwar ohne Erwähnung der riesigen Schlange, die sich um die Hirschfigur windet (Abb. 225). Die künstlerisch hervorragende Bronzearbeit diente als Aufsatz für eine der Standarten, wie sie auf kultischen Prozessionen vorangetragen wurden oder an Altären Aufstellung fanden. Wahrscheinlich ist der Hirsch das Sinnbild eines männlichen Gottes bzw. seines irdischen Stellvertreters, des sakralen Königs. Es liegt nahe, in der beid-endköpfigen Schlange das umfassende »Runde« der weiblichen Gottheit zu sehen, das wie das griechische Omega Anfang und Ende in sich vereinigt.

Noch heute präsent ist die doppelköpfige Schlange in Afrika, und hier vor allem in West- und Zentralafrika. Abb. 226 zeigt das sogenannte Nue Pet Tu-Emblem, das sowohl ein Zeichen königlicher Macht als auch ein universelles kosmisches Symbol darstellt. Es ist ein Objekt der Furcht und der Verehrung, weil es mit okkulten Kräften in Verbindung steht und zur Welt der Toten ebenso Zugang hat wie zur Welt der Lebenden. Hier haben wir nun eine zweite Variante der Doppelköpfigkeit vor uns, nämlich die überkreuzte Form.

Abb. 226 Nue Pet Tu, doppelköpfige Schlange West- und Zentralafrikas, kosmisches Symbol und königliches Zeichen

Ähnlich in der handwerklichen Technik – hier nicht als Bast-, sondern als kostbare Perlenstickerei – präsentiert sich das Motiv der überkreuzten Schlangenköpfe auf einem Thron aus Kamerun (Abb. 227), der bei den Bamum ausschließlich der Königinmutter vorbehalten war. Auf der reich mit Kaurimuscheln und Perlen verzierten Holzlehne wechseln Schmuckbänder mit drei Reihen doppelköpfiger Schlangen, die nun nicht nur gekreuzt, sondern deren Köpfe einmal nach oben, einmal nach unten gerichtet sind. Hier kündet sich die dritte Variante der Janusköpfigkeit an, nämlich eine vertikale Spielart, hier durch den rhythmischen Wechsel der paarweise nach oben oder nach unten blickenden Schlangenköpfe. Die Ornamente auf den Bändern – schwarz-weiße Dreiecke und rot-weiße V-Reihen – fügen sich in das große Leben-Tod-Thema ein, was durch die Farbgebung der ganzen Stickerei in schwarz-blauen, roten und weißen Tönen noch unterstrichen wird. Der Rand der Sitzfläche gleicht einem stilisierten Leopardenmuster, während der Sockel aus Kupfer getrieben ist und sich wieder aus zwei Schlangenleibern zusammensetzt. Deren Köpfe schieben sich aus zwei Richtungen auf einer oberen und einer unteren Ebene aufeinander zu.

Abb. 227 Thron der Königinmutter der Bamum in Kamerun, Holz, Perlen, Kaurischnecken und getriebenes Kupfer (siehe Farbtafel XIV)

Neben Afrika ist Indien ein klassisches Land der Schlangenverehrung, was sich nicht nur in seinen Mythen von den Urwelt-Nagas niederschlägt, sondern auch in der indischen

Abb. 228 Grächwiler Hydria, Wassergefäß aus spartanischer Werkstatt, Unteritalien, Ausschnitt, Anfang 6. Jahrh. v. Chr. Gesamtansicht siehe Farbtafel XV

Kunst. Besonders in Form von Armbändern und Halsringen finden wir das Motiv der doppelköpfigen Schlange, was sich dann in den keltischen Torques wiederholt. Auch die keltische Sakralkunst spiegelt die mythische Vorstellung der janusköpfigen Schlange u. a. auf dem bekannten Kessel von Gundestrup.

Für uns am aufschlußreichsten ist aber die Art, wie das Motiv in die brahmanische Lehre eingegangen ist. Dort erhalten die Schlangen die Funktion von Wächterinnen, wobei die mit dem Kopf nach oben gerichtete Schlange das göttliche Erwachen Brahmas beschützt und die mit dem Kopf nach unten seinen göttlichen Schlaf. Damit wird das Motiv der vertikalen Janusköpfigkeit der Schlange eindeutig dem großen Lebensrhythmus von Tag und Nacht, dem Erwachen der Schöpfung und der schöpferischen Pause, zugeordnet.[13]

Auf Abb. 228 sehen wir noch einmal wie in einem Brennpunkt die ganze Fülle der bildhaften Leben-Tod-Symbolik anhand eines kunstvollen spartanischen Wassergefäßes, der nach ihrem Fundort so genannten Grächwiler Hydria aus einem heidnischen Grabhügel bei Grächwil in der Schweiz. Herkunft und Datierung der Grabbeilage waren lange umstritten. Unser Ausschnitt zeigt den oberen Teil des sakralen Gefäßes mit der plastischen Ornamentierung. In deren Zentrum steht eine geflügelte Göttin als »Herrin der Tiere« mit dem Adler auf dem polosartig bekrönten Haupt. Die übrigen Tiersymbole erscheinen auf zwei Ebenen, deren Trennlinie durch eine waagrecht liegende Schlange mit je einem Kopf an beiden Enden gebildet wird. Diese horizontale Janusköpfigkeit wird durch die beiden Löwen, die auf der Schlange sitzen, nochmals aufgenommen. Beide Tiere blicken in verschiedene Richtungen, und ihre Schwänze sind zu gegenläufigen Spiralen aufgewickelt. Die gleichen Löwen erscheinen auf der unteren Ebene auf beiden Seiten der Göttin, diesmal aber einander zugewandt und jeweils in der einen Pfote einen Hasen haltend. In der Komposition dieser Hasen, die links mit dem Kopf nach oben, rechts mit dem Kopf nach unten gehalten werden, haben wir wieder die vertikale Form der Janusköpfigkeit vor uns. Den Abschluß der plastischen »Verzierung« bildet ein Strichband, dessen Glieder auf der linken Seite nach oben, auf der rechten Seite nach unten weisen und in der Mitte in eine doppelte Spirale mit eingefügter Palmette münden.[14]

4. Yin und Yang: Vom Leben-Tod-Symbol zur sexistischen Komplementarität

Seit ca. 2000 Jahren, das heißt seit den Philosophenschulen der Han-Zeit, gilt das Yin-Yang-Prinzip als Kronzeuge für die polaren Gegensätze von männlich und weiblich. Nachweislich erst seit ca. 800 Jahren – seit den Philosophenschulen

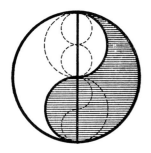

Abb. 229   »T'ai-Gi«, das Yin-Yang-Diagramm in geometrisch konstruierter Form

der Sung-Zeit –, wahrscheinlich aber schon sehr viel länger, wird dieses Prinzip kosmischer Polaritäten im sogenannten T'ai-Gi-Diagramm bildhaft dargestellt. Uns ist es geläufig in der schwarz-weißen, geometrisch konstruierbaren gegenständigen Tropfenform, wie sie Abb. 229 zeigt. Hier fehlen allerdings die obligatorischen Kontrastpunkte im weißen und schwarzen Feld. Wahrscheinlich ist diese konstruierte Form des Zeichens tatsächlich relativ jungen Datums. Wenn wir sie mit einer mehrere hundert Jahre alten chinesischen Lackarbeit auf Abb. 230 und auf Farbtafel XVI vergleichen, so weicht hier das Diagramm in verschiedener Hinsicht vom gewohnten Schema ab, auch abgesehen davon, daß es von den sogenannten Trigrammen umgeben ist und der Yin-Tiger als Basis das Bild ergänzt. Zum einen ist die Farbwahl in den Komplementärfarben rot-grün ungewöhnlich, doch zeigt sie uns, daß es im Prinzip nur um den Kontrast von hell-dunkel geht. Mehr noch fällt auf, daß das helle und dunkle Feld stärker ineinander übergreifen und das Ganze reliefartig gearbeitet ist. Das letztere ruft die Assoziation zu einem der prägnantesten Tao-Sätze aus dem I Ging hervor: »Was einmal als das Helle und einmal als das Dunkle hervortritt, das ist das

Abb. 230   Yin-Yang-Symbol, eingerahmt von den 8 Trigrammen, alte chinesische Lackarbeit (Ausschnitt)

Abb. 231   Yin-Yang-Symbol, eingerahmt von den 8 Trigrammen, über Yin-Tiger, alte chinesische Lackarbeit (siehe Farbtafel XVI)

Tao.« Dabei steht das Helle mit Yang, das Dunkle mit Yin in Verbindung, und Tao meint den Sinn, das kosmische Gesetz, das allem Leben zugrunde liegt.[15] Im I Ging, dem Buch der Wandlungen, haben wir eines der ältesten Dokumente chinesischen Denkens vor uns, das älter ist als die schriftliche Fixierung der Tao-Lehre im Tao-tê-king. Es reicht in seinen Anfängen bis in die Chou-Zeit um 1000 v. Chr. zurück, wurde von Lao-tse als Quelle benutzt und später von Konfuzius in einem moralisch-staatspolitischen Sinn kommentiert. Es enthält das uralte Schafgarben-Orakel, aus dem die 64 Trigramme hervorgingen, von denen unsere Lackarbeit die acht Grundformen zeigt. Dem I Ging liegt die Vorstellung von Yin und Yang als den zwei großen Naturprinzipien zugrunde, die stets in Wandlung begriffen sind und ineinander übergehen. Im Gegensatz zu den Philosophenschulen der Han-Zeit um die Zeitenwende ist in den ersten Kommentaren zum I Ging aber nirgends von männlich und weiblich die Rede. Den Ursinn des Wortes Yin gibt Richard Wilhelm mit »wolkig, trübe« wieder, den des Wortes Yang mit »hell, beleuchtet«.[16] Beide Worte sind also aus dem Bild des Himmels gekommen, so daß auch die philosophisch konstruierten Gegensätze von Himmel und Erde nicht darin enthalten sind. Die ursprünglichen Assoziationen zu Yin und Yang laufen über Naturerscheinungen wie: Nacht (Yin) und Tag (Yang), Winter und Sommer, Schattenseite und besonnte Seite, sowie über Naturqualitäten wie Feuchtigkeit (Yin) und Trockenheit (Yang), Weiches und Festes und über Seinszustände wie das Noch-nicht-Seiende, das Werdende (Yin) und das Gewordene, Festgefügte, Zwischenraumlose (Yang).[17]

Im Einklang mit der Tao-Lehre, die den Ursprung des Lebens im dunklen Schoß des mütterlichen Urgrunds sieht, lautet die Wortverbindung von jeher Yin-Yang und nicht Yang-Yin – ganz im Sinne der matrizentrischen Weltsicht, für die die Nacht das erste ist, aus der alles geboren wird. Auf der Farbtafel XVI symbolisiert der in der Form des Ureis kauernde Yin-Tiger diesen Urgrund.

Wenn in den Trigrammen das Naturprinzip Yin durch die unterbrochene Linie symbolisiert wird und das Naturprinzip Yang durch die durchgezogene »zwischenraumlose« Linie, so könnte sich meiner Ansicht nach auch darin der Grundgedanke des Buches der Wandlungen spiegeln: Yin als die schöpferische Pause, das Noch-nicht-Seiende, Werdende und Weiche, Yang als das Gewordene, das Festgefügte, Harte, das wie die Stauden im Herbst trocken und spröde wird, um zu zerfallen und sich im Schoße des Winters zu wandeln. Im

Frühling beginnt dann wieder ganz zart, feucht und weich das neue Leben und strebt dem Höhepunkt des Seins im Sommer zu.

Wir sehen: Dies alles hat weder mit der Polarisierung von Himmel und Erde noch mit derjenigen von männlich und weiblich etwas zu tun. Der Himmel unterliegt dem jahreszeitlichen Wechsel ebenso wie die Erde, und jedes Lebewesen, gleich welchen Geschlechts, durchläuft die Zyklen der Wandlung. Einzig der Urschoß ist weiblich gedacht, aber in gewissem Sinn auch androgyn, weil er alles Leben beiderlei Geschlechts hervorbringt.

Aber kehren wir zu unserem Bild des T'ai-Gi zurück. Die übliche Beschreibung des Diagramms lautet folgendermaßen: »Ein Kreis, der durch eine geschlängelte Linie in eine schwarze (Yin) und eine weiße (Yang) Hälfte zerfällt, von denen jede einen Punkt in der Farbe des anderen Feldes enthält, zum Zeichen, daß jeder Pol im anderen keimhaft vorhanden ist.«[18] Dies klingt reichlich abstrakt und würde zu der Auffassung mancher Sinologen passen, das Diagramm sei erst im Zuge der mittelalterlichen Yin-Yang-Spekulation entstanden. Es gibt aber ein paar gewichtige Faktoren, die für eine viel ältere Tradition des Zeichens sprechen. Zum einen die chinesische Volksmeinung, die das Diagramm auf der Plazenta jedes neugeborenen Kindes zu sehen glaubt; eine Vorstellung, die mit Sicherheit nicht auf philosophische Spekulation, sondern auf eine alte Hebammen-Überlieferung zurückgeht. Zum andern lassen sich in der chinesischen Bildsymbolik der Han- und Chou-Zeit Vorläufer für das Yin-Yang-Signet ausmachen.

Abb. 232 zeigt ein sehr beliebtes chinesisches Motiv, das heute noch auf Tapisserien verwendet wird und unter dem Titel »Zwei Drachen spielen mit der Perle« bekannt ist.[19] Es läßt sich bis zur Han-Zeit nachweisen und wurde auch in die buddhistische Ikonographie aufgenommen im Sinne eines Erleuchtungssymbols. Unsere Abbildung gibt eine solche flammenumspielte Perle wieder, die manchmal auch als taoistische Krone bezeichnet wird. Die Perle selbst erscheint hier als Scheibe mit einer schwarz-weißen Zeichnung, die noch viel anschaulicher macht, was sich schon beim Diagramm der rot-grünen Lackarbeit aufdrängt: Die »geschlängelte Linie«, durch die der Kreis in zwei Hälften zerfällt, besteht tatsächlich aus zwei Schlangen, und die geheimnisvollen Punkte sind nichts anderes als deren Augen. Im rot-grünen Diagramm treten die beiden Schlangenaugen sogar besonders deutlich hervor, während die Schlangenleiber nur angedeutet sind und wir eher von zwei gegenständigen Schlangenköpfen sprechen müssen.

Vor dem Hintergrund des vorausgegangenen Abschnitts über zweiköpfige Tiere erkennen wir die vertikale Janusköpfigkeit wieder, wobei nun auch die Farbgebung plausibel wird: Der helle Kopf als Symbol des Lebens zeigt nach oben, der dunkle als Symbol des Todes nach unten – ein Umstand, der bei modernen Wiedergaben des T'ai-Gi oft mißachtet wird.

So gesehen ist auch das Yin-Yang-Diagramm ein Leben-Tod-Symbol im alten, matrizentrischen Sinn. Wie die Bandornamente die Wandlung und ewige Wiedergeburt durch rhythmische Wiederholung zur Darstellung bringen, so klingt im T'ai-Gi-Kreis das Ineinandergeschlungensein der Lebens- und Todes-Bewegung an: Was einmal als das Helle und einmal als das Dunkle hervortritt, das ist das Tao, das Weltgesetz oder der Sinn.

Die Wiedergeburtsidee wird durch das Symbol der Perle auf Abb. 232 noch verstärkt, denn die Perle gilt in China seit ältester Zeit als ein Unsterblichkeitssymbol. Noch bis in unser Jahrhundert wurde den sterbenden Kaisern und Kaiserinnen eine Perle in den Mund gelegt.

Abb. 232 »Zwei Drachen spielen mit der Perle«, häufiges Motiv in der chinesischen Kunst seit der Han-Zeit (206 v. – 221 n. Chr.)

Auf Abb. 233 sehen wir ein noch sehr viel älteres Dokument, eine Sakralbronze aus der Chou-Zeit, aus der Epoche also, in der das Buch der Wandlungen entstand. Hier sind es zwei stehende Löwen, die mit lebhafter Gestik auf eine runde Scheibe deuten. Der Kreis umschließt zwei Seedrachen mit breiten Köpfen und Delphinschwänzen, und zwar wieder in vertikaler Gegenständigkeit. Dabei ist wichtig zu wissen, daß im chinesischen Symbolverständnis aufsteigende und absteigende Drachen als Frühlings- und Sommer- bzw. als Herbst- und Wintersymbol gelten, was wieder die Yin-Yang-Vorstellung reflektiert. Dazu kommt, daß die chinesischen Gestal-

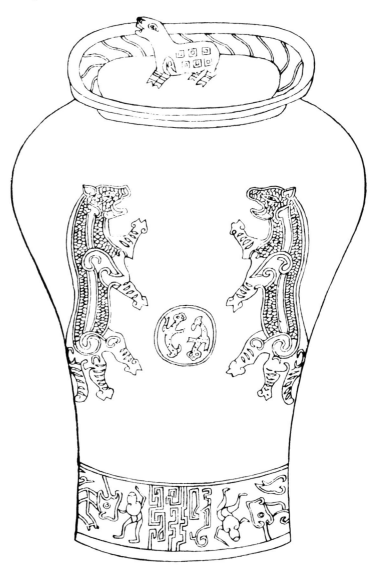

Abb. 233 Glockenartiges Kultgerät aus der Chou-Zeit (ca. 1100–256 v. Chr.)

ten von Drache und Schlange nicht voneinander zu trennen sind, vielmehr in allen Epochen der Kunst fließend ineinander übergehen.

Schließlich zeigt Abb. 234 den Ausschnitt aus einem Grabrelief der Han-Zeit, auf dem wir über einer Reiterszene links oben eine sitzende Person erkennen, über der sich ein Bogen mit zwei Drachenköpfen an seinen Enden spannt. Von der Person ist nichts Näheres bekannt, hingegen gilt die Regenbogenschlange in der chinesischen Mythologie als »Strahlendes Symbol der Vereinigung von Yin und Yang«.[20] Hier haben wir also die uns schon bekannte beid-end-köpfige Schlange vor uns, die in ihrer horizontalen Janusköpfigkeit mit Sicherheit ein Leben-Tod-Symbol darstellt. Von hier aus ist es nur ein kleiner Schritt, das T'ai-Gi-Diagramm als die vertikale Version dieser zweiköpfigen Schlange zu interpretieren. Im übrigen gilt auch in vielen anderen Teilen der Welt wie in Mexiko und besonders in Indonesien und Australien die Regenbogenschlange als ein kosmisches Symbol erster Ordnung. Sie versinnbildlicht dort die Ganzheit der Schöpfung, das vielfarbige Lebenswasser ebenso wie die Brücke zwischen Himmel und Erde. In Indonesien erscheint sie als beid-end-köpfige Schlange mit den Köpfen von Kuh und Reh.[21]

Abb. 234 Regenbogenschlange mit zwei Köpfen an den Enden, Detail aus Steinrelief der Han-Zeit (206 v. – 231 n. Chr.)

Abb. 235 Alter Kelim aus Peru mit dem Motiv der doppelköpfigen Schlange

Interessanterweise hat sich die vertikale Version der beid-end-köpfigen Schlange in der peruanischen Textilkunst erhalten. Abb. 235 zeigt eine Art Kelim, dessen Musterung von beid-end-köpfigen Schlangen gebildet wird. Dabei sind die Enden so umgebogen, daß sich die beiden Köpfe von oben und unten (oder bei waagrechter Stellung von links nach rechts) gegenseitig anblicken. Im Bildausschnitt rechts oben rücken die Köpfe in vertikaler Gegenständigkeit so nahe zusammen, daß ein ovales Medaillon entsteht; eine Konfiguration, die ganz an das chinesische T'ai-Gi erinnert.

Zur Wahrnehmung des T'ai-Gi als Leben-Tod-Symbol paßt noch eine andere Tatsache, daß nämlich in allen Epochen der Yin-Yang-Spekulationen das Diagramm auch mit den Mondzyklen in Verbindung gebracht wurde. Ganz im Sinne der Janusköpfigkeit sah man darin die zwei Mondgesichter, von denen die Yin-Hälfte dem abnehmenden und die Yang-Hälfte dem zunehmenden Mond entspricht. Und wieder wird im Chinesischen dieses Bild mit der offenen und geschlossenen Tür verglichen, mit dem zu Ende gehenden Jahr, das die Türe schließt, und dem Neuen Jahr, das sich wie eine Pforte eröffnet.[22]

Eine ganz andere Sache ist die sexistische Interpretation des Yin-Yang-Prinzips, welche die Handschrift der Konfuzianischen Gesellschafts- und Staatstheorie verrät. Konfuzius (551–479 v. Chr.) und die ihm folgenden Philosophenschulen wollten ein umfassendes Lehrgebäude für das richtige Verhalten der Menschen und der verantwortlichen Gesellschaftsträger schaffen. Immer von moralisch-politischen Vorstellungen ausgehend, wurden die religiös-kosmischen Vorstellungen diesem System angepaßt. Unter anderem wurde die Beamtenhierarchie auf Erden auf die Götterhierarchie im Himmel projiziert.
Das Gesellschaftssystem, das Konfuzius vertrat, war durch und durch patriarchal: Es gab einen obersten Himmelsherrn Shang-Ti, dessen unmittelbarer Vertreter, der Kaiser, mit dem gleichen Titel »Ti« auf Erden herrschte. Von ihm aus gab es eine strikte Rangfolge nach unten, auf deren unterster Stufe die rechtlosen Bauern standen. Im kleinen Maßstab wiederholt sich diese Stufenleiter in der Familie, deren oberster Herr der Vater ist, gefolgt vom ersten, zweiten und dritten Sohn. Ihnen stehen die Mutter und die Töchter als die gehorsamen Dienerinnen gegenüber. Wenn nun das Yang-Prinzip mit dem Männlich-Aktiven, dem schöpferischen Prinzip des Himmels und dem starken Arm der politischen Führung gleichgesetzt wird und das Yin-Prinzip mit dem Weiblichen als dem passiv-empfangenden Prinzip der Erde und dem des gehorsamen Dienens, so wird damit der Grundgedanke von Yin und Yang völlig entstellt. Von dieser Konzeption her muß es auch ungereimt erscheinen, wenn es weiterhin Yin-Yang und nicht in umgekehrter Reihenfolge Yang-Yin heißt, nachdem das höhere Prinzip mit dem Yang identifiziert wurde. Auch wird die Behauptung, es handle sich bei den Polaritäten von männlich und weiblich um durchgängige kosmische Kategorien, durch die Tatsache Lüge gestraft, daß in der konfuzianischen Gesellschaftstheorie auch Männer dem Yin-Prinzip angehören können, sobald sie sich in dienender Funktion befinden: als Sklaven und Landarbeiter, aber auch als Söhne höherer Schichten in bezug auf ihre Väter.
Wie parteiisch das patriarchale Symbolsystem ist, geht auch aus der neuen Tiersymbolik hervor. Schlange und Drache, die in vorpatriarchaler Zeit geschlechtsneutral waren, werden zur Kaiserzeit eindeutig männlich und ziehen alle positiven Wertungen auf sich: Kraft und schöpferische Vitalität ebenso wie Geistesstärke. Demgegenüber bleibt der Tiger des Westens mit dem Tod und dem Weiblichen assoziiert, und gleichzeitig wird der schöpferische Yin-Tiger in Gestalt des

Ureis in den Hintergrund gedrängt. Diese patriarchale Symbolverschiebung ist interessant, weil sie deren Willkürlichkeit demonstriert. In China umgibt sich die männliche Selbsterhöhung bzw. die Erniedrigung des Weiblichen mit den genau umgekehrten Bildern als im Abendland. In der westlichen Konstruktion wird der Drache zum Symbol des unteren Weiblichen, während Tiger bzw. Löwe zum männlichen Geist-Sonnenprinzip aufsteigen. Gerade an solchen Unstimmigkeiten läßt sich die Künstlichkeit der patriarchalen Symbolzuschreibungen zeigen, die alle nur auf das Eine ausgerichtet sind: das männliche Prinzip über das weibliche zu stellen.[23]

Allerdings ist diese Tendenz in der chinesischen Symbolik gar nicht so leicht zu durchschauen, weil sie vordergründig immer mit taoistischen Wandlungssymbolen operiert und von daher die Gleichwertigkeit ihrer Yin-Yang-Ordnungen vorspiegelt. Tatsächlich sind beide Prinzipien aber nur so lange wertneutral, solange wir sie als kosmische Prinzipien und Rhythmus alles Lebendigen verstehen. Sobald das Yang an die Seite des Mannes und der Obrigkeit tritt und das Yin an die Seite der Untertanen und der Frauen, wird das Konzept der komplementären Balance aufgegeben und durch ein hierarchisches Wertgefälle ersetzt. Deshalb erstaunt es auch nicht, daß das alte China sowohl die Frauen als auch das gemeine Volk auf beispiellose Weise unterdrückt hat.

Dessen ungeachtet wurde die Yin-Yang-Symbolik mitsamt ihrer sexistischen Interpretation auch von der westlichen Welt adoptiert und als umfassende Seinsmetapher gefeiert. Durch sie konnte sich die abendländische Weltsicht in ihren patriarchalen Zuschreibungen bestätigt fühlen: wurde doch den Frauen scheinbar zu Recht die passive, befehlsempfangende Haltung zugeschrieben, die der männlichen Härte und Aktivität bedarf, nachdem diese fälschlicherweise mit dem kreativen Prinzip gleichgesetzt worden war. Daß damit nicht nur das Menschliche in zwei Halbheiten gespalten ist, sondern auch der Lebensrhythmus als solcher gestört werden kann, bemerken wir erst heute: in Form unseres Wirtschaftswachstums um jeden Preis oder als Streß-Symptome eines Körperverständnisses, das Leistung zum obersten Wertprinzip erhebt und Entspannung mit Passivität verwechselt.

Das Buch der Wandlungen verstand ursprünglich gerade nicht das Yin **oder** Yang als das schöpferische Prinzip, sondern beide in rhythmischem Wechsel, woran die schöpferische Pause und das Werdenlassen ebenso teilhaben wie der schöpferische Neubeginn im aktiven Handeln – und zwar ohne Ansehung des Geschlechts.

Farbtafel XV

Farbtafel XVI

Anmerkungen Kapitel IV

1 König, M. E. P., Am Anfang der Kultur. Die Zeichensprache des frühen Menschen, Wien 1981
2 Hennig, H., Die Grab- und Hortfunde der Urnenfelderkultur aus Ober- und Mittelfranken, Kallmünz 1970
3 Gimbutas, M., The Language Of The Goddess, London 1989
4 Hauser-Schäublin, B., Leben in Linie, Muster und Farbe. Einführung in die Betrachtung außereuropäischer Kunst, Basel 1989
5 Vgl. Anm. 2
6 Unter dem Titel »Die Botschaft des schwarz-weißen Karos« hielt Brigitte Hauser-Schäublin einen Vortrag zur Eröffnung der Ausstellung »Das bekleidete Universum« im Völkerkundemuseum Basel, Januar 1992
7 Hauser-Schäublin, B., Nabholz-Kartaschoff, L., Ramseyer, U., »Textilien in Basel«. Museum für Völkerkunde Basel 1991
8 Heurgon, J., Die Etrusker, Stuttgart 1981
9 Walker, B. G., The Woman's Encyclopedia of Myths and Secrets, San Francisco 1983, Stichwort »Janua Coeli«
10 Hanoteau, M. Th., Epona, deesse des cheveaux, in: helvetia archaeologica 41, Zürich 1980
11 Eberhard, W., Lexikon chinesischer Symbole, Köln 1983, Stichwort »Pferd«
12 Egli, H., Das Schlangen-Symbol, Olten 1985
13 Cooper, J. C., Illustriertes Lexikon der traditionellen Symbole, Leipzig 1986, Stichwort »Schlange«
14 Jucker, H., Altes und Neues zur Grächwiler Hydria. Separatum Antike Kunst, Beiheft 9, Basel 1973
15 Zitiert nach Consten, E., Das Alte China, Köln 1966, S. 44
16 Wilhelm, R., I Ging, das Buch der Wandlungen, Düsseldorf/Köln o. J. Einleitung
17 Der Begriff des »Zwischenraumlosen« im Zusammenhang mit dem Yang-Prinzip stammt aus dem Tao-tê-king. Vergl. Bertholet, A., Lexikon der Religionen, Stuttgart 1976
18 Vergl. Lurker, M., Wörterbuch der Symbolik, Stuttgart 1983, Stichwort »Yin und Yang«
19 Lessing, F., Über die Symbolsprache in der chinesischen Kunst, in: Sinica, Frankfurt 1934, Heft 5
20 Eberhard, W., a. a. O., Stichwort »Regen«
21 Egli, H., a. a. O., S. 163 ff.
Hooykass, J., The Rainbow In Ancient Indonesian Religion, in: Bijdragan tot de taal-, land-en volkenkunde 112: 291–322, 1956
22 Granet, M., Das chinesische Denken, Frankfurt 1985
Fiedeler, F., Die Monde des I Ging, München 1988
23 Meier-Seethaler, C., Die Konstruktion der Geschlechter-»Mythen«, in: Ursprünge und Befreiungen, Zürich 1988, Frankfurt 1992

Schlußbetrachtung:
Zum Begriff der Androgynie

Durch alle Bildserien hindurch ist immer wieder ein Antagonismus zwischen männlich und weiblich in Erscheinung getreten, und stellenweise konnte der Eindruck entstehen, als nehme meine Studie einseitig für das Weibliche Partei. Das trifft nur insofern zu, als die patriarchale Mythenbildung das Weibliche entwertet oder zumindest unterordnet und es zunächst darum geht, dieses Ungleichgewicht herauszustellen und den weiblichen Kulturleistungen gerecht zu werden.
Darüber hinaus und vor allem geht es aber um das Menschliche, das durch die patriarchale Polarisierung in eine unerträgliche Zerrissenheit geriet. Zudem hatte und hat die kompensatorische Anstrengung für das Oben-Sein, deren Kehrseite die Unterdrückung ist, für die Männer ebenfalls tragische Konsequenzen. Eine der schlimmsten war (und ist) die Verherrlichung des Krieges, eine nicht weniger verheerende die Entwertung der Natur, die der patriarchale Geist mit dem Weiblichen gleichsetzte. Diese unseligen und falschen Gleichungen zwischen Geist und Mann, Frau und Natur haben nicht nur das Zusammenleben der Geschlechter vergiftet, sondern auch das Verhältnis der Menschen zur Natur grundlegend gestört.
Diesem Teufelskreis können wir nur entkommen, wenn wir die ideologisch-symbolischen Konstruktionen durchschauen, die für eine solche Disharmonie verantwortlich sind. Eine Kultur lebt von ihren Symbolen, auch und gerade eine so scheinbar rationale Kultur wie das Zeitalter der Hochtechnologie. Das binäre System, das keine Zwischentöne kennt und an die Natur nur diejenigen Fragen stellt, die eine machtbesessene Wissenschaft beantwortet haben will, ist nur der letzte Ausläufer der dualen Polarisierungen im Mythos. Und dieses binäre System könnte es tatsächlich dahin bringen, daß die Welt eines Tages nicht mehr rund ist, wenn es die großen Zyklen der Natur mißachtet.
Zum Vokabular der geistigen Strömungen, die gegen eine solche Entwicklung Widerstand leisten, gehört auch das Wort von der Androgynie, das, fast wie ein Zauberwort, die verhängnisvollen Spaltungen aufheben soll. Näher betrachtet ist darunter aber sehr Unterschiedliches zu verstehen, das poli-

tisch auch sehr unterschiedlich umgesetzt werden kann. Nicht zuletzt anhand meines Bildmaterials ist mir aufgegangen, daß es zumindest drei grundverschiedene Bedeutungen dieses schillernden Begriffes gibt:

Der kulturhistorisch älteste, den ich als den **archaischen Begriff der Androgynie** bezeichnen möchte, ist uns wiederholt begegnet. Er bezieht sich auf die Doppelgeschlechtlichkeit der Urschöpferin, die aus ihrem mütterlichen Schoß beide Geschlechter hervorbringt. Als erste Ursache jeglichen Lebens muß in ihr das Androgyne im Sinne der Totalität des Seins eingeschlossen sein.

Dieser matrizentrischen Vorstellung von Androgynie stellt sich während des Umbruchs zur patriarchalen Ideologie eine völlig andere Vorstellung von Doppelgeschlechtlichkeit entgegen. Nun handelt es sich um das kompensatorische Bedürfnis des Mannes, sich die bisher einseitig der Frau zugeordneten schöpferischen Fähigkeiten anzueignen. Auf mythologischer Ebene spielt sich dies bei einem Teil jener Vorgänge ab, durch die man weibliche Schöpfergottheiten durch männliche ersetzt. Dort, wo dies nicht so radikal geschieht wie durch Muttermord, entsteht als Zwischenglied häufig die Umwandlung der Göttin in ein doppeltes, oder besser, in ein die Geschlechtskonturen verwischendes Wesen, wofür die Metamorphose einer etruskischen Gottheit ein Beispiel ist. Die etruskische Hochgottheit Voltumna, als die oberste Instanz des Stadtstaatenbundes, war zur Zeit der römischen Eroberung bereits ein zweigeschlechtlicher Gott und wurde später von den Römern in den männlichen Vertumnus transformiert.

Ganz ähnliche Doppeldeutigkeiten und Übergänge finden sich, wie wir sahen, bei den Yoruba, wo bei einem Teil der Stämme der oberste Gott Oduduwa weiblich, bei einem anderen Teil männlich und in gewissen Ritualen androgyn erscheint. Solche Mehrdeutigkeiten im Pantheon lassen sich bei sehr vielen Stammes- und frühen Hochkulturen nachweisen.[1]

Auch in der Gestalt des griechischen Hochgottes Zeus, der keine androgynen, sondern eindeutig männliche Züge trägt, ist ein Rest des kompensatorischen Motivs der Androgynität noch erkennbar, wenn er darauf besteht, seinen Körper zum Ort der Geburt zu machen.

Auf kultischer Ebene stellt sich die **kompensatorische Androgynie** als die Übernahme weiblicher Sakralfunktionen durch männliche Priester und Schamanen dar, die nicht nur in die Kleider und Masken ihrer Vorgängerinnen schlüpfen, sondern sich zum Teil effektiv über die Grenzen ihrer Ge-

schlechtszugehörigkeit hinwegsetzen und als sogenannte »weiche Männer« in homosexuellen Gemeinschaften leben.
Selbst der Mythos von Plato, der stets als Urbild der androgynen Idee zitiert wird, wonach das Menschengeschlecht ursprünglich aus Doppelwesen bestand, bis ein eifersüchtiger Gott sie spaltete – selbst diese scheinbar ganzheitliche Idee verrät noch das untergründige kompensatorische Motiv:
Der eifersüchtige Gott, der die Macht der menschlichen Ganzheit nicht ertrug, scheint mir die Verkörperung des patriarchalen Strebens zu sein, das Ungenügen am eigenen (männlichen) Geschlecht zu einem Ungenügen aller Menschen zu machen. Nach der Spaltung sind nun auch die Frauen nur halbe Wesen, die ohne ihren männlichen Gegenpart nicht existieren können, während dies aufgrund der matrizentrischen Vorstellung von Parthenogenese zumindest theoretisch möglich schien.
Wie es die philosophische Spekulation verstand, aus der somit entstandenen Komplementarität der Geschlechter eine Höherwertigkeit des Mannes und eine Abwertung der Frau zu machen, konnten wir anhand der sexistischen Interpretation der Yin-Yang-Symbolik nachvollziehen. Dadurch wird die scheinbar stärkere Naturverhaftung der Frau, die jahrtausendelang als ihr nicht aufzuholender Vorsprung galt, zum Angelpunkt männlicher Selbsterhöhung, indem man das Prinzip von Bewußtsein und Geist über die Natur stellt und es zugleich dem Mann als seine Wesenszuschreibung vorbehält.
Von dieser Ausgangslage her wird plausibel, warum im Zeitalter der Frauenemanzipation das Ideal der Androgynie einen ganz neuen Glanz erhielt, nun freilich unter umgekehrten Vorzeichen. Das Programm der **emanzipatorischen Androgynie** fordert zu Recht das gesamtmenschliche Erbe des Geistes für die Frauen zurück – nur daß ein Teil der Frauenbewegung in der typisch männlichen Abwertung des natürlichen Lebens befangen blieb. Der Festlegung auf die biologische Mutterschaft überdrüssig, wollte sich ein Teil der Frauen aus den Fesseln des Säugetiererbes radikal befreien, aus dem gleichen Erbe, um das der Mann die Frau jahrtausendelang beneidet hatte – und untergründig heute noch beneidet. Das Verwirrspiel könnte kaum größer sein.
Heute bedürfen wir dringend eines viel umfassenderen Begriffs von Androgynie, der die Emanzipation des Mannes mit einschließt. Diese männliche Emanzipation würde u. a. darin bestehen, daß sich der Mann nicht länger einseitig als Geist- und Kulturwesen definiert, sondern sich im gleichen Maße

als Naturwesen begreift wie die Frau. Seit die Kenntnis der physiologischen Fakten den Zankapfel der Zeugungstheorie aus der Welt schaffte, weil damit der gleichwertige Anteil der weiblichen und männlichen Keimzellen am werdenden Leben offensichtlich wurde – seitdem könnten wir die Natur-Geist-Konkurrenz gelassen ad acta legen. Frau und Mann beide als Natur- und Geistwesen zu sehen, das wäre die eigentlich fruchtbare Idee einer **neuen Androgynie,** und zwar ohne das Feilschen um mehr oder weniger Anteile an beiden Seinsweisen. Politisch bedeutet dies allerdings nicht nur die Zulassung der Frauen zu allen Schlüsselpositionen des geistigen Lebens, sondern ebenso die Verpflichtung der Männer zur täglichen Pflege der schlichten Lebenserhaltung.

Diese Art der Gleichheit als Menschenwesen würde dennoch die Unterschiede als biologische Geschlechtswesen nicht aufheben. Sie könnten vielmehr das bedeuten, was sie schon immer hätten sein können, nämlich die gar nicht so erhebliche, aber höchst erfreuliche Verschiedenheit innerhalb der Menschenart. Diesem Lebenskonzept sollte in Zukunft unsere Symbolik folgen, indem sie nicht wie bisher die sexistischen Kontrapunkte betont, sondern den uns allen gemeinsamen Lebensrhythmus feiert, der in den kosmischen Rhythmus eingebunden ist.

Anmerkung zur Schlußbetrachtung

1 Vgl. Baumann, H., Das doppelte Geschlecht, Berlin 1955

Literaturverzeichnis

Barbier-Mueller, J. P., Polynesien, Sammlung Genf o. J.
ders. Power And Gold. Jewelry From Indonesia, Malaysia And The Philippines, Sammlung Genf 1985
Baumann, H., Das doppelte Geschlecht, Berlin 1955
Beier, U., Yoruba. Das Überleben einer westafrikanischen Kultur, Bamberg 1991
Bellinger, G. J., Knaurs Lexikon der Mythologie, München 1989
Bertholet, A., Lexikon der Religionen, Stuttgart 1976
Bleibtreu-Ehrenberg, G., Vom Schmetterling zur Doppelaxt, Frankfurt 1990
Consten, E., Das Alte China, Köln 1966
Cooper, J. C., Illustriertes Lexikon der traditionellen Symbole, Leipzig 1986
Danielou, J., Geschichte der Kirche, Zürich 1963
Dannheimer, H., Prähistorische Staatssammlung, Frühes Mittelalter, München 1976
Duerr, H. P., Sedna oder die Liebe zum Leben, Frankfurt/M. 1984
Eberhard, W., Lexikon chinesischer Symbole, Köln 1983
Eggebrecht, A. (Hrsg.), Die Azteken und ihre Vorgänger. Glanz und Untergang des Alten Mexiko, Mainz 1986
Egli, H., Das Schlangensymbol, Olten 1985
Ermann, A., Die ägyptische Religion, Berlin 1905
ders., Reden, Rufe und Lieder im alten Ägypten, Berlin 1919
ders., Ägypten und ägyptisches Leben im Altertum, Tübingen 1885
Fiedeler, F., Die Monde des I Ging, München 1988
Friedell, E., Kulturgeschichte Ägyptens und des Alten Orients, München 1951
Gallas, K., Kreta – Ursprung Europas, München 1984
Ganslmayr, H. (Hrsg.), Aphrodites Schwestern und christliches Zypern. 9000 Jahre Kultur Zyperns, Frankfurt 1987
Giebel, M., Das Geheimnis der Mysterien. Antike Kulte in Griechenland, Rom und Ägypten, Zürich 1990
Giedion, S., Ewige Gegenwart. Ein Beitrag zu Konstanz und Wechsel. Band 2, Der Beginn der Architektur, Köln 1964
Gimbutas, M., The Language Of The Goddess, London 1989
Graffenried, Ch. v., Akan Goldgewichte, Bern 1990
Granet, M., Das chinesische Denken, Frankfurt 1985
Griaule, M., Schwarze Genesis. Ein afrikanischer Schöpfungsbericht, Frankfurt 1980
Hanoteau, M. Th., Epona, deesse des chevaux, in: helvetia archaeologica 41, Zürich 1980
Hampe, R.; Simon, E., Tausend Jahre frühgriechische Kunst, Zürich 1980
Hauser-Schäublin, B., Leben in Linie, Muster und Farbe. Einführung in die Betrachtung außereuropäischer Kunst, Zürich 1980
Hauser-Schäublin, B., Nabholz-Kartaschoff, L. Ramseyer, U., »Textilien in Basel«. Museum für Völkerkunde, Basel 1991
Hennig, H., Die Grab- und Hortfunde der Urnenfelderkultur aus Ober- und Mittelfranken, Kallmünz 1970
Herder Lexikon der Symbole, Freiburg i. Br. 1978

Herodotos, Geschichten, 2. Buch

Heurgon, J., Die Etrusker, Stuttgart 1981

Homberger, L. (Hrsg.), Yoruba-Kunst und Ästhetik in Nigeria, Museum Rietberg, Zürich 1991

Hunger, H., Die heilige Hochzeit. Vorgeschichtliche Sexualkulte und -mythen, Wiesbaden 1984

Johnson, B., Die Große Mutter in ihren Tieren. Göttinnen alter Kulturen, Olten 1990

Jucker, H., Altes und Neues zur Grächwiler Hydria. Separatum Antike Kunst, Beiheft 9, Basel 1973

Kirschbaum, E., Lexikon der christlichen Ikonographie, Freiburg i. Br. 1970

König, M. E. P., Am Anfang der Kultur. Die Zeichensprache des frühen Menschen, Wien 1981

Korvin-Krasinski, C., Vorgeschichtliche matriarchalische Einflüsse in der Gestaltung ältester koptischer und armenischer Kreuze, in: Trina Mundi Machina. Ausgewählte Schriften, Mainz 1986

Langer, S., Philosophie auf neuem Wege, Frankfurt 1984

Lerner, G., Die Entstehung des Patriarchats, Frankfurt 1991

Lessing, F., Über die Symbolsprache in der chinesischen Kunst, in: Sinica, Frankfurt 1934, Heft 5

Lurker, M., Wörterbuch der Symbolik, Stuttgart 1983

Maringer, J., Das Kreuz als Zeichen und Symbol in der vorchristlichen Welt, St. Augustin bei Bonn 1980

Marschall, W., Transpazifische Kulturbeziehungen, München 1972

Meier-Seethaler, C., Ursprünge und Befreiungen. Eine dissidente Kulturtheorie, Zürich 1988

Ursprünge und Befreiungen. Die sexistischen Wurzeln der Kultur, Frankfurt 1992

Meier, G., Die Wirklichkeit des Mythos, Bern 1990

Mellaart, J., Çatal Hüyük, Stadt aus der Steinzeit. Bergisch Gladbach 1967

Mellaart, J.; Hirsch, U.; Balpinar, B., The Goddess From Anatolia, Adenau 1989

Naumann, F., Die Ikonographie der Kybele in der phrygischen und der griechischen Kunst, Tübingen 1983

Neumann, E., Die Große Mutter. Eine Phänomenologie der weiblichen Gestaltungen des Unbewußten, Olten 1974

Rohlfs, G., Wer den König wirft, befiehlt, in: Peloponnes, Merian Hamburg 1964, Heft 12

Sakellarakis, J. A., Illustrierter Führer durch das Museum Heraklion, Athen 1986

Seton Williams, M. V., Babylonien, Kunstschätze zwischen Euphrat und Tigris, Hamburg 1981

Sieper, J., Das Mysterium des Kreuzes in der Typologie der alten Kirche, in: Kyrios, Berlin 1969

Schindler, H. (Hrsg.), Archäologische Funde aus Ecuador, München 1990

Schipflinger, Th., Maria-Sophia. Eine ganzheitliche Vision der Schöpfung, München 1988

Schmalenbach, W. (Hrsg.), Afrikanische Kunst aus der Sammlung Barbier-Mueller Genf, München 1989

Schmid, E., Die altsteinzeitliche Elfenbeinstatuette aus der Höhle Stadel im Hohlenstein, in: Fundberichte aus Baden-Württemberg, Stuttgart 1989

Schwarzenau, P., Das Kreuz. Die Geheimlehre Jesu, Stuttgart 1990

Stein, R. A., Le Monde En Petit. Jardins En Miniature Et Habitations Dans La Pensée Religieuse D'Extrème-Orient, Paris 1987

Stemberger, G., 2000 Jahre Christentum. Illustrierte Kirchengeschichte, Herrsching 1983

Voss, J., Das Schwarzmond-Tabu. Die kulturelle Bedeutung des weiblichen Zyklus, Stuttgart 1988

Walker, B. G., The Woman's Encyclopedia of Myths and Secrets, San Francisco 1983

Weiler, G., Der enteignete Mythos. Eine feministische Revision der Archetypenlehre C. G. Jungs und E. Neumanns, Frankfurt 1991

Wildung, D. (Hrsg.), Nofret – Die Schöne. Die Frau im Alten Ägypten, Mainz 1984

Wilhelm, R., I Ging, das Buch der Wandlungen, Düsseldorf/Köln o. J.

Verzeichnis der Abbildungen
Alle Abbildungen stammen aus dem Fotoarchiv von C. Meier-Seethaler

Abb. 1, 2, 32, 33, 59, 60, 165, 166   Nationalmuseum Athen
Abb. 3, 4, 5, 20, 99, 101, 105, 113, 187, 188, 189, 190, 192, 195, 196, 197, 201   Prähistorische Staatssammlung München
Abb. 6, 7, 8, 13, 14, 15, 28, 29, 31, 49, 50, 107, 145, 146, 156   Museum Heraklion, Kreta
Abb. 9, 74, 91, 92, 117, 123, 124, 180, 181, 211, 217, 227   Sammlung Barbier-Mueller, Genf
Abb. 10, 88   aus: J. C. Cooper, Illustriertes Lexikon traditioneller Symbole Leipzig 1986, S. 71, 161
Abb. 11   aus: Rolf A. Stein, Le Monde En Petit, Paris 1987, S. 67
Abb. 12   Pfarrkirche in Ravensburg, Württemberg
Abb. 16, 18, 93, 131, 150, 151, 152, 175, 224   Britisches Museum London
Abb. 17   Grab des Inherka, 20. Dynastie, Ägypten, Foto Jean Vertut
Abb. 19, 125   Römisch-Germanisches Zentralmuseum, Mainz
Abb. 21, 36, 37, 127, 182, 183, 184, 185, 186   Museum Rietberg, Zürich Katalog Yoruba
Abb. 22, 23, 70, 220, 228   Historisches Museum Bern
Abb. 24, 25   Basilika unter dem Dom von Aquileia
Abb. 26, 27, 160   Foto Irmgard Haffner, München
Abb. 30, 108, 112, 147   Cyprus Museum, Nikosia
Abb. 34   Mosul Museum, Irak
Abb. 45, 65, 66, 173, 198   Iraq Museum, Bagdad
Abb. 35, 163, 215   aus: Knaurs Lexikon der Mythologie, München 1989
Abb. 38   aus: Quartär 14, 1962/63, Tafel VIII
Abb. 39, 40   aus: Fundbericht aus Baden-Württemberg 14, Sonderdruck 1989
Abb. 41, 42, 43, 71, 72, 136, 140, 141, 164, 170, 222, 225   Archäologisches Museum Ankara
Abb. 44   Museum antiker Kleinkunst München
Abb. 46, 104   aus: Siegfried Giedion, The Eternal Present, Bd. 2, 1957, Abb. 22, 45
Abb. 47   aus: Corpus Of Ancient Near Eastern Seals, Bd. I, Fig. 220, New York
Abb. 48   Gipsabguß Vorderasiatisches Museum, Berlin
Abb. 51   Akropolis Mykene
Abb. 52   Archäologisches Museum Konya
Abb. 53, 54, 177, 178   Ägyptisches Museum Kairo
Abb. 55, 202   Museo Nazionale di Villa Giulia
Abb. 56   Tomba delle Leonesse, Tarquinia
Abb. 57   Musée Cernuschi, Paris
Abb. 58   Jokhang Tempel Lhasa, Photo Helmut Uhlig
Abb. 61, 62   Museum von Olympia
Abb. 63   aus: Adolf Ermann, Ägypten und ägyptisches Leben im Altertum, 1885
Abb. 64, 67   Vorderasiatisches Museum Berlin
Abb. 68   Zürcher Rathaus
Abb. 69, 126, 159   Eigene Aufnahmen der Autorin

Abb. 73, 135, 136, 137   James Mellaart, Çatal Hüyük, 1967, Abb. 37, Abb. 26, Abb. 32, Tafel 30

Abb. 75   Plakat der Ethnologinnentagung Iwalewa-Haus, Bayreuth 1989

Abb. 76   Art Gallery of New South Wales, Sidney

Abb. 77   aus: Heinz Mode, Indische Frühkulturen, Basel 1944, Figur 174 mit Verweis auf Legrain Taf. XXIV, 268, 270

Abb. 78, 79, 80, 138, 139   aus: Marija Gimbutas, The Goddesses And Gods Of Old Europe, Berkely 1982, Abb. 127, 130, 131, 100, 86

Abb. 81   Kloster Andechs, Bayern

Abb. 82   Ghirsman, R. Iran, From The Earliest Times To The Islamic Conquest, Tafel 8a, Harmondsworth 1954

Abb. 83   Sammlung Sumitomo, Osaka

Abb. 84   Museum of Far Eastern Antiquities, Stockholm

Abb. 85   nach H. Sofukawa: Toho gaku-ho, 1979

Abb. 86   Chambre des Députés, Paris

Abb. 87, 203   Museo del Oro, Bogota, Kolumbien

Abb. 89   Foto René Gardi, Bern

Abb. 90   Bild der Völker, Brockhaus Bd. 2, S. 90

Abb. 93, 121   Rijksmuseum voor Volkenkunde, Leiden

Abb. 94   aus: Minotaure, Albert Skira, Paris, Nr. 2 (1931–33)

Abb. 95, 111, 191, 206, 207, 208   Fotos Marie E. P. König in: Am Anfang der Kultur, 1981, Abb. 275, 182, 76, 66, 211, 109

Abb. 96   Martin v. Wagner Museum der Universität Würzburg, Kat. Nr. 190, Photo: K. Oehrlein

Abb. 97   aus: Maringer, Johannes, Das Kreuz als Zeichen und Symbol in der vorchristlichen Welt, 1980, Tafel XI

Abb. 100   aus: Geheime Figuren der Rosenkreuzer, H. Bauer Verlag, Freiburg 1988

Abb. 102   Brooklyn Museum

Abb. 103   Grab Thutmosis IV., Theben

Abb. 106   aus: Journal Of Hellenic Studies, London, 1925, Tafel II, Fi. 3

Abb. 109   Tiroler Landesmuseum Innsbruck (Fernandeum)

Abb. 110   Sophienkathedrale in Kiew, Foto Patriarchat Moskau

Abb. 114   aus: Marija Gimbutas, The Language Of The Goddess, Plate 16

Abb. 115, 143   Sammlung Zintilis Amsterdam

Abb. 116, 153, 171, 216   Louvre, Paris

Abb. 118, 119   Fotos aus: F. van der Meer/Chr. Mohrmann: Bildatlas der frühchristlichen Welt, 1959

Abb. 120   National Museum of Ireland, Dublin

Abb. 128   Foto: Die Kunstzeitschrift **DU**, Heft 12, 1972

Abb. 129   Wiedergabe aus: Alfons Rosenberg, Wandlung des Kreuzes, München 1985, S. 88

Abb. 130   aus: Annali dell'Instituto Archeologico XV (1843)

Abb. 132, 161   Privatsammlung, Foto Udo Hirsch, D-5488 Adenau

Abb. 132   Privatsammlung, Foto Jürg Rageth, CH-4125 Riehen

Abb. 134, 212   Museum für Völkerkunde Basel

Abb. 142   Museum Karlsruhe

Abb. 144   Tal der Könige, Grab Ramses VI., Saal der Sarkophage

Abb. 148, 149 aus: F. Neumann, Die Ikonographie der Kybele, Tübingen 1983, Tafel 10
Abb. 154 Athen, Agora
Abb. 155 Museum Palermo
Abb. 157, 158 Museum Eleusis
Abb. 162 Sammlung Galveston, Foto Gordon Roberton
Abb. 167 Akademie London
Abb. 168 Viktoria und Albert Museum London
Abb. 169 Uffizien Florenz
Abb. 172 Moravské Museum Brünn
Abb. 174 University Museum Philadelphia
Abb. 176 Kleiner Tempel von Abu Simbel, Foto: Chr. Desroches-Noblecourt u. Ch. Kuentz, Le petit tempel d'Abu Simbel, 1968
Abb. 179 Tal der Könige, Grab Thutmosis III.
Abb. 199 Kloster Santa Maria de Lara, Quintanilla de las Viñas (Burgos)
Abb. 200 Kloster Landau bei Landsberg, Obb.
Abb. 204 Klosterkirche Müstair, Graubünden, Schweiz
Abb. 205 Sammlung R. Reitler, Haifa
Abb. 209 Ashmolean Museum Oxford
Abb. 210 Archäologisches Museum Florenz
Abb. 213 Grab der Auguren, Tarquinia
Abb. 214 Sammlung Viktor Rothschild, London
Abb. 218 Rekonstruktion P. de Jong, Pylos
Abb. 219 Württembergisches Landesmuseum Stuttgart
Abb. 221 aus: Androgyn, Neuer Berliner Kunstverein 1987, S. 257
Abb. 223 Cleveland Museum of Art
Abb. 226 Foto Dr. Andri Bisaz, Bern
Abb. 229 aus: Marcel Granet, Das chinesische Denken, 1985, S. 350
Abb. 230, 231 Wellcome Institute London. Foto Michael Holford Library
Abb. 232 aus: Ferdinand Lessing, Über die Symbolsprache in der chinesischen Kunst, Sinica 1934, S. 150
Abb. 233 aus: Werner v. Hoerschelmann, Die Entstehung der altchinesischen Ornamentik, Tafel XXII, ausgewählt aus dem Katalogwerk der kaiserlichen Sammlungen von Wang Fu: »Po-ku-t'u-lu« (1122–221 v. Chr.)
Abb. 234 Foto Nationalbibliothek Peking
Abb. 235 Archäologisches Museum Lima, Peru

Der Mensch und sein Tod.

Mit diesem Buch liegt erstmals ein einzigartig umfassendes, reich bebildertes Standardwerk zu diesem Thema vor. Nie zuvor wurde die Bedeutung des Todes für den Menschen und sein Leben, Denken und Wollen so detailreich erschlossen.

Jeder Mensch erfährt die Tatsache seiner Endlichkeit auf ganz persönliche Weise. Sie wird bestimmt durch seine individuelle Lebensgeschichte, durch Religion und Gesellschaft. Todes- und Jenseitsvorstellungen haben zu allen Zeiten die kulturelle Entwicklung der Völker entscheidend mitbestimmt. Prof. Dr. Gion Condrau, einer der angesehensten Wissenschaftler Europas, stellt den Tod in all diesen Bezügen dar. Durch reiches Bildmaterial unterstützt, wird der Leser vom naturwissenschaftlich geprägten Seinsverständnis unserer Zeit über die religiösen und psychologischen Aspekte des Todes bis hin zu aktuellen Themen wie dem »menschlichen« Sterben geführt.

Gion Condrau
Der Mensch und sein Tod
Certa moriendi condicio
480 Seiten mit über 150 farbigen und schwarzweißen Abbildungen, Hardcover mit Schutzumschlag

KREUZ: Was Menschen bewegt.

Carola Meier-Seethaler
Ursprünge
und Befreiungen

Die sexistischen Wurzeln der Kultur
Band 11038

Auf Höhlenzeichnungen der Eiszeit, auf Wandgemälden aus denKulträumen von Çatal Hüyük, Jahrtausende später in sumerischen Königsgräbern und kretischen Palästen begegnen wir ihnen: den Muttergottheiten, Königinnen, Priesterinnen der frühen menschlichen Kulturen. Archäologische und ethnologische Untersuchungen förderten immer mehr Wissen über Lebensformen zutage, die entscheidend von Frauen geprägt waren – von Frauen, die nicht nur als Mütter, sondern geistig und organisatorisch im Zentrum kultischer und sozialer Zusammenhänge standen.
Erst vor diesem Hintergrund treten die Züge der patriarchalen Kultur hervor: als Dämonisierung des Weiblichen, als Unterwerfung der Natur und als zunehmende Ausgrenzung der Frauen aus dem gesellschaftlichen und kulturellen Leben. Nach jahrelanger Beschäftigung mit kulturhistorischen, ethnologischen und sozialpsychologischen Studien wagt die Autorin den eigenwilligen Entwurf einer neuen Kulturtheorie: Die menschliche Kultur hat, so ihre These, ihren Ursprung in matrizentrischen Kulturen, in denen die Autorität von Frauen nicht auf Herrschaft, sondern auf deren magisch-religiöser Aura beruhte. Das Patriarchat hat seinen Ursprung in der Rebellion der Männer gegen ihre anfängliche Zweitrangigkeit. Herrschaft, Krieg und Ausbeutung sind keine Grundgegebenheiten des menschlichen Lebens, sondern die Folgen männlicher Überreaktion und Kompensation. Nur durch die Abwendung von einem überholten patriarchalen Kulturbegriff kann der Kampf der Geschlechter beendet und die Zukunft unserer Welt gesichert werden.
Befreiungen zur Partnerschaft nennt die Autorin die individuellen, politischen und kulturellen Konsequenzen einer Patriarchatskritik, deren Ziele sehr konkret und aktuell sind.

Fischer Taschenbuch Verlag